Gert-Horst Schumacher

Anatomie des Kiefer-Gesichts-Bereiches

für den Zahntechniker und die Zahnarzthelferin

Vierte, überarbeitete Auflage

ULLSTEIN MOSBY

Autor
Prof. Dr. sc. med. Dr. med. dent. Gert-Horst Schumacher
Gerhart-Hauptmann-Str. 25
O-2500 Rostock

Mitarbeiter
Dipl.-Med.-Päd. Martin Witt

Zeichner
Eva-Maria Engel
Günter Ritschel
Wolfgang Ritschel
Heidrun Fäcks

Die Deutsche Bibliothek – CIP-Einheitsaufnahme
Schumacher, Gert-Horst:
Anatomie des Kiefer-Gesichts-Bereiches : für den Zahntechniker und die Zahnarzthelferin / Gert-Horst Schumacher. –
4., überarb. Aufl. – Berlin : Ullstein Mosby, 1993
Bis 3. Aufl. u.d.T.: Schumacher, Gert-Horst: Funktionelle Anatomie des orofazialen Systems
ISBN 3-86126-509-5

1. Auflage 1983 } (Verlag Volk und Gesundheit, Berlin)
2., überarbeitete Auflage 1985 }
Nachdruck 1985 (Hüthig Verlag Heidelberg)
3., überarbeitete Auflage 1988 (Verlag Volk und Gesundheit, Berlin)
Nachdruck 1989 (Editorial Cientifico technica Habana)
(1.–3. Auflage „Anatomie des orofazialen Systems")
4., überarbeitete Auflage 1993

Satz: Interdruck GmbH, Leipzig
Druck und Buchbindung: Ruksaldruck GmbH + Co, Berlin

Printed in Germany

ISBN 3-86126-509-5

Geleitwort

In Zeiten zunehmender Sozialisierung der Zahnmedizin wird es immer mehr Patienten geben, die anspruchsvolle Behandlungsmethoden fordern. Aber der Zahnarzt kann diese Leistungen nicht mehr allein erbringen. Er benötigt ein hochqualifiziertes Mitarbeiterteam, d.h. Zahntechniker, Zahnarzthelferinnen oder Zahnärztliche Assistentinnen sowie Verwaltungshelferinnen.
Vor allem der Beruf der fortgebildeten Zahnarzthelferin oder, wie die neue Bezeichnung in einigen Bundesländern nun ist, der Zahnärztlichen Assistentin, hat ein großes Aufgabenspektrum. Sie übernimmt immer mehr Aufgaben während der Behandlung: die Vorbereitung von Abdrücken, die Abdrucknahme selbst, das Herstellen von Provisorien, die Reinigung der Zahnoberflächen von harten und weichen Belägen, die Aufklärung der Patienten über präventivmedizinische Methoden und vieles mehr. Deshalb ist es sehr wichtig, daß unsere Mitarbeiterinnen und Mitarbeiter über eine hohe fachliche Qualifikation verfügen, und dazu gehören profunde Kenntnisse in den Grundlagenwissenschaften, besonders in der Anatomie.
Dieses Buch gibt eine praxisorientierte Beschreibung aller wesentlichen anatomischen Sachverhalte des Kiefer-Gesichts-Bereiches. Mit seiner Prägnanz und Anschaulichkeit sowie durch die gemeinsame Verwendung deutscher und lateinischer Bezeichnungen erleichtert es dem Anfänger den Einstieg in die Anatomie. Darüber hinaus bildet es eine reiche Informationsquelle für alle, die dem Anspruch gerecht werden wollen, zusammen mit ihren Zahnärztinnen und Zahnärzten eine optimale Prophylaxe und Patientenversorgung zu gewährleisten. Das bereits in 4. Auflage vorliegende Lehrbuch ist somit eine Fundgrube für Lernende sowie für alle, die durch ihre Freude am Beruf den Willen zur Weiterbildung mitbringen und darin die Erfüllung ihrer sozialen und ethischen Aufgaben sehen.

München, Februar 1993 *Dr. Josef Schmidseder*

Herausgeber des
Phillip-Journals

Vorwort

Gründliche Kenntnisse über die Anatomie des Kiefer-Gesichts-Bereiches sind eine entscheidende Voraussetzung für das Verständnis physiologischer und pathologischer Vorgänge in der Mundhöhle. Dieses Buch baut auf Vorkenntnissen auf, die im Biologieunterricht sowie in der allgemeinen Anatomie erworben wurden. Es ist auf die Lehrprogramme und Bedürfnisse zahnmedizinischer Berufe, wie Zahntechniker und Zahnarzthelferinnen, abgestimmt. Darüber hinaus eignet es sich auch für Studenten der Zahnmedizin in Vorklinik und Klinik.
Da der erfolgreiche Erwerb anatomischer Kenntnisse von der Anschaulichkeit morphologischer Sachverhalte abhängt, wurde der Text reichlich illustriert. Die Gestaltung der Bilder erfolgte vorwiegend nach didaktischen Gesichtspunkten, d.h., in möglichst einfachen kostensparenden Zeichnungen das Wesentliche zu erfassen. Am Ende eines jeden Abschnitts findet der Leser Aufgaben, deren Lösungen eine Kontrolle seines Wissenserwerbs ermöglichen.
Großen Anteil an der inhaltlichen Gestaltung dieses Buches hat Herr Dipl.-Med.-Päd. M. Witt (Schwerin), der als Fachschuldozent über einen langjährigen Erfahrungsschatz verfügt. Herr Witt hat auch die Aufgaben ausgearbeitet. Sehr wertvolle Anregungen aus der Praxis erhielt ich vom Kieferorthopäden Herrn Dr. med. R. Krämer, einem ausgezeichneten Kenner der hier behandelten Materie und ein erfahrener Pädagoge im Berufsschulunterricht.
An der Vorbereitung der 4. Auflage wirkten viele Helfer aus meiner ehemaligen Arbeitsgruppe mit, denen ich an dieser Stelle sehr herzlich danken möchte. Es sind dies Herr Ing. E. Schultz, die Graphiker G. Ritschel und Eva-Maria Engel, die Medizinisch-technische Fachassistentin Frau Traute Baass sowie die Bibliothekarin, Frau Helga Engert. Das Lesen der Korrekturen sowie die Erneuerung des Sachregisters besorgte Herr Dr. med. G. Mildschlag. Nicht zuletzt habe ich auch meiner Frau Christel Garduhn-Schumacher für viele Hilfen während der Drucklegung dieses Buches sowie dem Verlag Ullstein Mosby für die harmonische und konstruktive Zusammenarbeit zu danken.

Den Studierenden wünsche ich reichen Gewinn bei der Benutzung dieses Buches und verbinde damit die Bitte, durch Hinweise und Kritiken mitzuhelfen, den Inhalt auch weiterhin informativ, praxisbezogen und aktuell zu halten.

Gert-Horst Schumacher

Rostock-Warnemünde, Januar 1993

Inhaltsverzeichnis

Abkürzungen

Im Text werden sich wiederholende Begriffe wie folgt abgekürzt:

A.	=	*Arteria*
Aa.	=	*Arteriae*
Gl.	=	*Glandula*
Gll.	=	*Glandulae*
Lig.	=	*Ligamentum*
M.	=	*Musculus*
Mm.	=	*Musculi*
N.	=	*Nervus*
Nn.	=	*Nervi*
Nll.	=	*Nodi lymphatici*
Proc.	=	*Processus*
Rr.	=	*Rami*
V.	=	*Vena*

1 Einführung

1.1 Aufgaben der Anatomie, Teilgebiete

Anatomie ist ein Grundlagenfach der Medizin, dessen Bezeichnung sich von *anatemnein* (gr. = zerlegen, zergliedern; Zergliederungskunde) ableitet. Die Zergliederung ist aber nur eine Methode der Anatomie. In der anatomischen Forschung gibt es eine Vielzahl weiterer Methoden, die z. T. auch in anderen Fachgebieten angewendet werden.

Die Anatomie befaßt sich mit dem Bau und den Strukturen des lebenden Organismus. Damit gehört sie zur *Morphologie* (gr. morphos = Gestalt; Lehre vom Aufbau der Organismen), ein Begriff, der von GOETHE geprägt wurde. Die Morphologie ist wiederum eine Teilwissenschaft der Biologie.

Der Anatomie werden die *Physiologie* und die *Biochemie* zur Seite gestellt, die sich mit den Funktionen der Organismen bzw. deren stofflichem Aufbau und Stoffumsätzen befassen.

Teilgebiete sind die *makroskopische Anatomie* und die *mikroskopische Anatomie.* Zur mikroskopischen Anatomie gehören die Gewebelehre, *Histologie,* und Zellenlehre, *Zytologie.* Die Zytologie führt bis zum Gefüge der Moleküle, das die materielle Basis für jede Lebensäußerung bildet. Alle einzelnen Teile des menschlichen Körpers bilden ein funktionelles Ganzes. Da sich die Anatomie heute nicht mehr auf die Beschreibung einzelner Teile des Organismus beschränkt, sondern Form und Funktion in ihrer Wechselwirkung beleuchtet, spricht man auch von der *funktionellen Anatomie.*

Anatomie, Teilgebiet der Morphologie
- makroskopische } Anatomie
- mikroskopische } Anatomie
  - Histologie
  - Zytologie
- funktionelle Anatomie

Auf der Grundlage dieser Betrachtungsweise werden Organe mit annähernd gleichen Funktionen zu Systemen zusammengefaßt. Danach unterscheidet man in der *systematischen Anatomie* das Skelettsystem, Muskelsystem, Verdauungssystem, Atmungssystem, Kreislaufsystem, Harnsystem, Geschlechtssystem, Nervensystem u. a. Eine solche Gliederung ist stets etwas willkürlich, da ein Organ häufig mehrere Funktionen ausüben kann. Ein Muskel dient z. B. nicht nur der Bewegung, sondern hat auch Einfluß auf den Stoffwechsel und die Wärmeproduktion des Organismus.

- systematische Anatomie

Das orofaziale System läßt sich keinem der genannten Organsysteme zuordnen. Es ist ein aus verschiedenen Teilen zusammengesetzter biologischer Funktionskreis (Abb. 9), der stets im

Zusammenhang mit dem gesamten Organismus betrachtet werden muß.

• topographische Anatomie

Die *topographische Anatomie* ist eine Synthese der systematischen Anatomie. Sie lehrt den Aufbau der Körperregionen nach den räumlichen Beziehungen.

Phylogenese
Ontogenese

Die Anatomie des Menschen legt in der Regel die Strukturen des Erwachsenen zugrunde, die sich während der Stammesgeschichte, *Phylogenese*, herausgebildet haben. In der Keimesentwicklung, *Ontogenese*, erfolgt die grundlegende Organisation der individuellen Strukturen. Die Ontogenese wird in der Entwicklungsgeschichte, *Embryologie*, gelehrt.

Nach der Geburt vollzieht sich in der kindlichen Wachstumsperiode ein ständiger Strukturwandel, der bis zum Erwachsenenalter und darüber hinaus noch bis zum Lebensende anhält. Die wichtigsten Etappen morphologischer Veränderungen lassen sich am Schicksal der Zähne verfolgen. Der Säuglingskiefer ist noch zahnlos; darauf folgt das Milchgebiß, das vom bleibenden Gebiß abgelöst wird. Mit dem Verlust der bleibenden Zähne entsteht dann wiederum ein Zustand der Zahnlosigkeit. Die Etappe dieser Veränderungen wird in der klinischen Anatomie dargestellt.

• klinische Anatomie

Als klinische Anatomie des orofazialen Systems bezeichnet man alle Strukturabweichungen vom Normalen, die infolge von Fehlbildungen, Zahnverlusten, Unfällen oder Operationen entstanden sind. Dazu gehören Zahnstellungsanomalien, die Besonderheiten unterschiedlicher Lückengebisse, der zahnlose Mund mit seinen veränderten Kiefer-, Mundschleimhaut- und Muskelverhältnissen u. a. m.

1.2 Zielstellung für die Ausbildung in der Anatomie

Die funktionsbezogene Darstellung normaler Strukturen bildet eine entscheidende Grundlage für das Verständnis der Lebensvorgänge des Menschen sowie für das Erkennen krankhafter Veränderungen des Organismus. Davon abgeleitete Ziele für Studierende stomatologischer Fachschulberufe sind

- die Entwicklung eines anwendungsbereiten Wissens über die morphophysiologischen Grundlagen des orofazialen Systems,
- der Erwerb praxisorientierter Kenntnisse über die wechselseitige Abhängigkeit von Geweben und Organen als Grundlage physiologischer und pathologischer Veränderungen in der Mundhöhle,
- die Befähigung zu biologischem Denken und Handeln für die prothetische Praxis und Werkstoffkunde bei der Konstruktion und Technologie von Zahnersatz,
- die Erhöhung des Vorstellungs- und Einfühlungsvermögens für die gestalterische Tätigkeit bei der oralen Rehabilitation,

• die Aneignung und richtige Anwendung anatomischer Fachbezeichnungen zur unmittelbaren Verständigung.

Das anatomisch-physiologische Wissen des Zahntechnikers und der stomatologischen Schwester sind entscheidende Grundlagen für die erfolgreiche Zusammenarbeit mit dem Zahnarzt.

Der Zahntechniker hat die Aufgabe, Teile des orofazialen Systems durch körperfremde Werkstoffe zu ersetzen. Seine Tätigkeit steht in engen Beziehungen zum Patienten. Daher darf die Starrheit der Gipsmodelle nicht dazu führen, die Eigenschaften der lebenden Gewebe zu vernachlässigen. Mit dem Eingliedern von Zahnersatz erfolgen entscheidende Eingriffe in den biologischen Regelkreis des orofazialen Systems.

Die Stomatologische Schwester wird dazu ausgebildet, daß sie assistierend unmittelbar an der zahnärztlichen Betreuung mitwirkt. Somit wird sie direkt mit der anatomischen Situation im orofazialen System eines Patienten konfrontiert. Das richtige Erfassen dieser Situation bildet daher eine wichtige Voraussetzung für eine ihrer Hauptaufgaben, nämlich Bindeglied zwischen Zahnarzt und Patient zu sein.

1.3 Begriffsbestimmungen

Ausgehend von der Zelle wird der tierische Organismus wie folgt gegliedert:

Zelle – Gewebe – Organ – Organsystem – Organismus (Abb. 1).

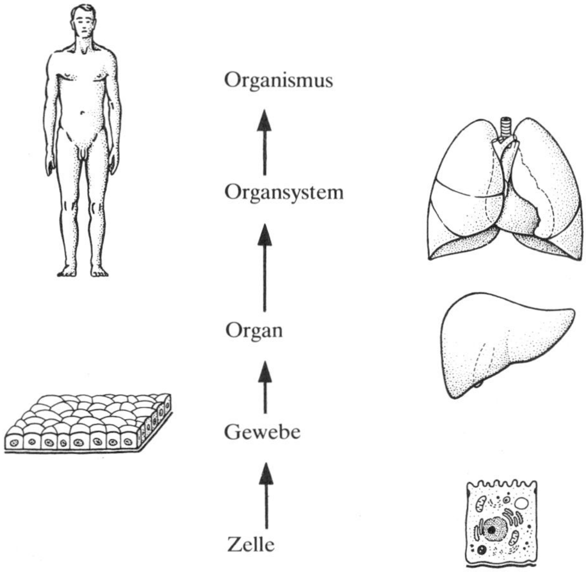

Abb. 1 Hierarchische Gliederung des menschlichen Organismus
Die Einzelteile werden jeweils zu Einheiten höherer Größenordnung zusammengefaßt

1.3.1 Zelle und Gewebe

Eigenschaften von Zellen

Als Zelle bezeichnet man die kleinste selbständige, lebens- und vermehrungsfähige Funktionseinheit der Lebewesen. Zu ihren grundsätzlichen Eigenschaften gehören der *Stoffwechsel*, das *Wachstum*, die *Reizbarkeit*, *Bewegung* und *Fortpflanzung*. Nicht alle Zellen des tierischen Organismus sind gleich gebaut und vollbringen dieselben Leistungen. Durch Differenzierung während der Gewebsbildung werden sie zu speziellen Funktionen befähigt, wie Sauerstofftransport (rote Blutzellen), Sekretbildung (Drüsenzellen), Impulsleitung (Nervenzellen).

Gewebscharakteristika

Unter Gewebe versteht man Verbände gleichartig differenzierter Zellen mit den von ihnen produzierten Interzellularsubstanzen (s. Lehrbuch der Histologie). Es gibt 4 Gewebearten:

- *Epithelgewebe*
- *Binde- bzw. Stützgewebe*
- *Muskelgewebe*
- *Nervengewebe*

Interzellularsubstanzen

Der Interzellularraum zwischen den Zellen ist ein wichtiger Transportweg für Nähr-, Wirk- und Abbaustoffe von den Gefäßen zu den Zellen bzw. umgekehrt (Transitstrecke). Die *Interzellularsubstanzen* können sehr unterschiedlich sein und somit einem Gewebe besondere Eigenschaften verleihen. Die hohe Zugfestigkeit von Sehnen wird z. B. durch parallel gerichtete kollagene Fasern, die Festigkeit des Knochens und der Zahnhartgewebe durch Einlagerung von Kalksalzen erreicht. Unter entsprechenden funktionellen Bedingungen kann es zu quantitativen und qualitativen Veränderungen von Geweben kommen *(funktionelle Anpassung)*.

1.3.2 Organ, Organsystem, Organismus

Gewebe
↓
Organe
↓
Organsysteme
↓
Organismus

Organe sind aus verschiedenen Geweben zusammengesetzte Funktionseinheiten, die spezifische Aufgaben zu erfüllen haben und anatomisch isoliert werden können. Der Charakter ihrer Aufgaben kann verschieden sein; das Gehirn ist z. B. das zentrale Steuerungsorgan, der Magen ein Verdauungsorgan, die Milz ein Abwehrorgan des Organismus.

Als Organsysteme bezeichnet man genetisch oder funktionell zusammenwirkende Organe, wie das *Skelettsystem, Muskelsystem, Kreislaufsystem* usw., deren Darstellung durch die systematische Anatomie erfolgt. Zwischen allen Organsystemen bestehen enge Wechselbeziehungen; ihre Koordination und Regulation unterliegen dem *Nervensystem*.

Der Organismus setzt sich funktionell aus verschiedenen Organsystemen zusammen. Dieser sowie seine Teile besitzen in höchstem Maß die Fähigkeit zur Anpassung an die Bedingungen der äußeren und inneren Umwelt.

Aufgaben

1. Begründen Sie die historische Determiniertheit des Begriffes Anatomie!
2. Fertigen Sie eine Übersicht über die Teilgebiete der Anatomie an, und ordnen Sie diesen die spezifischen Aufgaben zu!
3. Erläutern Sie an konkreten Beispielen, warum Sie anatomische Kenntnisse für die Ausübung Ihres Berufes benötigen!
4. Erklären Sie an entsprechenden Beispielen die Begriffe Zelle, Organ, Gewebe, Organsystem und Organismus!
5. Begründen Sie an einigen Beispielen die unterschiedlichen Aufgaben einzelner Organsysteme!

1.4 Orientierungsregeln

1.4.1 Achsen und Ebenen des Körpers

Zur Lageorientierung zerlegt man den aufrecht stehenden menschlichen Körper in Hauptachsen und Hauptebenen (s. Lehrbuch der Allgemeinen Anatomie).

Es gibt **3 Hauptachsen des Körpers**.

3 Hauptachsen des Körpers

1. Die *vertikale Achse* verläuft vom Scheitel bis zur Sohle,
2. die *sagittale Achse* zieht von vorn nach hinten bzw. umgekehrt,
3. die *transversale (horizontale) Achse* von links nach rechts.

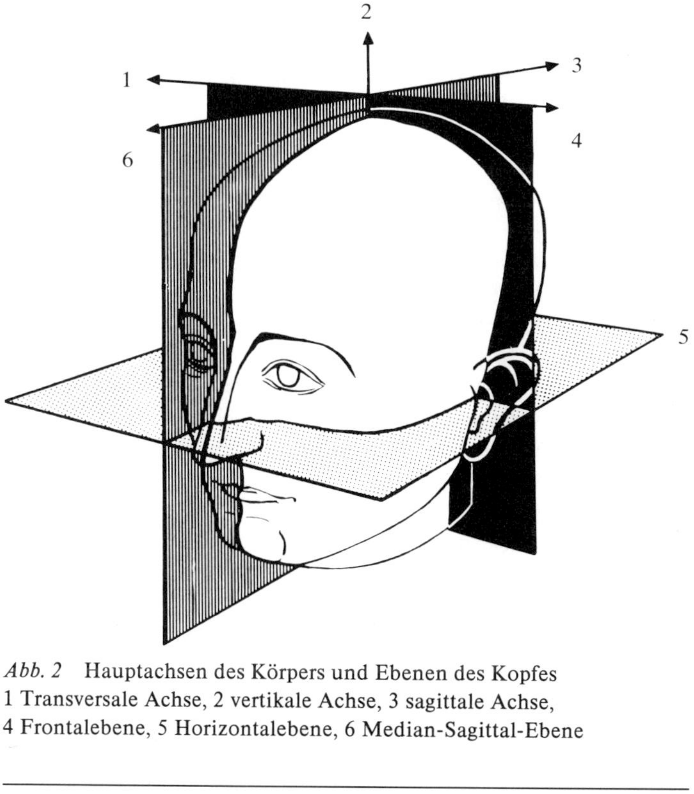

Abb. 2 Hauptachsen des Körpers und Ebenen des Kopfes
1 Transversale Achse, 2 vertikale Achse, 3 sagittale Achse, 4 Frontalebene, 5 Horizontalebene, 6 Median-Sagittal-Ebene

4 Ebenen des Körpers

Man unterscheidet **4 Ebenen des Körpers**.

1. Die *Medianebene* (*medium* = Mitte) verläuft vom Rücken zum Bauch und teilt den Körper in eine rechte und eine linke Hälfte. Man bezeichnet sie auch als *Symmetrieebene*. Sie entspricht dem in der Kieferorthopädie gebräuchlichen Begriff der *Raphe-Median-Ebene*, die von der mittelständigen Gaumennaht (*Raphe palati* s. Abb. 145) abgeleitet wird.
2. Eine *Sagittalebene* (*sagitta* = Pfeil) verläuft parallel zur vorigen durch den Körper. Die Medianebene ist auch eine Sagittalebene, nur mit dem Unterschied, daß sie in der Mitte verläuft; man spricht daher auch von der *Median-Sagittal-Ebene*.
3. Eine *Frontalebene (Stirnebene)* verläuft parallel zur Stirn. Sie zerlegt den Körper in vordere und hintere Abschnitte.
4. Eine *Horizontalebene* gliedert den Körper in obere und untere Abschnitte.

Alle Ebenen stehen senkrecht aufeinander.

Die Achsen und Ebenen haben auch für den Kopf Gültigkeit (Abb. 2). Jedoch sind die von den Hauptachsen abgeleiteten Richtungshinweise hier nicht ausreichend.

1.4.2 Richtungsbezeichnungen an Kopf, Gebiß und Zähnen

Richtungsbezeichnungen am Kopf

Als Richtungsbezeichnungen am Kopf, am Gebiß und an den Zähnen verwendet man allgemeine, auch für den Rumpf gültige Begriffe, soweit dies möglich ist. In der Hauptsache verwendet man aber Bezeichnungen, die sich auf ein in der entsprechenden Richtung gelegenes Ziel innerhalb des Kopfes, Gebisses oder eines Zahnes beziehen.

Allgemeine Richtungsbezeichnungen an Kopf, Gebiß und Zähnen sind:

proximal – zur Körpermitte hin gelegen (*proximus* = der Nächste),
medial – mittelwärts, zur Medianebene (lat. *medium* = Mitte),
mesial – zur Medianebene hin (gr. *méson* = Mitte),
anterior – vorn, nach vorn (*ante* = vor),
ventral – vorn, bauchwärts (*venter* = Bauch),
distal – von der Körpermitte weg gelegen (*distare* = abstehen).
lateral – seitwärts (*latus* = Seite),
posterior – hinten, nach hinten (*post* = nach, hinter).

Spezielle Richtungsbezeichnungen am Kopf sind:

frontal – stirnwärts (*frons* = Stirn),
labial – lippenwärts (*labium* = Lippe),
vestibulär – vorhofwärts (*vestibulum* = Vorhof),

bukkal	–	wangenwärts (*bucca* = Wange),
oral	–	mundwärts (*os* = Mund),
lingual	–	zungenwärts (*lingua* = Zunge),
palatinal	–	gaumenwärts (*palatum* = Gaumen),
pharyngeal	–	schlundwärts (*pharynx* = Schlund),
basal	–	schädelbasiswärts (*basis* = (Schädel)grund).

Einige von den genannten speziellen Richtungsbezeichnungen am Kopf werden in diesem Buch nicht benutzt, da sie nicht zur derzeit gültigen anatomischen Nomenklatur gehören. Sie finden aber in der Klinik Anwendung. Dazu gehört auch die Bezeichnung palatinal.

Richtungsbezeichnungen an Gebiß und Zähnen

Die Richtungsbezeichnungen am Gebiß und an den Zähnen haben zu berücksichtigen, daß die Zähne zu Zahnbögen aneinandergereiht sind. An einer Zahnkrone unterscheidet man 4 Seitenflächen (s. Abb. 43). Durch die bogenförmige Anordnung der Zähne ist die vordere Fläche eines Schneidezahnes nach vorn *(anterior)*, die entsprechende Fläche eines Zahnes im Seitenzahngebiet aber zur Seite *(lateral)* gerichtet.

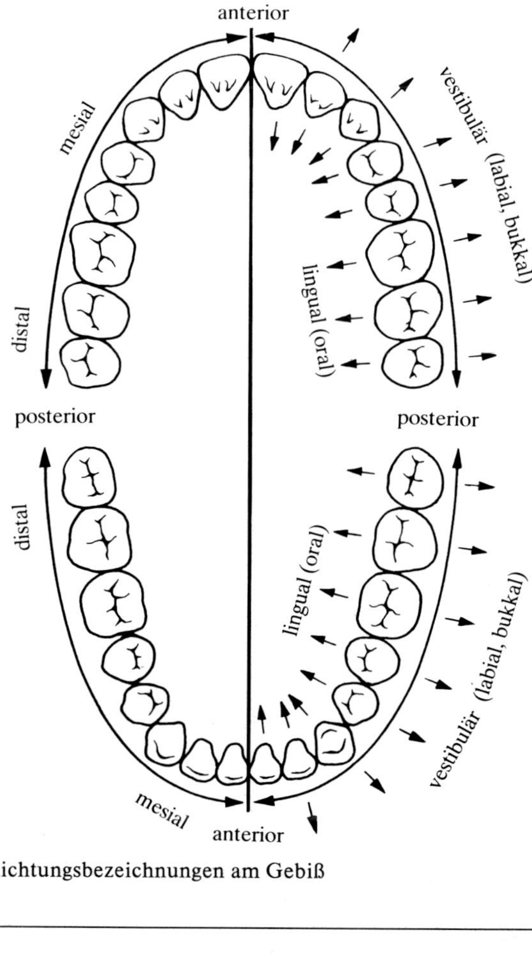

Abb. 3 Richtungsbezeichnungen am Gebiß

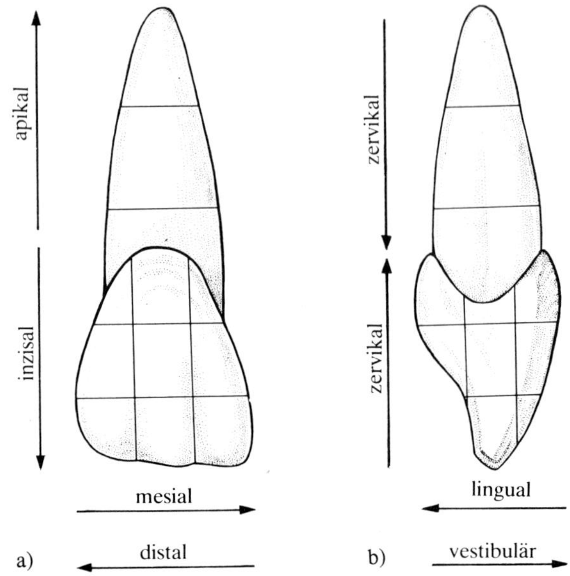

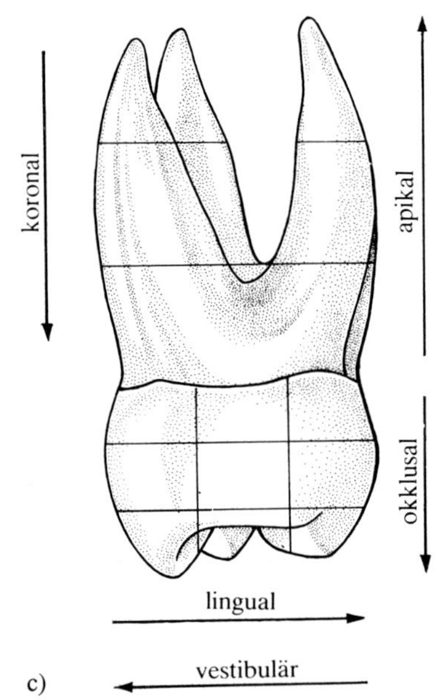

Abb. 4 Richtungsbezeichnungen und Drittelgliederungen der Krone und Wurzel am Beispiel eines oberen rechten Schneidezahns und eines oberen rechten Molars
a von vestibulär,
b von mesial,
c von mesial

Die Begriffe *mesial* und *distal* beziehen sich auf die Stellung der Zähne innerhalb des Zahnbogens. Ausgehend von der Stellung der beiden vorderen Zähne zur Mittellinie bezeichnet man alle zum Zahnbogenscheitel zeigenden Zahnflächen oder Zahnhälften als nach *mesial* und alle zum Zahnbogenende gekehrten als nach *distal* gerichtet (Abb. 3). Weitere Richtungsbezeichnungen sind

koronal – kronenwärts (*corona* = Krone),
okklusal – kauflächenwärts (*occludere* = verschließen),
inzisal – schneidekantenwärts (*incidere* = einschneiden),

zervikal – (zahn)halswärts (*cervix* = Hals),
gingival – zahnfleischwärts (*gingiva* = Zahnfleisch),
apikal – (wurzel)spitzenwärts (*apex* = Spitze),
approximal – benachbart (*ap* = an, heran, *proximus* = der Nächste).
Zur Lagebestimmung von Details am Zahn kann dieser sowohl in vertikaler als auch in horizontaler Richtung in verschiedene Abschnitte gegliedert werden. Von mesial nach distal unterscheidet man ein *mesiales, zentrales* und *distales Drittel*, von außen nach innen ein *vestibuläres, zentrales* und *linguales Drittel.* Die vertikale Dreiteilung kann auch nur für die Zahnkrone oder die Zahnwurzel angewendet werden (Abb. 4).

Aufgaben

1. Tragen Sie in eine Skizze Hauptachsen und -ebenen des menschlischen Organismus ein!

2. Begründen Sie, warum am Kopf besondere Richtungsbezeichnungen notwendig sind!

3. Erklären Sie die Richtungsbezeichnungen an Gebiß und Zähnen!

4. Erläutern Sie an entsprechenden Skizzen (Sagittal-, Frontal- und Horizontalschnitten) folgende Richtungsbezeichnungen:

– distal	– vestibulär	– mesial	– approximal
– apikal	– sagittal	– lingual	– okklusal!

1.5 Kopf

Der Kopf nimmt gegenüber dem Rumpf morphologisch eine Sonderstellung ein, die durch das Gehirn, die Sinnesorgane und die Eingangspforten der Speise- und Luftwege geprägt wird. Formbestimmend für den Kopf des Menschen ist hauptsächlich der Hirnschädel. Im Gegensatz dazu dominieren beim Tierschädel Kieferskelett und Gebiß. Vielen Tieren dienen die Zähne nicht nur zur Nahrungszerkleinerung, sondern auch als Werkzeug oder Waffe. So benutzen z. B. Ratten und Biber ihre Schneidezähne (Nagezähne) zum Nagen oder Eber ihre Eckzähne (Hauer) zur Verteidigung.

1.5.1 Hirn- und Gesichtsschädel

Die knöcherne Grundlage des Kopfes ist der Schädel, *Cranium*, der sich in 2 Teile gliedert, den Hirn- und den Gesichtsschädel (Abb. 5).

Hirnschädel

Der Hirnschädel, *Neurocranium*, bildet das Gehäuse für das Gehirn; er besteht aus dem *Schädeldach* und der *Schädelbasis.* In der Schädelbasis sind das Gehör- und das Gleichgewichtsorgan eingelagert.

Gesichtsschädel

Der Gesichtsschädel, *Viscerocranium*, ist die knöcherne Grundlage des Gesichtes; zu ihm gehören auch die Kiefer mit den

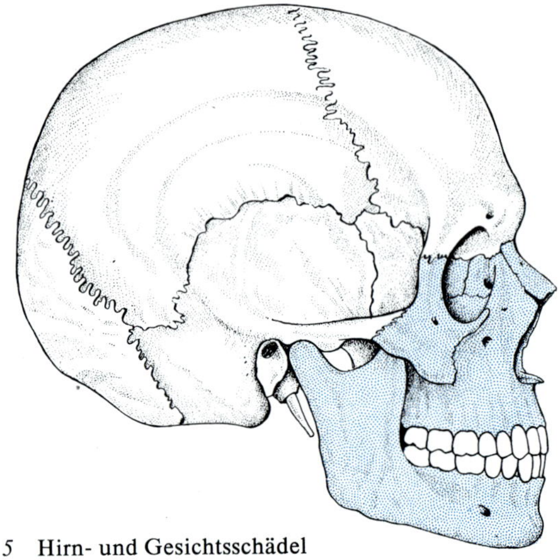

Abb. 5 Hirn- und Gesichtsschädel

Zähnen. Die Grenze zwischen Hirn- und Gesichtsschädel verläuft in seitlicher Ansicht vom oberen Rand des Nasenbeins über die Augenhöhle zur äußeren Gehörgangöffnung (Abb. 5).
Der Schädel setzt sich aus zahlreichen Knochen, *Ossa cranii*, zusammen, von denen die des Gesichtsschädels als *Ossa faciei* bezeichnet werden. Die Knochen sind untereinander durch Nähte, *Suturen*, oder Knorpelhaften, *Synchondrosen*, verbunden. Letztere schließen sich bis zum Erwachsenenalter. Zwischen dem Schläfenbein und dem Unterkiefer befinden sich die Kiefergelenke.

Gesicht
- Obergesicht
- Mittelgesicht
- Untergesicht

1.5.2 Gesicht, Facies

Das Gesicht des Menschen zeigt sehr individuelle Prägungen, wobei die Mundregion nicht immer am ausdrucksvollsten ist. Bestimmender können Augen, Nase oder Ohren sein.
Das Gesicht, *Facies*, reicht oben bis zur Augenbraue, *Supercilium*, seitlich über die Schläfe, *Tempora*, bis zur Ohrmuschel, *Auricula*, und zum hinteren Rand des Unterkiefers sowie unten bis zum ventralen Unterkieferrand. Unter Einbeziehung der Stirn, *Frons*, setzt sich das Gesicht oben bis zur Haargrenze fort.
Klinisch wird das Gesicht bei der Betrachtung von vorn durch 2 horizontale Linien, die *Bipupillarlinie* (durch beide Pupillen) und die *Mundspaltenlinie*, in 3 Etagen gegliedert (Abb. 6). Danach unterscheidet man
– Obergesicht – Mittelgesicht – Untergesicht.

Formbewertungen des Gesichts

Für die Formbewertung der Stirn gelten Bezeichnungen, wie *gewölbt, flach, hoch, mittel, niedrig, steil, geneigt* oder *fliehend*. Die Augengegend wird durch die Form und Stärke der Augenbrauen, die Form und Stellung der Augenlider bzw. Lidspalten charakterisiert.

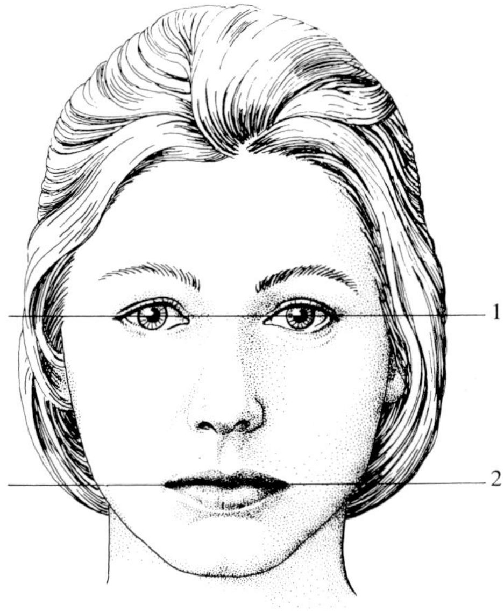

Abb. 6 Unterteilung des Gesichts
1 Bipupillarlinie, 2 Mundspaltenlinie

Eine Besonderheit des Gesichts ist die äußere Nase, die es nur beim Menschen gibt. Sie bildet den prominentesten Teil des Mittelgesichtes. Man unterscheidet an ihr die Nasenwurzel, *Radix nasi*, den Nasenrücken, *Dorsum nasi*, und die Nasenflügel, *Alae nasi*. Bewertungskriterien für die Nasenform sind die Nasenwurzel, der Nasenrücken, die Nasenspitze und die Nasenlöcher.
Über die Form des äußeren Mundes und seine Bewertungen siehe Abschn. 6.1. Die Herausbildung des Kinns ist eine weitere Besonderheit des Menschen. Seine phylogenetische Entstehung wird auf die Verkürzung der Kiefer, die Ausbildung des Gehirns und die Entwicklung der Sprache zurückgeführt. Durch Knochenanbau auf der Außenseite wird eine Einengung des Unterkieferbogens verhindert und damit der Zunge genügend Platz gelassen. Die Form des Kinns wird als *breit, schmal, hoch, niedrig, eckig, elliptisch* oder *rund* bezeichnet. In der Klinik spricht man von einem *positiven Kinn*, wenn dies stärker hervortritt, oder *negativen Kinn*, wenn es nach hinten abfällt. Eine metrische Erfassung kann in der Klinik an Hand von Photostataufnahmen erfolgen.

1.5.3 Weichteilbedeckungen des Kopfes

Die Weichteilbedeckung des Schädels ist unterschiedlich stark. Auf der Stirn, dem Jochbein, Jochbogen und Schädeldach ist sie relativ dünn, im Gebiet der Kaumuskeln und Wangen dagegen dick.

Weichteile des Gesichts

Die Weichteile des Gesichtes sind sehr formvariabel und liegen dem Gesichtsschädel an. In ihnen findet man außer Fett, Bindegewebe, Nerven, Gefäßen auch die mimischen Muskeln. Letztere sind Hautmuskeln, d. h., daß sie in der Haut entspringen oder ansetzen (Abschn. 5.1).
Stärkere Fettansammlungen sind gewöhnlich in den seitlichen Gesichtsteilen anzutreffen. Zwischen dem Wangenmuskel und den Kaumuskeln liegt ein rundlicher Fettballen, *Corpus adiposum buccae (Bichat)*, der die äußere Form der Wangen maßgeblich bestimmt. Dieser Fettpfropf ist bei Kindern stark ausgebildet. Im Greisenalter sowie bei starker Abmagerung bildet er sich zurück; die Wangen sehen dann eingefallen aus.
Genaue Kenntnisse über die Dicke der Gesichtsweichteile bilden die Voraussetzungen für Gesichtsrekonstruktionen an Schädeln. Die erste plastische Rekonstruktion der Gesichtsweichteile am Schädel wurde von dem Anatomen His und dem Bildhauer Seffner 1895 am Schädel von Johann Sebastian Bach vorgenommen. Seit 1938 hat Gerassimov eine Methode zur Wiederherstellung des Gesichtes auf der Grundlage des Schädels entwickelt, die sowohl die Normalmaße der Weichteildicke als auch deren Variationen erfaßt. Über einige anthropometrische Daten des Gesichts informiert die Abbildung 72 (s. S. 110).
An der Seite des Kopfes, dicht hinter dem Kiefergelenk, befindet sich die Ohrmuschel, *Auricula*. Sie dient dem Auffangen von Schallwellen und der Lokalisation von Schallquellen. Die Kenntnis ihrer anatomischen Formen ist ebenso wie die der Nase im Hinblick auf die Herstellung von Epithesen wichtig.

Ohrmuschel

Die Ohrmuschel (Abb. 7) enthält als Stützgerüst elastischen Knorpel; im Ohrläppchen findet sich Fettgewebe. Außen wird die Ohrmuschel von einem gebogenen Rand, *Helix*, eingefaßt. Dieser ist durch eine Rinne, *Scapha*, von dem innen gelegenen Bogenwulst, *Anthelix*, getrennt. Ein flächenhafter Vorsprung vor

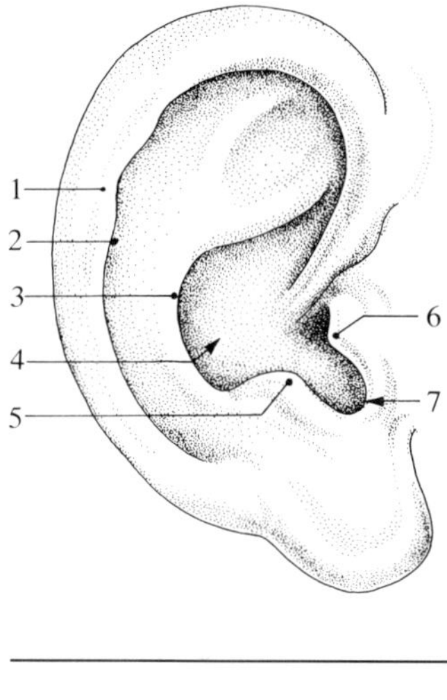

Abb. 7 Ohrmuschel
1 Helix, 2 Scapha, 3 Anthelix,
4 Concha auriculae,
5 Antitragus, 6 Tragus,
7 Incisura intertragica

der äußeren Gehörgangöffnung wird als *Tragus* und der gegenüberliegende Wulst am Ende des Anthelix als *Antitragus* bezeichnet. Zwischen beiden Vorsprüngen liegt ein Einschnitt, die *Incisura intertragica.* Die von Anthelix, Antitragus und Tragus umfaßte Höhlung der Ohrmuschel wird *Concha auriculae* genannt.
Wird die Stellung der Ohrmuschel durch Verletzungen oder operative Korrekturen verändert, so kann sich dadurch die Fähigkeit zur Ortung einer Schallquelle verschlechtern.

Aufgaben

1. Begründen Sie die Sonderstellung des Kopfes gegenüber dem Rumpf!
2. Untergliedern Sie die Frontalskizze eines Kopfes durch wichtige Linien in bekannte Etagen!
3. Welche Kriterien werden für die Formbewertung einzelner Gesichtsabschnitte zugrunde gelegt?
4. Begründen Sie die mit zunehmendem Alter sichtbar werdenden Formveränderungen der Wange!
5. Zeichnen Sie stark vergrößert die Strukturbesonderheiten einer Ohrmuschel!

1.6 Übersicht über das orofaziale System

Das orofaziale System besteht aus verschiedenen Strukturen, die sich entwicklungsgeschichtlich hauptsächlich von der Kiemenregion ableiten und zu einer Funktionseinheit zusammenfügen. Topographisch verteilt sie sich über mehrere Regionen des Kopfes und des Halses (Abb. 8). Eine Eingliederung in das Skelett- und Muskelsystem, Verdauungs- oder Atmungssystem ist deshalb nicht möglich, weil es Funktionen ausübt, die mehreren Systemen obliegen.

Mundhöhle und Begleitstrukturen

Im Mittelpunkt steht die Mundhöhle *(Cavitas oris)* mit ihren Organen (s. Abb. 11). Sprachlich leitet sich »orofacial« von *Os* = Mund und *Facies* = Gesicht ab. Außerdem gehören die äußere Nase, Augenlieder und Augenhöhle sowie die Ohrmuschel zum orofazialen System. Die hier genannten Teile müssen ggf. künstlich ersetzt werden *(Epithetik).* Es gibt auch zahlreiche andere Bezeichnungen für das orofaziale System, wie *maxillofaziales System, mastikatorisches System, stomatognathes System, maxillomandibulärer Apparat, Kauapparat* oder *Kauorgan*, jedoch sind alle mehr oder weniger unzulänglich, insbesondere dann, wenn sie rein mechanistisch orientiert sind.

1.6.1 Strukturelemente und Funktionen

Die Strukturelemente des orafazialen Systems sind in der Übersicht auf Seite 29 zusammengestellt.

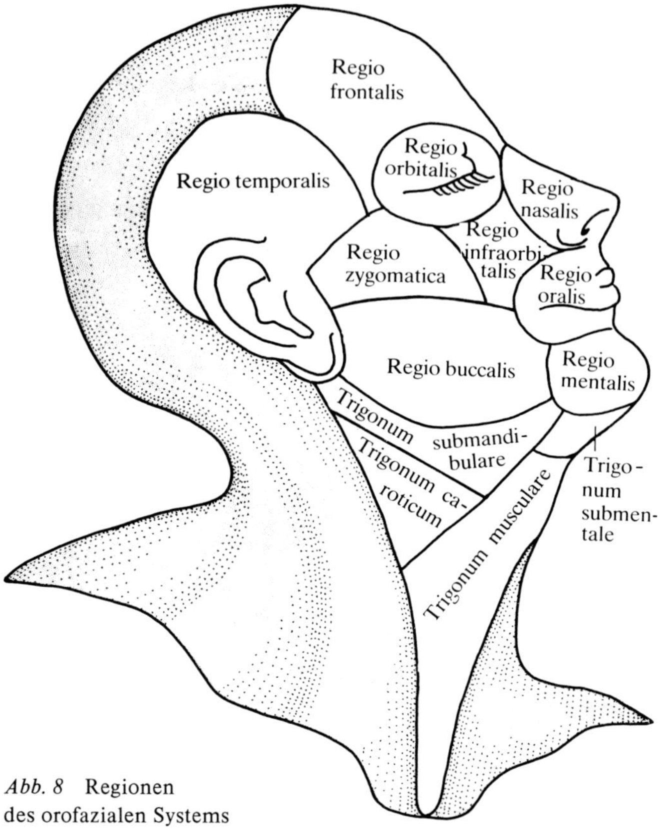

Abb. 8 Regionen des orofazialen Systems

Funktionen des orofazialen Systems
- mastikatorische
- sensitive, sensorische
- phonetische
- ästhetisch-physiognomische
- respiratorische

Die Funktionen des orofazialen Systems sind wie folgt:
- *Mastikatorische Funktionen*; sie dienen der Aufnahme, Zerkleinerung, Verarbeitung und dem Transport der Nahrung (Beißen, Kauen, Saugen, Lecken, Schlucken, Rülpsen, Spucken, Würgen, Erbrechen);
- *sensitive* und *sensorische Funktionen*; sie dienen der Rezeption von Tastempfindungen (Berührung, Druck, Stellung, Bewegung), der Schmerz- und Temperaturwahrnehmung sowie der Aufnahme von Geschmacksreizen oder erotisierenden Empfindungen (Küssen);
- *phonetische Funktionen*; sie dienen der Sprache (auch Singen, Zischen, Pfeifen);
- *ästhetisch-physiognomische Funktionen*; sie nehmen Einfluß auf den Gesichtsausdruck (Lachen, Weinen);
- *respiratorische Funktionen* (Atmen, Schnarchen, Blasen, Husten, Niesen, Schnupfen).

Die harmonischen Wechselbeziehungen zwischen den Einzelteilen sind für die Funktionstüchtigkeit von grundsätzlicher Bedeutung. Sie dienen nicht nur der Koordination ihrer Aufgaben, sondern auch der Erhaltung des funktionellen Gleichgewichtes.
Der reguläre Ablauf dieser vielfachen Funktionen unterliegt einer Steuerungszentrale im ZNS. Das Zentralnervensystem er-

Strukturelemente des orofazialen Systems – schematische Übersicht

Knochen		Keilbein
		Schläfenbein
		Stirnbein
		Unterkiefer
		Oberkiefer
		Gaumenbein
		Pflugscharbein
		Siebbein
		Untere Nasenmuschel
		Tränenbein
		Nasenbein
		Jochbein
		Zungenbein
Kiefergelenke ← (Schläfenbein, Unterkiefer)		
Zähne mit Zahnhalteapparat ← (Unterkiefer, Oberkiefer)		
Muskelgruppen		Kaumuskeln
		Mimische Muskeln
		Obere Zungenbeinmuskeln
		Untere Zungenbeinmuskeln
		Halsmuskeln
		Gaumen- und Schlundbogenmuskeln
		Schlundmuskeln
		Zungenmuskeln
Weichteile		Lippen, Wangen, Zunge, Mundschleimhaut, Gingiva, weicher Gaumen, lymphatischer Rachenring, Rachenwand, Speicheldrüsen
Leitungsbahnen	*Nerven*	N. trigeminus
		N. facialis
		N. glossopharyngeus
		N. vagus
		N. hypoglossus
	Arterien	A. carotis externa
	Venen	V. jugularis interna
	Lymphgefäße	

hält Informationen aus der Peripherie, verarbeitet diese und gibt gezielte Impulse wieder an die Peripherie zurück. Diese komplizierten Abläufe sind mit einem *biologischen Funktionskreis* vergleichbar (Abb. 9).

Form und Funktion bilden eine dialektische Einheit. Daraus erklärt sich, daß Veränderungen der Funktion auch strukturelle Anpassungen zur Folge haben. Vermehrte Beanspruchung führt zum Anbau von Knochen oder zur Vergrößerung von Muskeln *(Aktivitätshypertrophie)*. Bei verminderter funktioneller Beanspruchung bilden sich Muskeln und Knochen zurück *(Inaktivitätsatrophie)*.

Biologischer Funktionskreis des Kauapparats

Funktionsanpassung

- Aktivitätshypertrophie
- Inaktivitätsatrophie

1.6.2 Knochen und Kiefergelenke

Die Knochen des orofazialen Systems gehören sowohl dem Gesichts- als auch dem Hirnschädel an (s. Abb. 5). Die zahntragenden Knochen sind der Oberkiefer, *Maxilla*, und der Unterkiefer, *Mandibula*. Beide gehen entwicklungsgeschichtlich aus dem 1. Kiemenbogen hervor. Der Unterkiefer ist mit dem Schläfenbein, *Os temporale*, an der Schädelbasis durch das Kiefergelenk verbunden. Das Gaumenbein, *Os palatinum*, bildet das hintere Drittel des knöchernen Gaumens; die vorderen zwei Drittel liefert der Gaumenfortsatz des Oberkiefers. Das Keilbein, *Os sphenoidale*, stellt das Zentrum der Schädelbasis dar. Es dient nicht nur verschiedenen Muskeln des orofazialen Systems zum Ursprung, sondern nimmt auch einen Teil des Kaudruckes auf, den es dann auf den Schädel verteilt. Das Zungenbein, *Os hyoideum*, entstammt den Kiemenbögen 2 und 3 (s. Abb. 12). Es liegt zwischen den Zungenbeinmuskeln und ermöglicht deren Funktion bei der Öffnung des Unterkiefers und beim Schluckvorgang. Die Knochen des orofazialen Systems stehen in engem funktionellem Zusammenhang und teilweise in direkten räumlichen Beziehungen mit anderen Teilen des Schädels, der Nasenhöhle und den Nasennebenhöhlen, der Augenhöhle, der Schädelbasis und auch dem Schädeldach. Eine strenge Abgrenzung ist daher nur aus Gründen des Stoffumfanges berechtigt.

Kiefergelenke. Die Köpfe des Unterkiefers artikulieren beiderseits in den Kiefergelenken mit dem Schläfenbein. Die Vielseitigkeit der Bewegungsmöglichkeiten des Unterkiefers kommt dadurch zustande, daß ein Diskus den Gelenkraum auf jeder Seite in 2 Gelenkspalten zerlegt. Man kann die Bewegungen des Gelenkkopfes fühlen, wenn man die Fingerkuppe vor oder in den äußeren Gehörgang legt.

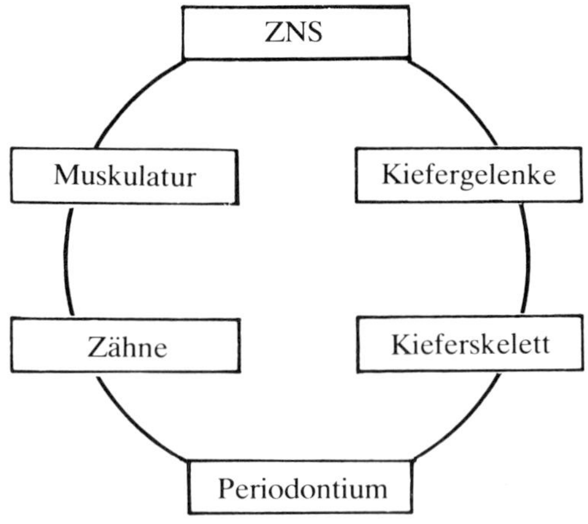

Abb. 9 Funktionskreis des orofazialen Systems
ZNS Zentralnervensystem

1.6.3 Zähne und Zahnhalteapparat

Die Zähne, *Dentes*, sind in den Kiefern verankert. Das betrifft sowohl die Zähne des Milch- als auch die des Dauergebisses.

Das Milchgebiß besteht aus 20 Milchzähnen, *Dentes decidui*, das Dauergebiß aus 32 (28) Dauerzähnen, *Dentes permanentes*. Die Anordnung der Zähne erfolgt in Form eines oberen und eines unteren Zahnbogens mit je 16 (14) Zähnen. Funktionell gliedert man die Zähne in Zahngruppen.

Milchzähne

Daher unterscheidet man im Dauergebiß in einer Zahnbogenhälfte 2 Schneidezähne, *Dentes incisivi*, einen Eckzahn, *Dens caninus*, 2 Vormahlzähne, *Dentes premolares*, und 3(2) Mahlzähne, *Dentes molares*, (2 + 1 + 2 + 3 = 8). Die 4 Zahnbogenhälften ergeben die Gesamtzahl des permanenten Gebisses mit 32 Zähnen und beim Fehlen der 3. Molaren 28 Zähne (Abb. 10). Im Mißchgebiß gibt es keine Prämolaren und nur 2 Milchmahlzähne.

permanente Zähne

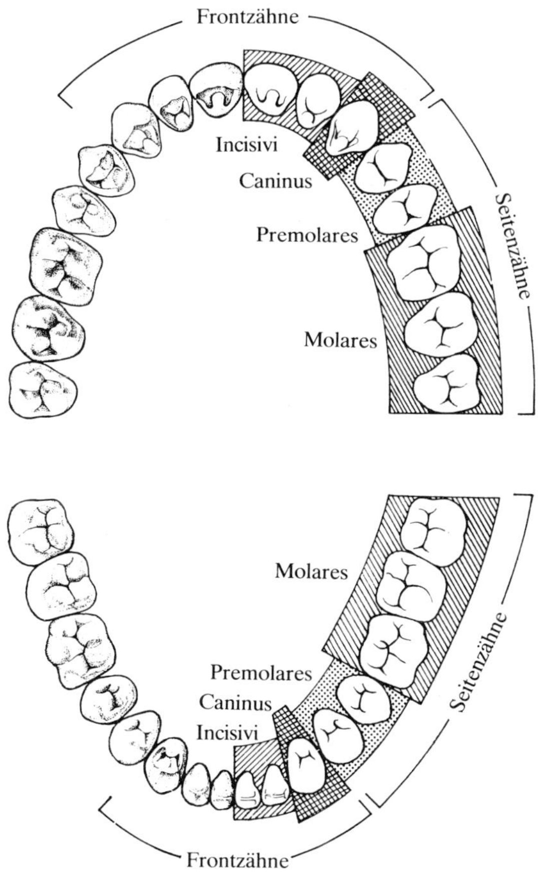

Abb. 10 Zahngruppen im bleibenden Gebiß

Verankerung der Zähne

Der Zahnhalteapparat, *Periodontium*, befestigt die Zahnwurzel in einem Zahnfach des Ober- bzw. des Unterkiefers. Die Verankerung hat zu sichern, daß der Kaudruck federnd elastisch aufgefangen und auf den gesamten Schädel verteilt wird. Diese Eigenschaften werden durch einen intraalveolären Faserapparat erreicht, der als *Lig. periodontale (Desmodontium)* bezeichnet wird. Das Lig. periodontale spannt sich zwischen Zahnwurzel und Wand des Zahnfachs aus; es ermöglicht dem Zahn eine geringe Beweglichkeit. Anatomisch bezeichnet man diese Art der gelenkigen Verbindung als *Gomphosis* (s. Lehrbuch der Allgemeinen Anatomie). Unter den weiteren Aufgaben des Zahnhalteapparates ist die Abdichtung des Lig. periodontale durch das Zahnfleisch am Zahnhals zu nennen, die als *dentogingivale Verbindung* bezeichnet wird.

1.6.4 Muskelgruppen

Die Muskeln des orofazialen Systems lassen sich in verschiedene Gruppen ordnen. Als Einteilungskriterien gelten genetische, topographische oder funktionelle Gesichtspunkte. Unter einer genetisch einheitlichen Muskelgruppe versteht man solche Muskeln, die nur einer Materialquelle, z. B. einem Kiemenbogen, entstammen. Ihre Herkunft ist daran erkennbar, von welchen Nerven diese Muskeln versorgt werden. Die topographische Einteilung erfolgt nach ihrer Lokalisation und die funktionelle Gliederung auf der Grundlage ihrer gemeinsamen Aufgaben.

Kaumuskeln

Die Kaumuskeln, *Mm. masticatores*, bewegen den Unterkiefer. Sie sind hauptsächlich Kieferschließer. Da sie ihn an den Oberkiefer heranziehen, wobei sie den Kaudruck erzeugen, werden sie auch *Kieferadduktoren* genannt. Ihre Innervation erfolgt durch den 1. Kiemenbogennerven *(N. trigeminus).*

mimische Muskeln

Die mimischen Muskeln, *Mm. faciales*, auch Gesichtsmuskeln genannt, bewegen die Gesichtshaut (Mimik). Sie bilden die muskuläre Grundlage für Lippen und Wangen. Man findet sie aber nicht nur im Gesicht, sondern auch an der Ohrmuschel, am Schädeldach und als Platysma am Hals. Manchmal werden sie auch *akzessorische Kaumuskeln* genannt, was vom phylogenetischen und ontogenetischen Standpunkt aus jedoch nicht vertretbar ist. Sie werden alle vom 2. Kiemenbogennerven *(N. facialis)* innerviert.

obere Zungenbeinmuskeln

Die oberen Zungenbeinmuskeln, *Mm. suprahyoidei*, liegen oberhalb des Zungenbeins. Da sie den Mundboden verspannen, werden sie auch als Mundbodenmuskeln bezeichnet, und da sie bei fixiertem Zungenbein den Unterkiefer senken, auch direkte Kieferöffner genannt. Sie sind außerdem am Schluckakt beteiligt. Ihre Innervation erhalten sie vom 1. und 2. Kiemenbogennerven *(N. trigeminus, N. facialis).*

Die unteren Zungenbeinmuskeln, *Mm. infrahyoidei,* liegen unter dem Zungenbein. Sie fixieren es und sind somit indirekt an der Kieferöffnung beteiligt. Außerdem wirken sie beim Schluckvorgang mit. Sie werden von Halsnerven über eine Nervenschlinge *(Ansa cervicalis)* innerviert.

untere Zungenbeinmuskeln

Die Halsmuskeln, die mittelbar als Kieferöffner wirksam werden können, sind der seitliche Halswender *(M. sternocleidomastoideus)* und die Nackenmuskulatur. Ihre Hauptfunktionen sind jedoch andere.

Halsmuskeln

Die Gaumenmuskeln, *Mm. palati,* bilden das bewegliche Gaumensegel, das beim Schlucken den Schlund vom Nasenrachenraum ventilartig abdichtet. Außerdem bilden sie die Grundlage der Schlundbögen. Ihre Innervation erfolgt durch den 1., 3. und 4. Kiemenbogennerven *(N. trigeminus, N. glossopharyngeus, N. vagus)*.

Gaumenmuskeln

Die Schlundmuskeln, *Mm. pharyngei,* sorgen für den Weitertransport der Speisen und Flüssigkeiten von der Mundhöhle in die Speiseröhre. Sie sind somit Hauptakteure beim Schluckakt. Ihre Innervation erfolgt durch den 3. und 4. Kiemenbogennerven *(N. glossopharyngeus, N. vagus).*

Schlundmuskeln

Die Zungenmuskeln, *Mm. linguae,* bilden die Hauptmasse des Zungenkörpers, der einen großen Bewegungsspielraum besitzt. Die Zungenmuskeln werden vom 12. Hirnnerven *(N. hypoglossus)* innerviert.

Zungenmuskeln

1.6.5 Weichteile

Eine vollständige Übersicht über die Weichteile des orofazialen Systems würde zu weit führen; daher seien nachfolgend nur die wichtigsten genannt.

Ober- und Unterlippe, *Labium superius* und *Labium inferius,* begrenzen die Mundspalte. Seitlich setzen sich die Weichteile in Fom der **Wange,** *Bucca,* fort. Lippen und Wangen sorgen für den luftdichten Abschluß der Mundhöhle nach außen.

Lippen

Wangen

Sie werden außen von der Haut und innen von der Mundschleimhaut bekleidet. Ihre muskuläre Grundlage wird vom Mundringmuskel, *M. orbicularis oris,* und vom Wangenmuskel, *M. buccinator,* gebildet.

Innen von den Lippen und den Wangen liegt der Mundvorhof, das *Vestibulum oris,* das durch die Alveolarfortsätze und die Zähne von der eigentlichen Mundhöhle, *Cavitas oris propria,* getrennt ist (Abb. 11).

Die Speicheldrüsen liegen als kleine Speicheldrüsen verstreut in der Schleimhaut der Lippen, der Wangen, des Gaumens und in der Zunge. Außerdem gibt es 3 große Speicheldrüsen, die am Ohr gelegene Ohrspeicheldrüse, *Gl. parotidea,* die Unterkieferspeicheldrüse, *Gl. submandibularis,* und die Unterzungenspeicheldrüse, *Gl. sublingualis.* Alle Drüsen sind an der Bildung des

Speicheldrüsen

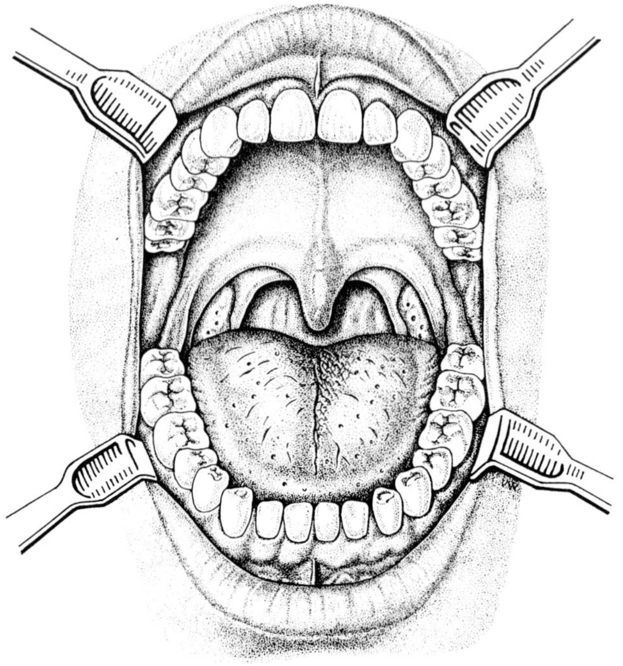

Abb. 11 Blick in die Mundhöhle

Speichels beteiligt, der zahlreiche Funktionen zu erfüllen hat (Abschn. 6.3.4).

Zunge

Die Zunge ist ein hauptsächlich aus Muskeln bestehendes Organ. Durch ihre gute Beweglichkeit hat sie maßgeblichen Anteil an der Bissenbildung, am Schluckvorgang, an der Konsonantenbildung beim Sprechen u. a. m. Sie ist Träger der Geschmacksknospen und besitzt eine reichliche Nervenversorgung, wodurch sie zum Tastorgan wird.

Leitungsbahnen

1.6.6 Leitungsbahnen

Unter Leitungsbahnen versteht man Nerven (sie leiten Erregungen), Arterien und Venen (sie leiten Blut) sowie Lymphgefäße (sie leiten Lymphe).

Nerven

Die Nerven des orofazialen Systems (Abschn. 9.1) sind *Kopfnerven*, weil sie vom Gehirn abgehen. Mit Ausnahme des *N. hypoglossus* handelt es sich um *Kiemenbogennerven*. Diese Bezeichnung leitet sich von ihrer entwicklungsgeschichtlichen Herkunft, den Kiemenbögen, ab (Abschn. 2.1), die als vorübergehende Bildung auch bei menschlichen Embryonen auftreten.

Arterien

Die Arterien entstammen hauptsächlich der äußeren Kopfschlagader, *A. carotis externa*, und nur zu geringem Teil der inneren Kopfschlagader, *A. carotis interna*, die hauptsächlich das Gehirn und den Inhalt der Augenhöhle versorgt.

Venen

Lymphbahnen

Die Venen des orofazialen Systems sammeln sich hauptsächlich in der *V. jugularis interna* (s. Abb. 179).
In die Lymphbahnen sind Lymphknoten als Filterstationen eingeschaltet. Sie dienen der Abwehr von Entzündungen oder körperfremden Stoffen. Ihre Kenntnis ist für die Bewertung von Entzündungen sowie für die Beurteilung der Ausbreitungswege bösartiger Geschwülste von großer praktischer Bedeutung.

Aufgaben

1. Stellen Sie in einer Übersicht die Strukturelemente des orofazialen Systems zusammen!
2. Erläutern Sie die speziellen Aufgaben der einzelnen Bestandteile des orofazialen Systems!
3. Beweisen Sie an konkreten Beispielen, daß das orofaziale System einen biologischen Funktionskreis darstellt!
4. Welche Knochen gehören zum orofazialen System?
5. Begründen Sie den Bau der Kiefergelenke unter besonderer Berücksichtigung ihrer Funktion!
6. Erklären Sie die Bezeichnungen der Zahngruppen!
7. Erläutern Sie den Begriff Zahnhalteapparat!
8. Welche Aufgaben übernehmen die bekannten Muskelgruppen des orofazialen Systems?
9. Nennen Sie Weichteile des orofazialen Systems!
10. Welche großen Speicheldrüsen gehören zum orofazialen System?
11. Erklären Sie den Begriff Leitungsbahnen!

2 Entwicklung orofazialer Strukturen

Das orofaziale System entwickelt sich hauptsächlich aus den Kiemenbögen. Daher soll kurz auf diese eingegangen werden; ansonsten sei auf Lehrbücher der Embryologie verwiesen.

2.1 Kiemenbögen

Ähnlich wie bei den Fischen treten auch beim Menschen Kiemenbögen auf. Es handelt sich jedoch nur um vorübergehende Bildungen. Insgesamt werden 6 Kiemenbögen angelegt, wovon jedoch nur die ersten 4 äußerlich in Erscheinung treten. Die ersten Kiemenbögen erscheinen bei 3 mm langen Embryonen Anfang der 4. Woche. Jeder Kiemenbogen enthält einen Knorpel, embryonales Bindegewebe, einen Nerven und eine Arterie.

1. Kiemenbogen

Der 1. Kiemenbogen wird *Kiefer- oder Mandibularbogen* genannt. Er bildet 2 Fortsätze, den kleineren *Oberkieferwulst* und den größeren *Unterkieferwulst* (s. Abb. 13).

2. Kiemenbogen

Der 2. Kiemenbogen ist der *Zungenbein-* oder *Hyoidbogen.* Die anderen Kiemenbögen werden nur durch Ziffern gekennzeichnet.

Kiemenbogenknorpel

Die Kiemenbogenknorpel, die bis zu ihrer Umwandlung ein Stützgerüst um den Kiemendarm bilden, liefern folgende Teile (Abb. 12):

- Aus dem 1. Kiemenbogenknorpel, MECKEL-*Knorpel,* entstehen dorsal die Gehörknöchelchen, *Hammer* und *Amboß.* Das ventrale Ende verschwindet, und aus dem umgebenden embryonalen Bindegewebe bildet sich der Unterkiefer (s. Abb. 127).
- Aus dem 2. Kiemenbogenknorpel, REICHERT-*Knorpel*, entstehen dorsal der *Steigbügel,* der *Processus styloideus* des Schläfenbeins und das *Ligamentum stylohyoideum.* Aus einem ventralen Ende gehen die *obere Hälfte des Zungenbeinkörpers* und das *kleine Zungenbeinhorn* hervor.
- Der 3. Kiemenbogenknorpel liefert die *untere Hälfte des Zungenbeins* und das *große Zungenbeinhorn,*
- der 4. bis 6. Kiemenbogenknorpel die *Kehlkopfknorpel.*

Kiemenbogenmuskeln

Die Muskelanlagen der Kiemenbögen wandern mit den entsprechenden Nerven in die Kopf- und Halsregion aus, wo sie die Muskelgruppen bilden.

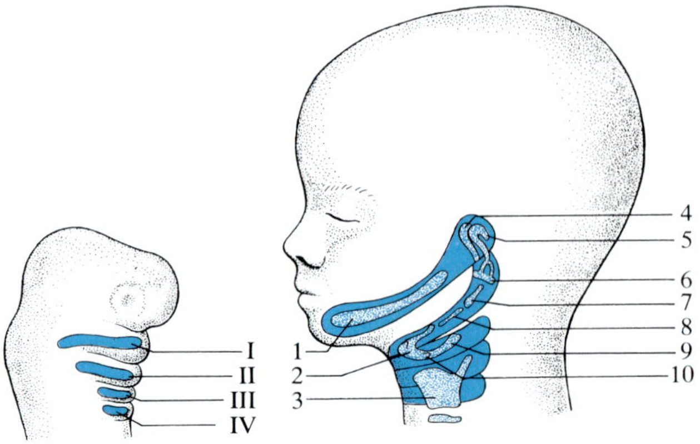

Abb. 12 Abkömmlinge der Kiemenbögen. I bis IV Kiemenbögen
1 MECKEL-Knorpel, 2 Zungenbeinkörper, 3 Kehlkopfknorpel,
4 Hammer, 5 Amboß, 6 Steigbügel, 7 Proc. styloideus,
8 Lig. stylohyoideum, 9 großes Zungenbeinhorn,
10 kleines Zungenbeinhorn

- Der 1. Kiemenbogen liefert die *Kaumuskeln,* den *vorderen Bauch des M. digastricus,* den *M. mylohyoideus, M. tensor veli palatini* und *M. tensor tympani,*
- der 2. Kiemenbogen die *mimischen Muskeln,* den *hinteren Bauch des M. digastricus,* den *M. stylohyoideus* und *M. stapedius,*
- der 3. Kiemenbogen den *M. stylopharyngeus* und die *oberen Schlundmuskeln,*
- der 4. bis 6. Kiemenbogen die *unteren Schlund-* und *Kehlkopfmuskeln.*

Kiemenbogennerven

Die Kiemenbogennerven versorgen die Kiemenbogenmuskeln motorisch und die oberen Eingeweide, wie Zähne, Mundschleimhaut, Rachen, Kehlkopf, Lungen, Speiseröhre, Magen, und die proximalen Darmabschnitte.

- Der 1. Kiemenbogennerv ist der *N. trigeminus,*
- der 2. Kiemenbogennerv der *N. facialis,*
- der 3. Kiemenbogennerv der *N. glossopharyngeus,*
- der 4. bis 6. Kiemenbogennerv der *N. vagus.*

Kiemenbogenarterien

Die Kiemenbogenarterien verschmelzen teilweise miteinander und bilden die Hauptschlagadern des Brust- und Halsbereiches, teilweise gehen sie zugrunde.

Gesichtsentwicklung

2.1.1 Gesichtsentwicklung

Mundbucht

Gesichtswülste

Mit der Entfaltung des Vorderhirns in der 4. Embryonalwoche wird der darunter gelegene Abschnitt zur Mundbucht, *Stomatodeum,* vertieft (Abb.13). Das von oben vorwachsende Gewebsmassiv wird *Stirnnasenwulst* genannt. Die untere und die seitliche Begrenzung der Mundbucht erfolgt beiderseits durch den 1. Kiemenbogen, an dem 2 Erhebungen, der *Oberkiefer-* und der

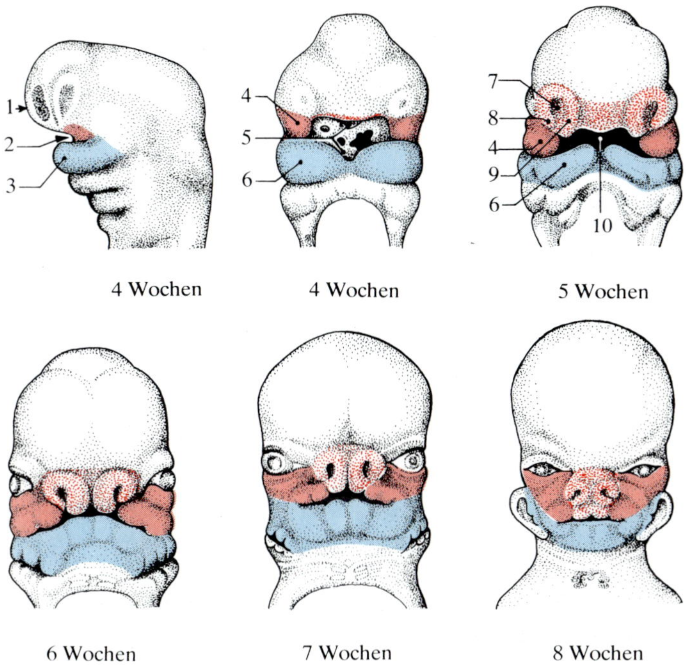

Abb. 13 Gesichtsentwicklung
1 Stirnnasenwulst, 2 Stomatodeum, 3 Kiemenbogen, 4 Oberkieferwulst, 5 Rachenmembran, 6 Unterkieferwulst, 7 Riechsäckchen, 8 lateraler Nasenwulst, 9 medialer Nasenwulst, 10 primäre Mundhöhle

Unterkieferwulst, entstehen. Etwa bis zur 3. Woche ist die Mundbucht vom Darm noch durch die *Rachenmembran* getrennt. Danach reißt die Rachenmembran ein, und die Mundbucht wird unter Einbeziehung des vorderen Darmteils zur *primären Mundhöhle.*

primäre Mundhöhle

Gegen Ende der 4. Woche bilden sich an beiden Seiten des Stirnnasenwulstes die ovalen *Riechplatten.* Diese vertiefen sich zu *Riechsäckchen* und gliedern den Stirnnasenwulst in einen *medialen* und einen *lateralen Nasenwulst.* Letzterer ist vom Oberkieferwulst noch durch die *Tränennasenfurche* getrennt.

Riechsäckchen

Bis zur 7. Woche verschmelzen beide medialen Nasenwülste und bilden das *Zwischenkiefersegment.* Dieses liefert den mittleren Teil der Oberlippe *(Philtrum),* den *Zwischenkiefer (Os incisivum)* und den *primären Gaumen.* Der Oberkieferwulst wächst am lateralen Nasenwulst vorbei und vereinigt sich mit dem medialen Nasenwulst. Aus dem Oberkieferwulst entstehen die seitlichen Teile der Oberlippe, der Oberkiefer und der *sekundäre Gaumen.* Die Unterkieferwülste vereinigen sich schon früher; sie bilden die Unterlippe und den Unterkiefer. Mit der Vereinigung des Ober- und des Unterkieferwulstes wird der Mund auch seitlich geschlossen.

Zwischenkiefersegment

primärer und sekundärer Gaumen

Der *Nasenrücken* entsteht aus dem oberen Teil des mittleren Nasenwulstes, die *Nasenflügel* aus den seitlichen Nasenwülsten.

Gaumenentwicklung

Gaumenfortsätze

Zungenanlage

Verknöcherung des Gaumens

Gaumensegel

2.1.2 Entwicklung des Gaumens

Die primäre Mundhöhle wird durch die Entstehung des bleibenden Gaumens in 2 Stockwerke unterteilt. Die obere Etage wird zur Nasenhöhle und die untere zur Mundhöhle.

Der bleibende Gaumen entwickelt sich aus den beiden *Gaumenfortsätzen,* die sich mit dem primären Gaumen des Zwischenkiefersegmentes vereinigen (Abb. 14).

Die Gaumenfortsätze entstehen in der 7. Woche am Oberkieferwulst. Parallel dazu entwickelt sich vom Stirnnasenwulst die Nasenscheidewand. Die Gaumenfortsätze wachsen zunächst nach unten, so daß sie seitlich von der sich schnell vergrößernden Zungenanlage liegen. Nach einer Schwenkung in die Horizontale wachsen sie aufeinander zu und vereinigen sich miteinander sowie mit dem primären Gaumen. Die Vereinigung dauert von der 9. Woche bis zur 12. Woche *(kritische Phase).* An der Vereinigungsnaht zwischen dem primären Gaumen und den Gaumenfortsätzen liegt das *Foramen incisivum.* Der vordere Teil des Gaumens verknöchert und wird zum *harten Gaumen (Palatum durum);* aus dem hinteren Abschnitt entstehen das *Gaumensegel (Velum palatinum)* und das *Zäpfchen (Uvula).*

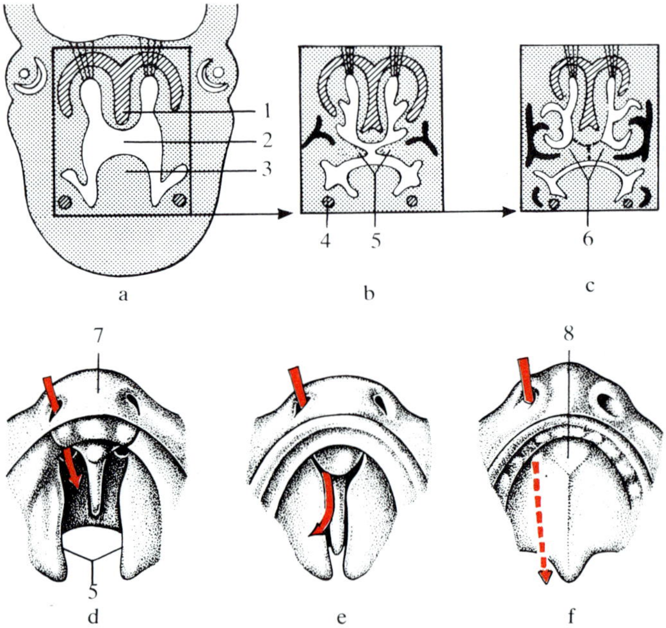

Abb. 14 Gaumenentwicklung
a bis c schematisierte Frontalschnitte durch das Mittel- und Untergesicht von Embryonen,
d bis f Darstellungen der Gaumenbildung in der Aufsicht
1 Nasenscheidewand, 2 primäre Mundhöhle, 3 Zungenanlage, 4 MECKEL-Knorpel, 5 Gaumenfortsätze, 6 bleibender Gaumen, 7 Zwischenkiefer, 8 primärer Gaumen

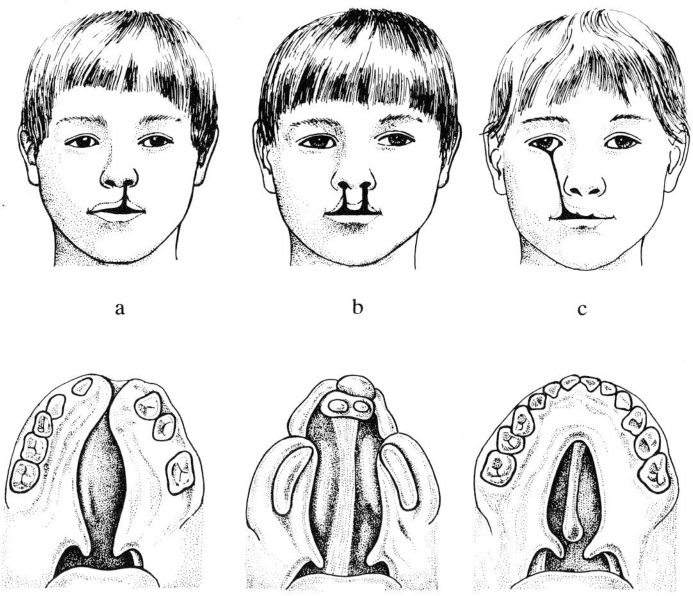

Abb. 15 Verschiedene Formen von Spaltbildungen
a Einseitige seitliche Lippenspalte, b doppelseitige seitliche Lippenspalte, c schräge Gesichtsspalte, d einseitige Kiefer-Gaumen-Spalte, doppelseitige Kiefer-Gaumen-Segel-Spalte, e doppelseitige Kiefer-Gaumen-Segel-Spalte, f mittlere Gaumenspalte

2.1.3 Fehlbildungen des Gesichtes, der Kiefer und des Gaumens

Spaltbildungen

Der Hauptanteil der Gesichtsfehlbildungen *(kraniofaziale Dysplasien)* entfällt auf Spaltbildungen (Abb. 15). Die Betreuung und Versorgung von Spaltträgern vor und nach der Operation stellt die Stomatologische Fachschwester ebenso wie den Fachzahntechniker vor schwierige Aufgaben.

Man unterscheidet vordere und hintere Spaltbildungen. Erstere liegen vor dem Foramen incisivum und beruhen auf Schlußstörungen der Nasen- und der Oberkieferwülste. Zu dieser Gruppe gehören die *Lippen-* und die *Oberkieferspalten.* Die hinteren Spaltbildungen liegen hinter dem *Foramen incisivum.* Es sind Defekte im sekundären Gaumen, die durch mangelhafte Nahtbildung bei der Vereinigung der Gaumenfortsätze und der Nasenscheidewand entstehen. Dazu zählt man die *Gaumen-Segel-Spalten.* Vordere und hintere Spaltbildungen können auch kombiniert als *Lippen-, Kiefer-, Gaumen-Segel-Spalten* (LKGS) auftreten.

- Lippen-, Kiefer-, Gaumen-Segel-Spalten

Seitliche Lippenspalten entstehen bei Verschmelzungsdefekten zwischen dem lateralen Nasenwulst und dem Oberkieferwulst, *mittlere Lippenspalten* (sie sind relativ selten) bei solchen beider mittlerer Nasenwülste.

• Gesichtsspalten

Quere Gesichtsspalten sind größere Defekte zwischen Ober- und Unterkieferwulst. Sie verlaufen in Verlängerung des Mundwinkels zwischen Ober- und Unterkiefer.
Bei *schrägen Gesichtsspalten* ist die Vereinigung der seitlichen Nasen- und Oberkieferwülste ausgeblieben.

Entstehung von Fehlbildungen durch
• genetische Faktoren
• Umwelteinflüsse

Die Faktoren, welche diese Fehlbildungen verursachen, sind sehr zahlreich (s. Lehrbuch der Embryologie). Während man früher annahm, daß sie hauptsächlich erblich bedingt sind, weiß man heute, daß es viele Umwelteinflüsse gibt, die sie auslösen können. Die schädigende Wirkung ist nur in bestimmten Entwicklungsphasen der Schwangerschaft möglich, für Gesichtsfehlbildungen hauptsächlich zwischen dem 21. bis 55. Entwicklungstag.

Aufgaben
1. Erläutern Sie Begriff, Aufbau und Bedeutung eines Kiemenbogens in der embryologischen Entwicklung!
2. Fertigen Sie eine Übersicht über die einzelnen Kiemenbogenknorpel an! Ordnen Sie die entstehenden Strukturen ein!
3. Skizzieren Sie den prinzipiellen Ablauf der Gesichtsentwicklung!
4. Erläutern Sie die Begriffe primärer und sekundärer Gaumen!
5. Begründen sie Probleme, die sich aus Spaltbildungen im orofazialen System für Patient, Zahnarzt und Fachzahntechniker ergeben!

Zahnentwicklung

2.2 Zahnentwicklung

Die Zahnentwicklung beginnt bei etwa 5 Wochen alten Embryonen und hält nach der Geburt fast bis zum Erwachsenenalter an.

2.2.1 Zahnleiste und Schmelzorgan

Zahnleiste

Zahnleiste. Mit der Vereinigung der Gesichtsfortsätze verdickt sich bei etwa 5 Wochen alten Embryonen das Epithel auf den Kieferwülsten der primitiven Mundhöhle zum *odontogenen Epithel.* Dieses wächst in das embryonale Bindegewebe des 1. Kiemenbogens ein und bildet hier die Zahnleiste (Abb. 16).
Durch lokale Zellvermehrungen entstehen an der oberen und der unteren Zahnleiste vestibulär je 10 Verdickungen, die man *Zahnknospen* nennt. Diese sind die ersten Anlagen der Milchzähne. Durch weiteres Zellwachstum bilden sie sich zu *Zahnglocken* um. Diese umschließen die aus embryonalem Bindegewebe bestehende *Zahnpapille,* aus der die Dentinbildner und die Zahnpulpa entstehen. Die Zahnglocke entwickelt sich weiter zum *Schmelzorgan,* das den Zahnschmelz bildet. Das die Zahnanlage umgebende Bindegewebe verdickt sich zum *Zahnsäckchen,* aus dem Zahnhalteapparat, Zement, Periodontalligament und Alveolarkompakta hervorgehen.

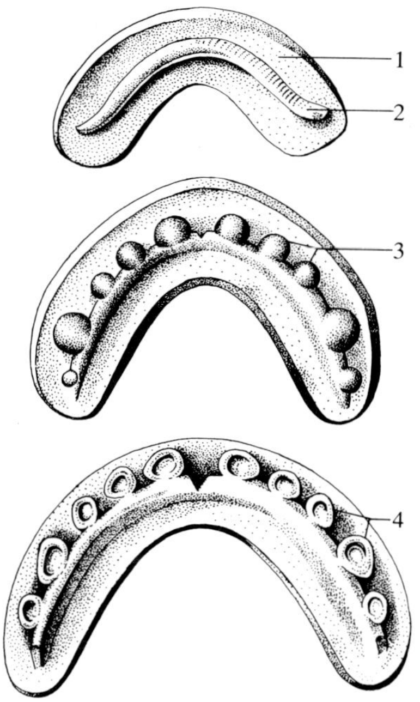

Abb. 16 Rekonstruktionen der Zahnleiste und Zahnanlagen in 3 verschiedenen Entwicklungsstufen
1 Mundhöhlenepithel
2 Zahnleiste
3 Milchzahnknospen
4 Michzahnglocken

Übersicht über die Zahnentwicklung

1. Kiemenbogen
- Odontogenes Epithel
  - Zahnleiste
    - Schmelzorgan
      - ISE
      - ÄSE
      - Schmelzpulpa
      - → Schmelz
- Embryonales Bindegewebe
  - Zahnpapille
    - Dentin
    - Pulpa
  - Zahnsäckchen
    - Zement
    - Periodontalligament
    - Alveolarkompakta

Das Schmelzorgan besteht aus dem *inneren Schmelzepithel* (ISE) und dem *äußeren Schmelzepithel* (ÄSE) sowie dem dazwischen gelegenen *Schmelzretikulum,* auch *Schmelzpulpa* genannt (Abb. 17). Die Zellen des inneren Schmelzepithels wandeln sich zu Schmelzbildnern, *Ameloblasten,* um (Abb. 27). Mit der Bildung der Zahnhartsubstanzen wächst das Schmelzorgan, bis es die Größe der zukünftigen Zahnkrone erreicht hat. Gleichzeitig kommt es zur Reduktion der Schmelzpulpa während der Schmelzbildung, bis sie schließlich ganz verschwunden ist. Durch Falten- und Rinnenbildungen wird die spätere Kronenform der Milchzähne vormodelliert.

Schmelzorgan

Zahnkeim

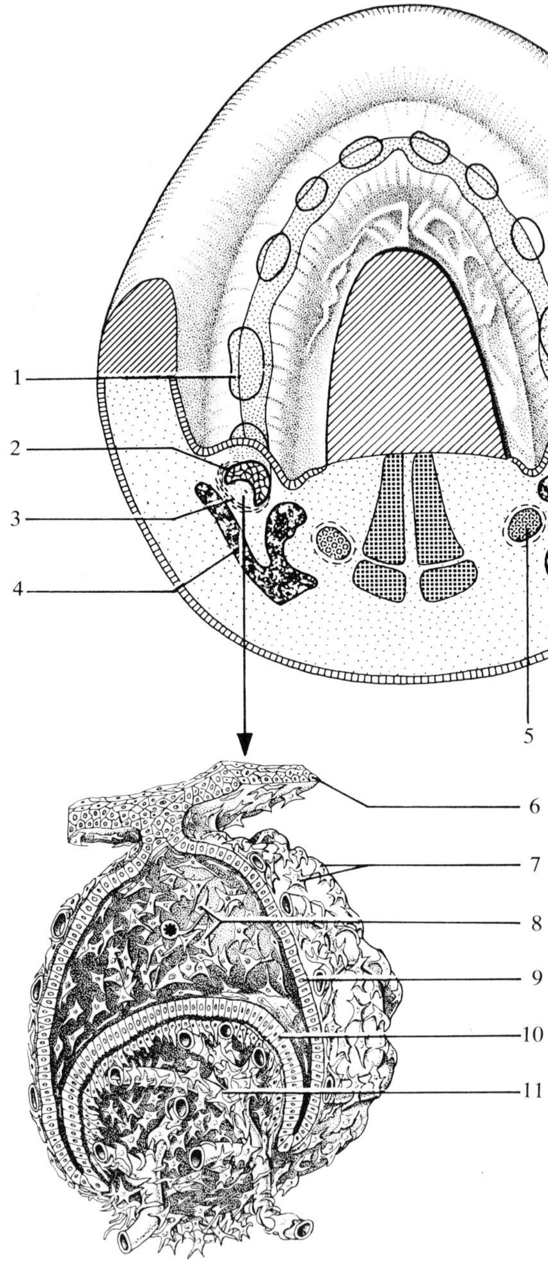

Abb. 17 Schematische Darstellung der Zahnleiste an einem embryonalen Unterkiefer.
Der Pfeil zeigt auf das Schmelzorgan einer Zahnanlage (nach R. V. Krstić 1978)
1 Zahnleiste mit Zahnkolben, 2 Zahnglocke, 3 Zahnsäckchen, 4 Unterkieferknochen, 5 MECKEL-Knorpel, 6 Mundhöhlenepithel, 7 embryonale Bindegewebszellen, 8 Schmelzretikulum, 9 äußeres Schmelzepithel, 10 inneres Schmelzepithel, 11 Zahnpapille mit Gefäßen

2.2.2 Entstehung der bleibenden Zähne

Ersatz- und Zuwachszähne

Nach dem Ort ihrer Entstehung unterscheidet man bei den bleibenden Zähnen zwischen *Ersatz-* und *Zuwachszähnen.* Die Anlagen der Ersatzzähne entstehen bereits vor der Geburt für die 20 Milchzähne aus der Ersatzzahnleiste. Zuwachszähne sind die Dauermolaren; sie bilden sich am Ende der Zahnleiste.
Während sich die Schmelzorgane noch vergrößern, kommt es bereits zur Rückbildung der Zahnleiste. Gleichzeitig entsteht durch Zellvermehrungen an ihrem lingualen Rand die *Ersatzzahnleiste.*
Die Anlagen der bleibenden Molaren bilden sich durch Aussprossungen von Epithelzellen am distalen Ende der Zahnleiste hinter der letzten Milchmoralenanlage (Abb. 18). Die des 2. Molars erscheint 4 Monate nach der Geburt und die des Weisheitszahns im 5. Lebensjahr.

Zahnwurzeln

Die Zahnwurzeln entstehen entlang einer Wurzelscheide, die von den Rändern des Schmelzorgans in apikaler Richtung vorwächst. Dabei biegen die Ränder nach innen um; es formt sich ein *Diaphragma,* das die weite apikale Öffnung der Zahnpapille verkleinert. Bei mehrwurzeligen Zähnen wird die Öffnung durch Epithelbrücken unterteilt. Nachdem das Dentin der Zahnwurzeln eine gewisse Stärke erreicht hat, wird die Wurzelscheide von embryonalem Bindegewebe durchwachsen, und an

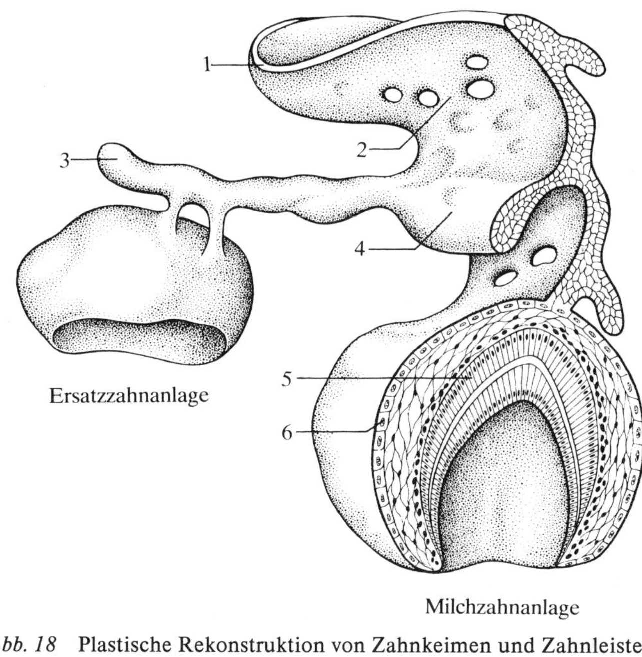

Abb. 18 Plastische Rekonstruktion von Zahnkeimen und Zahnleisten
1 Mundhöhlenepithel, 2 perforierte Zahnleiste,
3 distales Ende der Zahnleiste, 4 Ersatzzahnleiste,
5 Ameloblasten, 6 äußeres Schmelzepithel

der Berührungsfläche mit dem Dentin bildet sich das Wurzelzement. Die Ausformung der Zahnwurzel hält noch nach dem Durchbruch der Zähne an.

2.2.3 Ausbildung der Zahnfächer und Zahndurchbruch

Zahnfächer

Im Ober- und im Unterkiefer entsteht zunächst eine Knochenschale (der MECKEL-Knorpel bildet sich zurück). In beiden Bogenhälften des Unterkiefers bilden sich dann ein Schneidezahn-, Eckzahn- und Molarenfach. Diese werden durch Knochenspangen untergliedert, so daß jede Zahnanlage ihr eigenes Fach und nach Ausbildung der Zahnwurzeln jeder Wurzelast seine eigene Alveole erhält. Erst nach dem Durchbruch der bleibenden Zähne erreicht der Alveolarfortsatz seine endgültige Größe und Form.

Zahndurchbruch

Der Zahndurchbruch erfolgt in Form einer *Axialverschiebung* der Zahnkeime, die gleichzeitig mit *Kipp-* und *Torsionsbewegungen* verbunden ist. Bereits während der Dentin- und Schmelzbildung beginnt die Bewegung des Zahnkeims. Nachdem die Krone und ein Teil der Wurzel ausgebildet sind, folgt die *Eruption.* Dabei verklebt das nach der Schmelzbildung übriggebliebene Schmelzepithel mit dem Mundhöhlenepithel (Abb. 19). Beim weiteren Vordringen wandert das Verbindungsepithel zervikal, wo es als schmaler Saum das Lig. periodontale zur Mundhöhle abdichtet (dentogingivaler Verschluß) (s. Abb. 73). Die Eruptionsstellen sind beim Kind als kleine blaurötliche Höcker zu erkennen, die sich nachfolgend weißgelblich verfärben. Der Zahndurchbruch ist erst beendet, nachdem der Zahn die Okklusionsebene erreicht hat.

2.2.4 Milchgebißperiode

Milchzahndurchbruch

Der Durchbruch der Milchzähne beginnt im Alter von etwa 6 Monaten mit den unteren mittleren Schneidezähnen, denen dann die oberen mesialen Incisivi folgen. Daran schließt sich die Eruption der oberen seitlichen und etwas später die der unteren seitlichen Schneidezähne an. Mit dem Durchbruch der

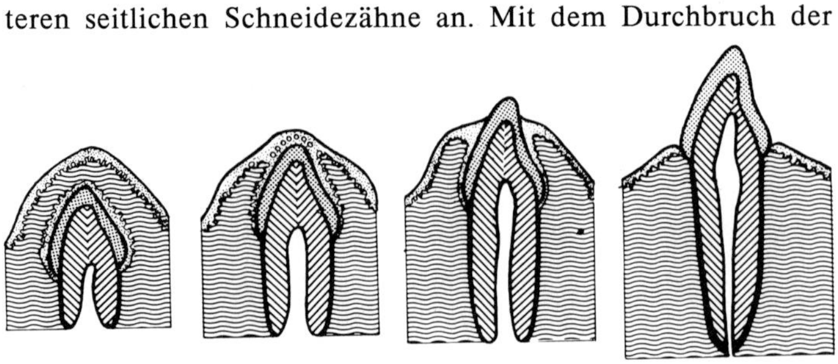

Abb. 19 Schematische Darstellung des Zahndurchbruchs

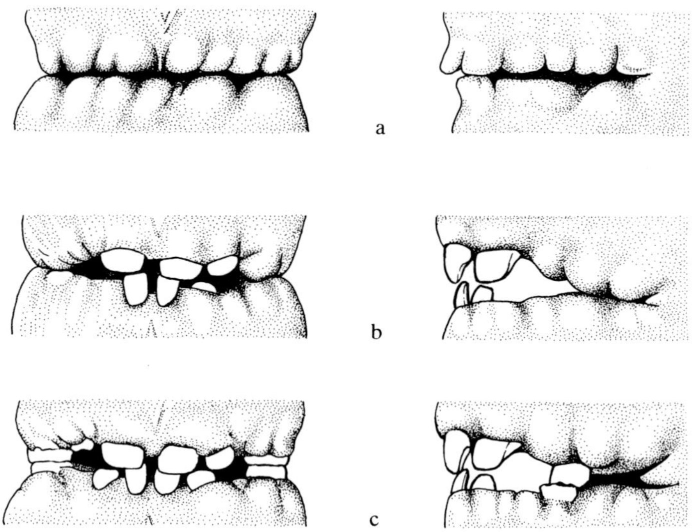

Abb. 20 1. physiologische Bißhebung
a Stellung der Kiefer beim Neugeborenen,
b nach Durchbruch der Milchschneidezähne,
c Bißhebung nach Durchbruch der 1. Milchmolaren

1. physiologische Bißhebung

1. Milchmolaren, die im Oberkiefer früher als im Unterkiefer erscheinen, kommt es zur *1. physiologischen Bißhebung* (Abb. 20). Darauf brechen die Eckzähne wiederum im Oberkiefer früher als im Unterkiefer durch. Zuletzt erscheinen die unteren 2. Milchmolaren, gefolgt von den oberen. Mit $2\frac{1}{2}$ bis 3 Jahren ist der Milchzahndurchbruch beendet.
Zur klinischen Beurteilung des Dentitionszustandes wurden für Kleinkinder *Normentafeln* aufgestellt. Danach sind etwa 80 % Normalzahner und je 10 % Früh- bzw. Spätzahner. Frühzahner sind Kinder, bei denen der 1. Zahn im 5. Lebensmonat erscheint, und Spätzahner solche, bei denen der Zahndurchbruch erst im 13. Lebensmonat beginnt.

Milchgebißtypen

Man unterscheidet 2 Typen von Milchgebissen, das *lückige* und das *lückenlose Milchgebiß*. Ersteres zeigt zwischen allen Zähnen oder bestimmten Zahngruppen Lücken. Sehr konstant treten diese zwischen den oberen seitlichen Milchschneide- und den Milcheckzähnen sowie zwischen den unteren Milcheckzähnen und den 1. Milchmolaren auf. Sie werden auch als *Affenlücken* bezeichnet, weil man sie im Primatengebiß regelmäßig antrifft.

2.2.5 Topographie der Zahnkeime des permanenten Gebisses

Topographie permanenter Zahnkeime

Da die Keime der bleibenden Schneide- und Eckzähne wesentlich breiter sind als die Milchzähne, ergeben sich für ihr Wachstum und ihren Durchbruch Raumprobleme.

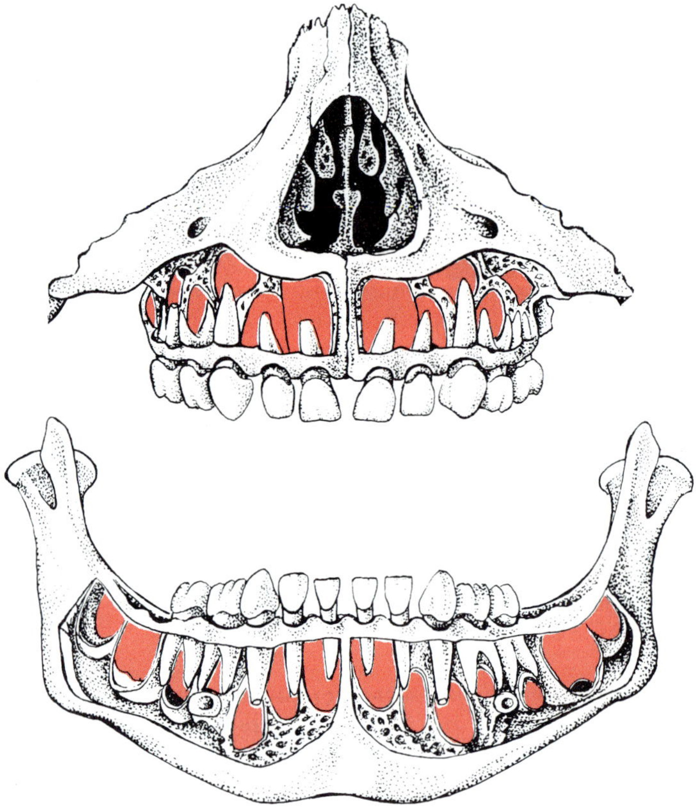

Abb. 21 Topographie von Keimen permanenter Zähne im Wechselgebiß (6. Lebensjahr)

Das Raumproblem wird u. a. durch eine zweckentsprechende Staffelung der Zahnkeime gelöst. Diese ist im Prinzip so, daß die Ersatzzahnkeime nicht genau über bzw. unter den entsprechenden Milchzähnen, sondern stufenartig angeordnet und zunächst lingual von diesen liegen. Die Zahnkeime der Zuwachszähne findet man hinter den Milchzahnreihen (Abb. 21). Eine Voraussetzung für den regulären Durchbruch der bleibenden Zähne ist die Erhaltung der Milchzähne (Platzhalterfunktion). Der Milcheckzahn und die beiden Milchmolaren sind Platzhalter für die 1. Phase des Wechselgebisses, wenn die permanenten Schneidezähne durchbrechen (6.–9. Lebensjahr). Der zeitgerechte Verlust des oberen oder unteren Milcheckzahns und der beiden Milchmolaren begünstigt die Raumverhältnisse in der 2. Phase des Wechselgebisses (9.–12. Lebensjahr). Bemerkenswert ist dabei, daß die Kronen der Prämolaren kleiner sind als die der Milchmoralen.

2.2.6 Wechselgebißperiode

Die Wechselgebißperiode beginnt mit dem Verlust der Milchzähne, die nach Resorption der Milchzahnwurzel ausfallen. Der Resorptionsbeginn wird mit etwa 4½ Jahren angesetzt. Bei oft noch vollständig sich darbietendem Milchgebiß bricht der 1. bleibende Molar *(Sechsjahrmolar)* distal von der Milchzahnreihe durch.

1. und 2. Phase des Wechselgebisses

Der Durchtritt der bleibenden Zähne verläuft in 2 Phasen. In der *1. Phase*, zwischen dem 6. und 9. Lebensjahr, kommt es zum Ausfall der Milchschneidezähne. Darauf folgt der Durchbruch des mittleren und des seitlichen Schneidezahns. Der Milcheckzahn und die Milchmolaren bilden dabei eine Stützzone. Der Durchtritt der bleibenden Zähne geht mit einem Breiten- und Längenwachstum der Kiefer einher. Mit dem beendeten Durchbruch der unteren Schneidezähne und Sechsjahrmolaren kommt es zur *2. physiologischen Bißhebung* (Abb. 22).

2. physiologische Bißhebung

In der *2. Phase*, zwischen dem 10. und 12. Lebensjahr, werden die Milchmolaren gegen die Prämolaren und die Milcheck-

Tabelle 1 Chronologie der Zahnentwicklung (Zusammenstellung aus der Weltliteratur).
Bei Unterschieden zwischen oberen und unteren Zähnen sind die Daten getrennt angegeben

Milchzähne	Bildung von Schmelz-Dentin	Ausbildung der Krone	Eruption	Ausbildung der Wurzel
	Fetalmonat	Lebensmonat	Lebensmonat	Jahr
I	4,0–4,5	1,5– 2,5	6– 9	1,5
II	4,5	2,5– 3,0	8–12	1,5–2,0
III	5,0	9	16–20	2,5–3,0
IV	5,0	5,5– 6,0	14–18	2,5
V	6,0	10,0–11,0	22–30	3,0–3,5
bleibende Zähne	Lebensmonat	Jahr	Jahr	Jahr
6	perinatal	2– 3	6– 7	9–10
1	3– 4	4– 5	6– 8	9–10
2	10–12 / 3– 4	4– 5	7– 9	10–11
3	4– 5	6– 7	10–13	12–14
4	18–24	5– 6	10–12	12–13
5	24–30	6– 7	11–13	13–14
7	30–36	7– 8	11–14	14–16
8	7–10 Jahre	12–16	16	17–25

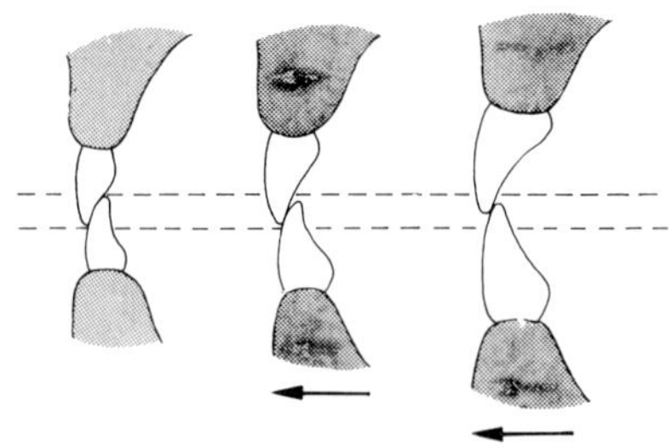

Abb. 22 3. physiologische Bißhebung
Schematische Darstellung der Abhängigkeit von Bißhöhe und Sagittalwachstum (verändert nach E. REICHENBACH, H. BRÜCKL 1962)

3. physiologische Bißhebung

zähne gegen die bleibenden Eckzähne ausgetauscht. Mit dem Durchbruch der unteren Eckzähne ist ein sagittales Wachstum verbunden *(3. physiologische Bißhebung).* Der Ausfall des letzten Milchzahnes sowie das Erscheinen seines Nachfolgers beenden die Wechselgebißperiode. Der Durchbruch des 2. Molars *(Zwölfjahrmolar)* löst ein erneutes Sagittalwachstum aus.
Das Längenwachstum des Unterkiefers wird nach der Pubertät eingestellt. Die Ausbildung und der Durchtritt des 3. Molars *(Weisheitszahn)* kann bei ungünstigen Raumverhältnissen im Ober- und im Unterkiefer erschwert sein. Da sich der Durchbruch der permanenten Zähne über eine sehr lange Zeitperiode erstreckt, sind die Eruptionstermine auch größeren Schwankungen unterworfen, besonders die der zuletzt durchbrechenden Zähne. Außerdem unterliegen die Durchbruchszeiten auch einem gewissen *Geschlechtsdimorphismus.* Der frühere Zahnwechsel bei Mädchen gegenüber dem der Knaben wird auf die zeitiger einsetzende Pubertät zurückgeführt.

Zahnanomalien

2.2.7 Anomalien und Dislokationen der Zähne

Anomalien können die Anzahl der Zähne, die Zahnformen und Zahnhartgewebe betreffen.

• Unterzahl der Zähne

Eine Unterzahl der Zähne liegt dann vor, wenn die volle Zahnzahl des Milchgebisses oder des permanenten Gebisses bzw. beider nicht erreicht wird (Abb. 23). Das angeborene Fehlen weniger Zähne nennt man *Hypodontie*, das vieler Zähne *Oligodontie* und die selten vorkommende angeborene Zahnlosigkeit *Anodontie.* An 1. Stelle der Hypodontien stehen die Weisheitszähne, an

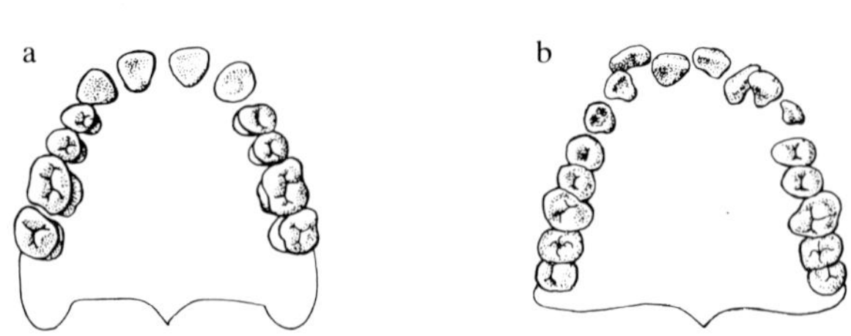

Abb. 23 Abweichungen der Anzahl von Zähnen im permanenten Gebiß
a Hypodontie, b Hyperdontie

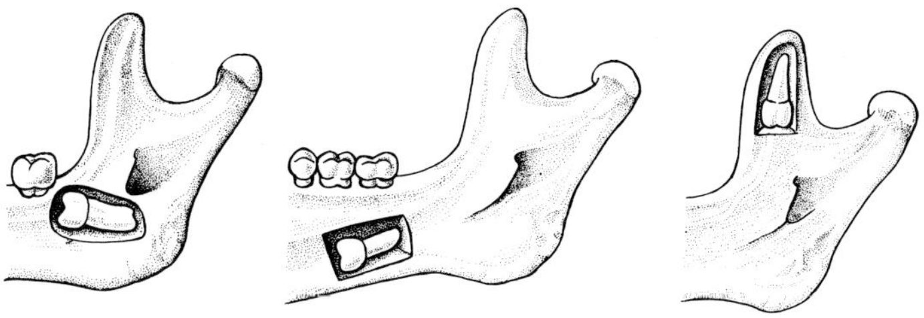

Abb. 24 Dystopien und Weisheitszähne

2. Stelle die oberen seitlichen Schneidezähne; andere Zähne folgen in unregelmäßigen Abständen.

Eine Überzahl der Zähne nennt man *Hyperdontie* (Abb. 23). Sie kann bereits bei Neugeborenen in Form von *Dentes natales* auftreten. Diese sind meist wurzellose Frontzähne, die bald wieder ausfallen. In der Literatur wird von einem Greis berichtet, bei dem im Alter von 116 Jahren noch 8 Zähne durchgebrochen waren. Diese fielen nach einem halben Jahr wieder aus und wurden dann mehrfach durch neue, insgesamt 50!, ersetzt.

- Überzahl der Zähne

Unter Mehrfachbildung versteht man die Vereinigung von 2 oder mehreren Zähnen. Durch Verwachsung entstehende Mehrfachbildungen nennt man *Dentes concreti* (mit gemeinsamem Zementmantel) oder *Dentes confusi* (mit gemeinsamem Schmelzmantel). Zwillingsbildungen, *Dentes geminati*, können durch Spaltung eines Zahnkeimes entstehen.

- Mehrfachbildungen

Fehlbildungen der Zahnkronen können an fast allen Zähnen vorkommen. Eine besonders tiefe Einfaltung des Schmelzes bei den Frontzähnen führt zum Bild eines *Dens in dente.*

- Fehlbildungen der Zahnkronen

Anomalien der Zahnwurzeln betreffen die Zahl, Form und Länge derselben.

- Fehlbildung der Zahnwurzeln

Überschußbildungen können von allen Zahngeweben, besonders den Hartgeweben, ausgehen. Dentinneubildungen nennt man *Dentikel*, Zementneubildungen *Hyperzementosen* oder *Zementikel*. Überschüssige Schmelzbildungen treten als *Schmelzperlen* häufig im Wurzelbereich auf.

- Überschußbildungen

Dislokationen oder Dystopien sind Verlagerungen von Zähnen, die häufig bei Zahnretentionen zu beobachten sind. Zahnretentionen entstehen als Folge eines verhinderten Zahndurchbruches und können eine Unterzahl der Zähne vortäuschen. Retinierte Zähne können mitunter weit von ihrer normalen Durchtrittsstelle (Abb. 24) auftreten.

- Dislokationen von Zähnen

Aufgaben

1. Erläutern Sie die Begriffe Zahnleiste und Ersatzzahnleiste!
2. Beschriften Sie die stark vergrößerte Skizze einer Zahnanlage!
3. Fertigen Sie eine Übersicht an, die den Zusammenhang zwischen Zahnanlage und den späteren Zahnsubstanzen verdeutlicht!
4. Beschreiben Sie unter Berücksichtigung der Eruptionszeiten den Ablauf des Zahndurchbruchs der Milchzähne!

5. Erläutern Sie an entsprechenden Skizzen die Ursachen für die 3 physiologischen Bißhebungen!
6. Erklären Sie die Hauptphasen der Wechselgebißperiode!
7. Begründen Sie die Bedeutung der Wechselgebißperiode!
8. Erläutern Sie Begriff und Erscheinungsformen von Zahnanomalien, Dislokationen oder Dystopien!

3 Zähne und Gebiß

3.1 Merkmale des menschlichen Gebisses

Die veränderte Lebensweise des Menschen hat dazu geführt, daß die Zähne kleiner und die Kiefer kürzer geworden sind. Im Gegensatz zu den Tieren zeigen die Zahnreihen keine Lücken *(Diastemen)*; oberer und unterer Zahnbogen haben die Form einer Parabel.

Das menschliche Gebiß setzt sich aus verschieden geformten Zähnen zusammen, d. h., es ist *heterodont.* Besondere Differenzierungen von Zähnen findet man bei fleischfressenden Tieren *(Carnivora)*, wie Hunden und Katzen, Wiederkäuern *(Ruminantia)*, wie Rindern und Schafen, oder Nagetieren *(Rodentia)*, wie Biber und Ratten (Abb. 25). So bilden z. B. bei den Karnivoren die Eckzähne als *»Reißzähne«* den *Fangapparat* und die Seitenzähne den *Brechscherenapparat.* Ruminantier besitzen Mahlzahnreihen, die sich besonders zum Zerreiben von Zellulosewänden pflanzlicher Nahrung eignen. Vielen Vertretern fehlen

Differenzierungen der Zähne

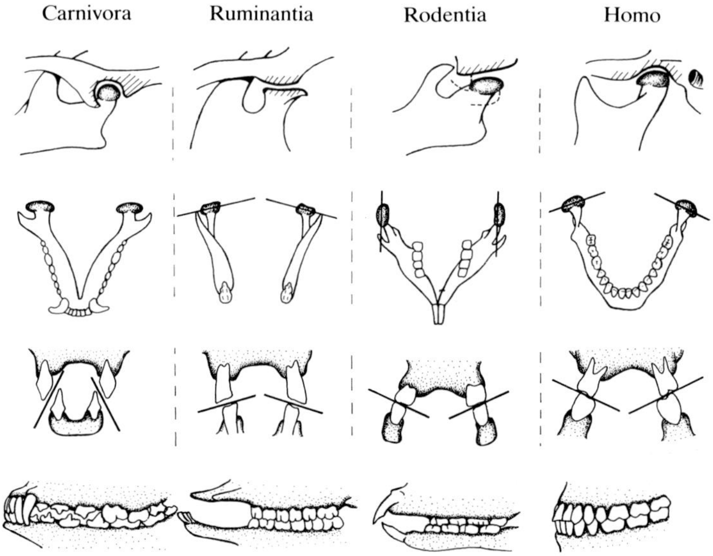

Abb. 25 Kiefergelenk und Zahnverhältnisse bei Fleischfressern *(Carnivora)*, Wiederkäuern *(Ruminantia)*, Nagetieren *(Rodentia)* und beim Menschen *(Homo sapiens)*

Charakteristika des menschlichen Gebisses

die oberen Schneidezähne. Bei den Rodentiern sind die Schneidezähne zu Nagezähnen ausgebildet, woher sich die Bezeichnung dieser Tiergruppe ableitet.
Das menschliche Gebiß unterliegt einem einmaligen Zahnwechsel und wird daher auch als *diphyodont* bezeichnet. Die Milchzähne, *Dentes decidui*, bilden die 1. Zahngarnitur und die bleibenden Zähne, *Dentes permanentes*, das Dauergebiß. Alle bleibenden Zähne, welche die Milchzähne ersetzen, werden *Ersatzzähne* genannt. Die bleibenden Zähne, die hinter der Milchzahnreihe durchbrechen, bezeichnet man als *Zuwachszähne.*
Das Milchgebiß des Menschen enthält 20 Zähne, je 10 im Ober- und im Unterkiefer und je 5 auf jeder Kieferhälfte.
Das bleibende Gebiß besitzt 32 Zähne, von denen sich je 16 im Ober- und Unterkiefer und je 8 in jeder Kieferhälfte befinden.

3.2 Zahngruppen und Zähne

Zahngruppen

Innerhalb eines Zahnbogens gibt es verschiedene Zahngruppen (s. Abb. 10). Diese sind im Dauergebiß

- 2 Schneidezähne, *Dentes incisivi* } **Frontzähne 12**
- 1 Eckzahn, *Dens caninus (Dens cuspidatus)* }
- 2 Vormahlzähne, *Dentes premolares (Dentes bicuspidati)* } **20**
- 3 Mahlzähne, *Dentes molares (Dentes multicuspidati)* } **Σ32**

Das Milchgebiß besitzt keine Prämolaren und nur 2 Milchmolaren in jeder Zahnbogenhälfte.

Bezeichnungen der Zähne

Im üblichen Sprachgebrauch bezeichnet man Schneidezähne als *Incisivi*, Eckzähne als *Canini*, Vormahlzähne als *Premolares* oder *Prämolaren* und Mahlzähne als *Molares* oder *Molaren.*

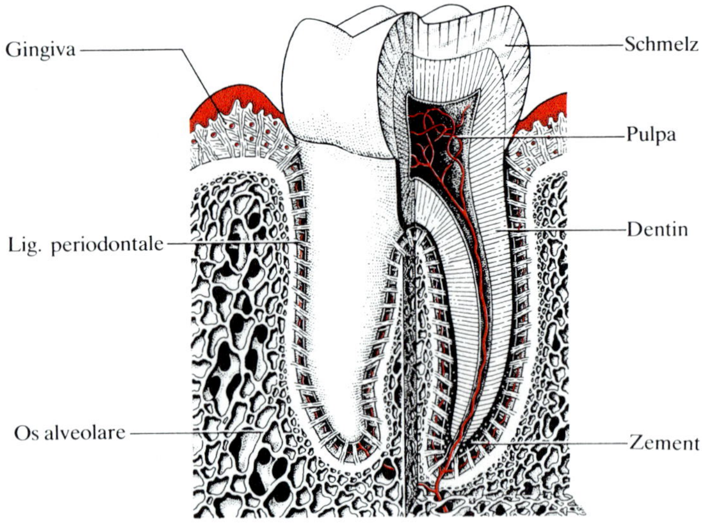

Abb. 26 Schematische Übersicht über die Zahngewebe

Nach einer älteren Nomenklatur werden die Frontzähne auch *Dentes anteriores* und die Seitenzähne *Dentes posteriores* genannt. Innerhalb einer Zahngruppe unterscheidet man die Zähne nach ihrer Anordnung. Den der Mittellinie am nächsten stehenden Schneidezahn nennt man mittleren oder *1. Schneidezahn* und den daneben stehenden seitlichen oder *2. Schneidezahn.* Prämolaren und Molaren werden in der Reihenfolge von vorn nach hinten numeriert und als *1., 2. Prämolar*, als *1., 2., 3. Molar* bzw. *1., 2. Milchmolar* bezeichnet. Auf Grund ihrer unterschiedlichen Durchbruchszeiten nennt man die bleibenden Mahlzähne auch *Sechsjahrmolar, Zwölfjahrmolar* und *Weisheitszahn (Dens sapientiae).*
Die in den Zahngruppen aneinandergereihten Zähne bilden das Gebiß.

3.3 Histologie der Zahngewebe

Zahngewebe

Eine grundsätzliche Kenntnis der Zahnhistologie ist für das Verständnis gewisser Zusammenhänge unerläßlich. Wird z. B. beim Beschleifen von Zähnen der Schmelzmantel abgetragen, dann entsteht eine Dentinwunde, die zur Vermeidung von Infektionen umgehend durch eine provisorische Stumpfversorgung abgedeckt werden sollte. Werden gewisse Grundregeln bei der Präparation von Zähnen für die Aufnahme festsitzender Kronenprothesen nicht beachtet, besteht die Gefahr der Infektion. Es kann auch zur Zerstörung des dentogingivalen Verschlusses kommen.

3.3.1 Einteilung der Zahngewebe

Jeder menschliche Zahn besteht aus Hart- und Weichgeweben (Abb. 26):

- Zahnschmelz, *Enamelum*,
- Zahnbein, *Dentinum*,
- Zahnzement, *Cementum*,

} **Hartgewebe**

Zahnhartgewebe

- Zahnmark, *Pulpa dentis.*

} **Weichgewebe**

Zahnweichgewebe

Pulpa und Dentin bilden eine funktionelle Einheit, so daß man beide auch unter dem Begriff *Pulpa-Dentin-Organ* zusammenfaßt.

Der Zahnhalteapparat, *Periodontium,* verankert den Zahn im Kiefer. Er besteht aus

Zahnhalteapparat

- Zahnzement, *Cementum*,
- Zahnfleisch, *Gingiva*,
- intraalveolärem Faserapparat, *Lig. periodontale*,
- knöcherner Wand des Zahnfaches, *Os alveolare.*

3.3.2 Biologische Merkmale der Zahnhartgewebe

Zahnschmelz

Der Zahnschmelz, *Enamelum*, bedeckt das Dentin im Bereich der Zahnkrone. Er ist das am stärksten mineralisierte Gewebe des menschlichen Organismus; die Härte des Zahnschmelzes wird von keinem anderen tierischen Gewebe übertroffen. Der Schmelz besitzt außerdem einen hohen Elastizitätsmodul, aber eine geringe Zugfestigkeit, woraus sich seine Sprödigkeit erklärt. Die Schichtdicke des Zahnschmelzes ist sehr unterschiedlich. Entsprechend der funktionellen Beanspruchung ist er an den Zahnhöckern und Schneidekanten am dicksten.

Während der Beanspruchung des Gebisses unterliegt der Zahnschmelz einem mechanischen Verschleiß *(Abrasion)*, der im Vergleich zu allen anderen Zahngeweben nicht nachgebildet werden kann. Durch seine Transparenz hat er Einfluß auf die Farbe der Zähne. Daraus erklären sich auch gewisse Farbunterschiede der Zahnkrone, die an den Höckern und Schneidekanten z. B. durchsichtiger oder leicht bläulich erscheinen. Im stark abradierten Gebiß sind diese Farbnuancen aufgehoben, und die okklusalen Partien sehen stumpf und dunkel aus.

Der Schmelz ist in begrenztem Maß für Ionen, Wasser, Farbstoffe, Alkohol usw. durchlässig. Obgleich er keinen Stoffwechsel besitzt, können in ihm chemische Veränderungen stattfinden, z. B. De- und Remineralisation sowie Fluoreinbau. Fluoride sind für die Kariesprophylaxe von praktischer Bedeutung (Fluoridierung des Trinkwassers oder fluorhaltige Zahnpasten).

Zahnbein

Das Zahnbein, *Dentinum,* liegt im Inneren des Zahnes und bildet die Grundlage der Zahnform. Es umschließt die Pulpahöhle. Im Bereich der Zahnkrone wird es vom Zahnschmelz und im Gebiet der Zahnwurzel vom Zahnzement überzogen. Im Tierreich gibt es Zähne, die nur aus Dentin bestehen. Solche *Dentinzähne* sind z.B. die Stoßzähne des Elefanten, aus denen das Elfenbein gewonnen wird. Die physikalischen Eigenschaften sind daher mit denen des Elfenbeins (Billardkugel) vergleichbar. Dentin hat einen wesentlich geringeren Elastizitätsmodul als Schmelz. Eine wichtige Eigenschaft des Dentins ist seine Fähigkeit zur ständigen Neubildung.

Zahnzement

Das Zahnzement, *Cementum*, ist dem Dentin der Zahnwurzel aufgelagert. Am Zahnhals überdeckt es mit einer dünnen Schicht den unteren Schmelzrand; zur Wurzelspitze hin verdickt sich die Zementschicht. Seine Strukturen sind mit denen des Geflechtknochens vergleichbar. Im Gegensatz zum Schmelz fehlt ihm die Transparenz; die Wurzeloberfläche erscheint daher stumpf. Da im Zahnzement die Fasern des Periodontalligamentes verankert sind, gehört das Zahnzement funktionell zum Zahnhalteapparat (s. Abb. 34); es kann ebenfalls ständig neu gebildet werden.

Aufgaben

1. Stellen Sie in einer Übersicht die Zahngruppen des Milch- und des bleibenden Gebisses, einschließlich der lateinischen Bezeichnungen (Singular und Plural!) und der Zahnzahl, zusammen!

2. Zeichnen Sie in einem Sagittal-, Frontal- und Horizontalschnitt durch einen Frontzahn die einzelnen Hartsubstanzen farblich ein!

3. Ergänzen Sie die Skizzen der Aufgabe 2 um die Bestandteile des Zahnhalteapparates!

4. Erläutern Sie wesentliche physikalische und biologische Unterschiede zwischen den Hartsubstanzen des Zahnes!

5. Begründen Sie die klinische Bedeutung der unterschiedlichen Schichtdicke des Enamelum bei der Präparation von Zähnen zur Aufnahme der Kronenprothesen!

3.3.3 Zahnschmelz, Enamelum

3.3.3.1 Schmelzbildung, Amelogenese

Der Zahnschmelz ist ein nahezu kristallines Gefüge, das von Schmelzbildnern, *Ameloblasten*, produziert wird (Abb. 27). Die Amelogenese vollzieht sich in 3 Schritten:

1. Bildung der Schmelzmatrix,
2. Mineralisation der Schmelzmatrix,
3. Schmelzreifung.

Schmelzmatrix

Die Bildung der Schmelzmatrix ist eine Syntheseleistung der *Ameloblasten.* Ihre Vorstufen sind die *Präameloblasten*, die durch Differenzierung aus den Zellen des inneren Schmelzepithels des Zahnkeims hervorgehen. Die Umwandlung der Präamelo-

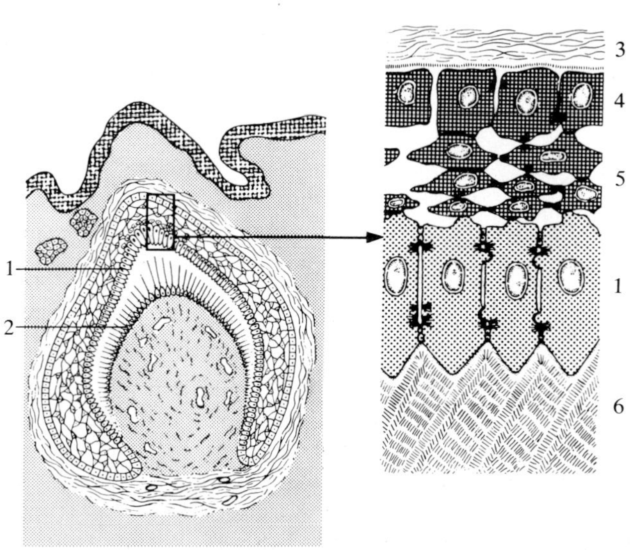

Abb. 27 Schematische Darstellung der Schmelzbildung (s. Pfeil)
1 Ameloblasten, 2 Odontoblasten, 3 Zahnsäckchen, 4 äußeres Schmelzepithel, 5 Schmelzretikulum, 6 Schmelzprismen mit Apatitkristallen

blasten in Ameloblasten erfolgt, sobald die Prädentinbildung begonnen hat. Im Zellinneren entstehen Sekretvorstufen ähnlich wie in einer Drüsenzelle. Die Sekretgranula *(Ameloblastenkörper)* werden nach Ausreifung der Ameloblasten in den Extrazellularraum abgegeben und bilden die *organische Schmelzmatrix.* Diese besteht hauptsächlich aus Proteinen, geringen Anteilen von Kohlenhydraten, Lipiden und Mikrofibrillen.

Mineralisation

Die Mineralisation der Schmelzmatrix beginnt mit der Bildung von *Apatitkeimen* entlang der Mikrofibrillen. Diese wachsen in der organischen Substanz bald zu *Apatitkristallen* heran und ordnen sich unter dem Einfluß der Ameloblasten zu *Schmelzprismen.*

Schmelzreifung

Die Schmelzreifung folgt der Mineralisation. Durch das Wachstum der Apatitkristalle kommt es zur Verdichtung und Härtung der mineralisierten Schmelzmatrix. Der für das Kristallwachstum benötigte Raum wird durch Rückresorption von Bestandteilen der organischen Matrix, insbesondere von Wasser, durch die Ameloblasten geschaffen.

Während und nach dem Zahndurchbruch entsteht an der Oberfläche des Schmelzes, besonders im zervikalen Bereich, eine nichtmineralisierte organische Schicht, das Zahnoberhäutchen, *Cuticula dentis (Nasmyth-Membran).*

3.3.3.2 Strukturen des Zahnschmelzes

Nach den Vorstellungen der Lichtmikroskopie besteht der Schmelz aus *Schmelzprismen*, *Prismenscheiden* und *interprismatischer Substanz.* Auf Grund elektronenmikroskopischer Untersuchungen wird das Vorhandensein einer interprismatischen Substanz jedoch bezweifelt.

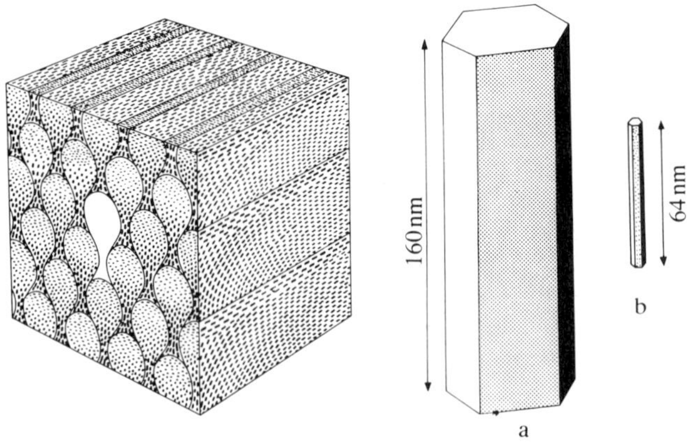

Abb. 28 Schmelzprismen vom Schlüssellochmodell mit eingezeichneten Apatitkristallen (nach A. H. Meckel, W. J. Griebstein, R. J. Neal 1965). Daneben Größenunterschiede von Apatitkristallen a Schmelzapatitkristall, b Dentinapatitkristall

Die Schmelzprismen sind aus Kristallen bestehende Stäbe. In gegeneinander versetzten Reihen lassen sie sich von der Schmelz-Dentin-Grenze bis unter die Schmelzoberfläche verfolgen. Ihr Verlauf ist nicht gerade, sondern gewellt und im Bereich der Höcker spiralförmig. Diese Verläufe sind funktionsbedingte Strukturen, die eine Spaltung des Zahnschmelzes bei der Kautätigkeit verhindern. Auf Grund ihrer unterschiedlichen Anordnungen findet man in Zahnschliffen immer längs und quer geschnittene Prismen. Die längs getroffenen Prismen werden *Parazonien* und die quer geschnittenen *Diazonien* genannt.

Schmelzprismen

Die Schmelzprismen treten in 2 Haupttypen auf, die man nach ihrem Aussehen an Querschnitten als *Schlüssellochtyp* und *Pferdehuftyp* bezeichnet (Abb. 28). Beim Schlüssellochtyp hat der Kopf des Prismas einen Durchmesser von etwa 5 µm und der Bart eine Höhe von etwa 9 µm. Zwischen den Köpfen zweier Prismen liegt der Bartteil eines oberen Prismas. Beim Pferdehuftyp sehen die Schmelzprismen im Querschnitt arkadenförmig aus.

- Schlüssellochtyp
- Pferdehuftyp

Die Prismenscheiden bilden eine aus Apatitkristallen bestehende Hülle an der Konvexseite der Schmelzprismen. Durch Übergreifen von Apatitkristallen in die benachbarten Schmelzprismen kommt es an den Prismengrenzen zu Verzahnungen der Prismen untereinander und damit zu erhöhter Festigkeit gegenüber mechanischer Beanspruchung.

Prismenscheide

Die Apatitkristalle liegen in einer Mischform aus Hydroxylapatit, Fluorapatit und Karbonatapatit vor. Sie haben die Form hexagonaler Stäbe. Im Gegensatz zu den Dentinapatitkristallen ist ihr Volumen jedoch etwa 200mal größer.

Apatitkristalle

3.3.4 Zahnbein, Dentinum

3.3.4.1 Dentinbildung, Dentinogenese

Die Dentinbildung erfolgt durch *Odontoblasten*, die sich aus Mesenchymzellen über die Zwischenstufe der *Präodontoblasten* an der Oberfläche der Zahnpapille entwickeln. Es sind hochdifferenzierte Zellen, die ihre Teilungsfähigkeit verloren haben. Am markantesten ist ihr langer Fortsatz (TOMES-*Faser*), der in das Dentin eintritt und das Dentin durchzieht (Abb. 29 bis 31). Ähnlich wie bei den Schmelzbildnern handelt es sich um sekretorische Zellen.

Odontoblasten

Die Bildung des Dentins beginnt zeitlich etwas früher als die Schmelzbildung an der Spitze der Zahnpapille und breitet sich entlang der *Wurzelscheide* aus.

Die von den Odontoblasten durch Sekretion abgegebenen Syntheseprodukte bilden das organische *Prädentin*. Es besteht hauptsächlich aus Proteoglykanen, Glykoproteinen und Kollagenfibrillen.

Prädentin

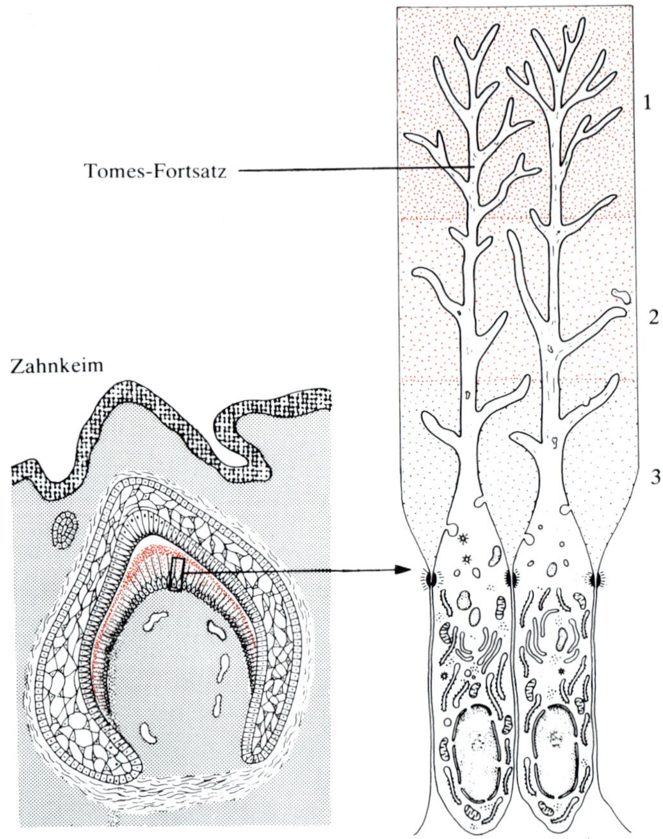

Abb. 29 Dentinbildung durch Odontoblasten
1 Manteldentin, 2 zirkumpulpales Dentin, 3 Prädentin

Mineralisation

Die Mineralisation nach der Reifung des Prädentins beginnt mit der Bildung von Bläschen. Durch Einlagerungen von Apatitkristallen in diese entstehen *Mineralisationszentren*, von denen sich die Mineralisation über das gesamte Prädentin ausbreitet.
Im Gegensatz zur Schmelzbildung beschränkt sich die Dentinogenese nicht nur auf die präeruptive Phase der Zahnentwicklung, sondern hält bis zur Ausbildung der Wurzel nach dem Zahndurchbruch und darüber hinaus bis ins hohe Alter an.

Dentinarten
- topographische
- strukturelle
- zeitliche

} Unterschiede

3.3.4.2 Dentinarten

Topographisch und strukturell unterscheidet man verschiedene Dentinarten.
Kronendentin und **Wurzeldentin** sind die in der Zahnkrone bzw. Zahnwurzel gelegenen Dentinanteile.
Das Manteldentin liegt in einer Dicke von 10 bis 30 µm unter dem Schmelz.
Das zirkumpulpale Dentin umgibt die Pulpahöhle und bildet

den Hauptanteil des Zahnbeins. Da die Sekretion und Mineralisation des zirkumpulpalen Dentins rhythmisch erfolgt, findet man in ihm ein Linienmuster (v.-EBNER-*Linien).*

Das peritubuläre Dentin entsteht an der inneren Wand der Dentinkanälchen. Der Mineralisationsgrad ist hier wesentlich höher als im zirkumpulpalen Dentin.

Das intertubuläre Dentin liegt zwischen den Dentinkanälchen.

Schließlich kann man noch nach den unterschiedlichen Bedingungen ihres Entstehens zwischen *Primär-*, *Sekundär-* und *Tertiärdentin* unterscheiden.

Als Primärdentin bezeichnet man das bis zur vollständigen Ausbildung des Zahnes entstehende Dentin.

Sekundärdentin nennt man das in der Gebrauchsperiode eines Zahnes gebildete Dentin. Es ist eine Anpassung an die Abnutzung der Zähne. Die Sekundärdentinbildung führt zur Verkleinerung der Pulpahöhle und zur Verengung bis zum Verschluß der Dentinkanälchen *(Dentinsklerosierung).*

Tertiärdentin oder *Reizdentin* zeigt keine regulären Dentinstrukturen mehr. Es wird daher auch *irreguläres* Dentin genannt, das auf Grund lokaler Stimuli, z. B. nach Pulpaentzündungen an örtlich begrenzten Stellen, entsteht.

3.3.4.3 Strukturen des Dentins

Dentinstrukturen

Das Dentin besteht aus einer mineralisierten organischen Matrix, die vorwiegend kollagene Fasern enthält. Es wird von Kanälen durchzogen, in denen sich Odontoblastenfortsätze befinden (Abb. 30, 31).

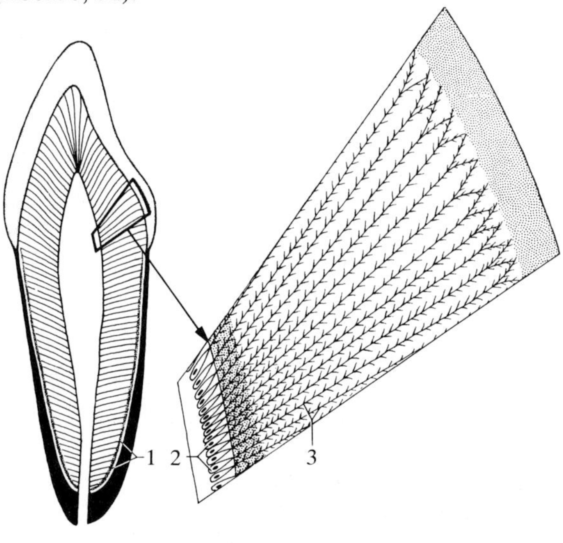

Abb. 30 Schematische Darstellungen der Dentinkanälchen in einem Zahn und der Odontoblastenfortsätze im Dentin (Pfeil)
1 TOMES-Körnerschicht, 2 Odontoblasten, 3 Odontoblastenfortsätze

Dentinkanälchen

Die Dentinkanälchen, *Tubuli dentinales*, bilden ein radiär verlaufendes Kanalsystem, das von der Pulpa kommend den ganzen Dentinmantel durchzieht. Da die Dentinkanälchen im Kronendentin wellenförmig verlaufen, erscheinen deren Krümmungen in Längsschliffen optisch als Streifenbildungen. Sie werden SCHREGER-*Linien* genannt.

Interglobularräume

Interglobularräume sind arkaden- oder kuppenförmige Spalten, die sich in wechselnder Häufigkeit im äußeren Drittel des Kronen- und Wurzeldentins befinden.

TOMES-Körnerschicht

Als TOMES-Körnerschicht bezeichnet man eine Vielzahl kleinerer Interglobularräume, die sich als schmale Zone dicht unter der Oberfläche des Wurzeldentins ausbreitet.

Wachstums- oder Schichtlinien

Wachstums- oder Schichtlinien sind optische Effekte, die auch als v.-EBNER-*Linien* bezeichnet werden. Sie erscheinen als konzentrische Ringe im zirkumpulpalen Dentin. Grobe Schichtlinien (OWEN-*Konturlinien*) sind schon makroskopisch erkennbar.

Odontoblastenfortsätze

Die Odontoblastenfortsätze verzweigen sich wie die Dentinkanälchen (Abb. 30, 31). Sie ziehen bis ins Manteldentin, wobei sie Längen bis zu 5 mm erreichen können. Am Eintritt in das Dentin ist ihr Durchmesser am größten, und sie füllen das Dentinkanälchen nahezu ganz aus. Weiter peripher nimmt ihre Dicke im Vergleich zum Durchmesser der Dentinkanälchen stärker ab, so daß zwischen ihnen und dem Kanallumen ein immer breiter werdender Spalt, der *periodontoblastische Raum*, entsteht. Dieser enthält Dentinliquor, Kollagenfibrillen oder peritubuläre Dentinmatrix, die für den Stoffaustausch des Dentins wichtig sind.

Bei einer Kavitätenpräparation kommt es zur Eröffnung zahlrei-

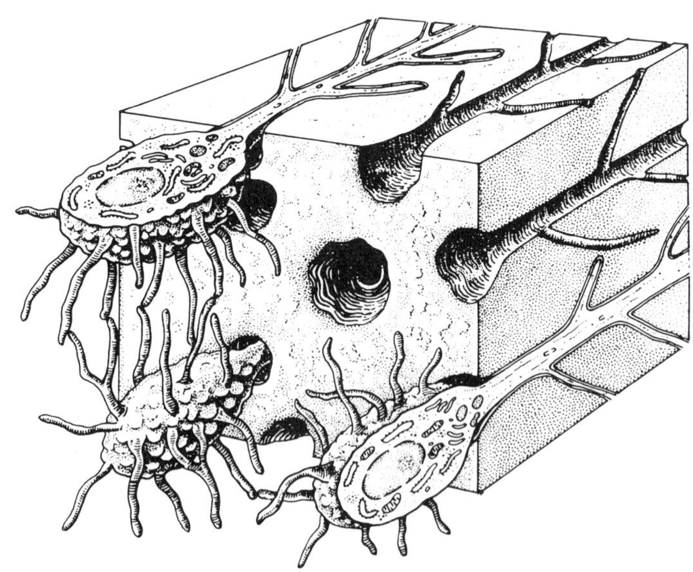

Abb. 31 Beziehungen von Odontoblasten mit ihren Fortsätzen und den Dentinkanälchen

cher periodontoblastischer Räume und zur Durchtrennung von Odontoblastenfortzsätzen. Somit entstehen direkte Infektionswege zur Pulpa.

Aufgaben
1. Begründen Sie unterschiedliche Auffassungen in der Zusammensetzung des Enamelum!
2. Erläutern Sie Form, Anordnung und Verlauf der Schmelzprismen im Hinblick auf ihre Funktion!
3. Zeichnen Sie stark vergrößert einen Ausschnitt aus dem Dentinium!
4. Nennen Sie unter Erläuterung der jeweiligen Bezeichnungen unterschiedliche Dentinarten!
5. Erläutern Sie die folgenden Begriffe:
- TOMES-Fasern,
- Odontoblast,
- Interglobulardentin

3.3.5 Zahnpulpa, Pulpa dentis

Pulpa-Dentin-Organ

Die Zahnpulpa liegt in der Pulpakammer, *Cavitas dentis,* die aus dem Kronenteil, *Cavitas coronalis,* und dem Wurzelkanal, *Canalis radicis dentis,* besteht. Ihre Aufgaben bestehen in der Dentinbildung, Ernährung und Innervation des Zahnes sowie in der Abwehr infektiöser Erreger oder körperfremder Stoffe. Die Pulpa reagiert auf thermische, chemische, osmotische und mechanische Reize. Da Pulpa und Dentin in engen genetischen, morphologischen und funktionellen Beziehungen zueinander stehen, die sich auch klinisch manifestieren, spricht man von einem *Pulpa-Dentin-Organ.*

Entwicklung der Zahnpulpa

Entwicklung. Die Zahnpulpa entwickelt sich aus der Zahnpapille. Während sich die oberflächlichen Mesenchymzellen zu Odontoblasten differenzieren, bilden sich die tiefer gelegenen zu Fibroblasten um. Noch vor der Entstehung der Zahnhartsubstanzen sprossen Arterien in die Zahnpapille ein und bilden einen Gefäßplexus. Mit dem Beginn der Dentinogenese treten auch die ersten Nervenfasern auf, die dann vor Abschluß der Wurzelbildung einen Nervenplexus bilden.

3.3.5.1 Pulpagewebe

Das Pulpagewebe ist mit *gallertigem Bindegewebe* vergleichbar (s. Lehrbuch der Histologie), in dem zunehmend kollagene Fibrillen auftreten. Seine spezifischen Zellen sind neben anderen Zellen die Odontoblasten; außerdem enthält es Nerven und Gefäße.

Topographie des Pulpagewebes

Die Außenzone der Pulpa gliedert sich in 3 Schichten (Abb.32),
- die *Odontoblastenschicht,*

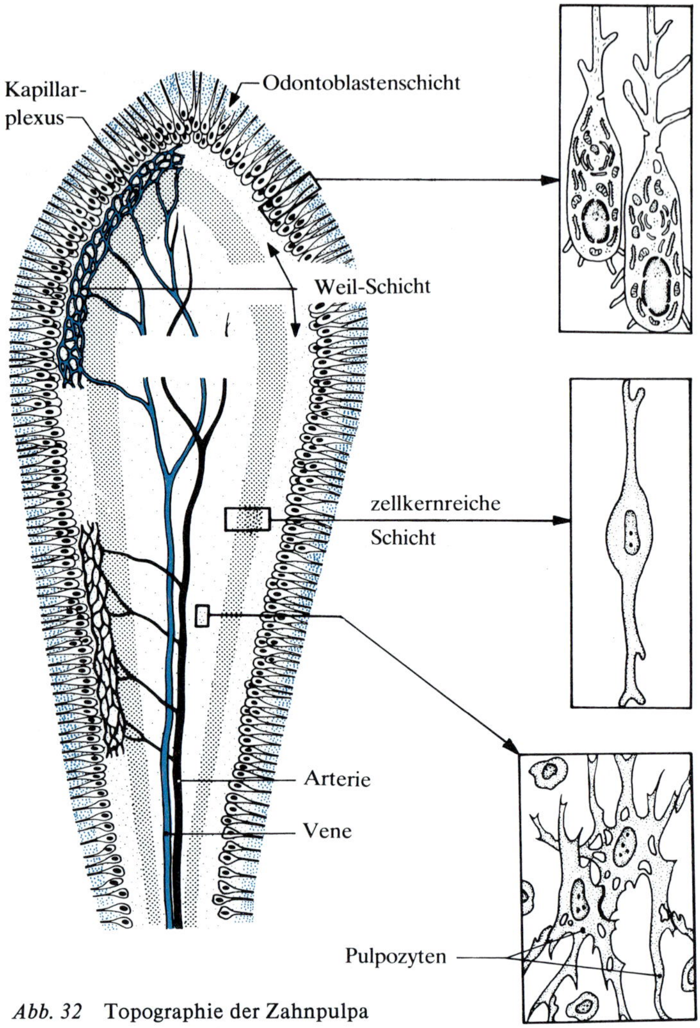

Abb. 32 Topographie der Zahnpulpa

- die *zellkernarme Subodontoblastenschicht (*WEIL*-Schicht),*
- die *zellkernreiche Schicht.*

Die Bindegewebszellen kommen als ortsansässige *Pulpozyten* und als *freie Zellen* vor.

Pulpozyten

Die Pulpozyten treten in 2 verschiedenen Funktionsformen auf, als aktive *Fibroblasten* sowie als inaktive *Fibrozyten* (s. Lehrbuch der Histologie). Fibroblasten sind noch pluripotent, so daß sie Funktionen des Ersatzes und der Abwehr übernehmen können. Sie sind auch in der Lage, sich in Odontoblasten umzuwandeln. Die Fortsätze der Pulpozyten sind untereinander sowie mit denen der Odontoblasten durch Desmosomen verbunden. In der zellkernreichen Schicht findet man bipolare, senkrecht zur Oberfläche stehende Formen. Man nimmt an, daß diese Zellen nicht nur mechanische, sondern auch bioelektrische Funktionen bei der Schmerzübertragung ausüben.

Die Grundsubstanz des Zahnmarks in den Maschen des Zellnetzes besteht aus einer Gallerte. Sie ist der Umschlagplatz des Stoffwechsels zwischen den Gefäßwänden und Zellen. In der jugendlichen Pulpa findet man *argyrophile Fasern,* die später zunehmend durch Kollagenfasern ersetzt werden.

Grundsubstanz

Als freie Zellen findet man in den Maschen des Fibrozytennetzes *Histiozyten, Lymphozyten, Monozyten, Plasmazellen* usw.

freie Zellen

Die Odontoblastenschicht liegt an der Pulpaoberfläche. In der Kronenpulpa bilden die Zelleiber 6 bis 8 Reihen, in der Wurzelpulpa nur eine Reihe.

Odontoblastenschicht

Die Weil-Schicht (nach Weil 1888 benannt) ist eine unterhalb der Odontoblastenschicht gelegene zellkernarme Zone, in der sich hauptsächlich Fasern und Fortsätze der unter ihr gelegenen Pulpozyten sowie ein subodontoblastischer Kapillar- und Nervenplexus befinden.

Weil-Schicht

Die zellkernreiche Schicht wird hauptsächlich von den bipolaren Pulpozyten gebildet. Der eine Fortsatz zieht zu den Odontoblasten, der andere in das Innere der Pulpa.

zellkernreiche Schicht

3.3.5.2 Nerven und Gefäße der Zahnpulpa

Leitungsbahnen

Die Pulpa ist reichlich innerviert und stark vaskularisiert.

Die Pulpanerven treten zusammen mit den Gefäßen am Foramen apicis dentis in den Wurzelkanal ein. In der Weil-Schicht

Pulpanerven

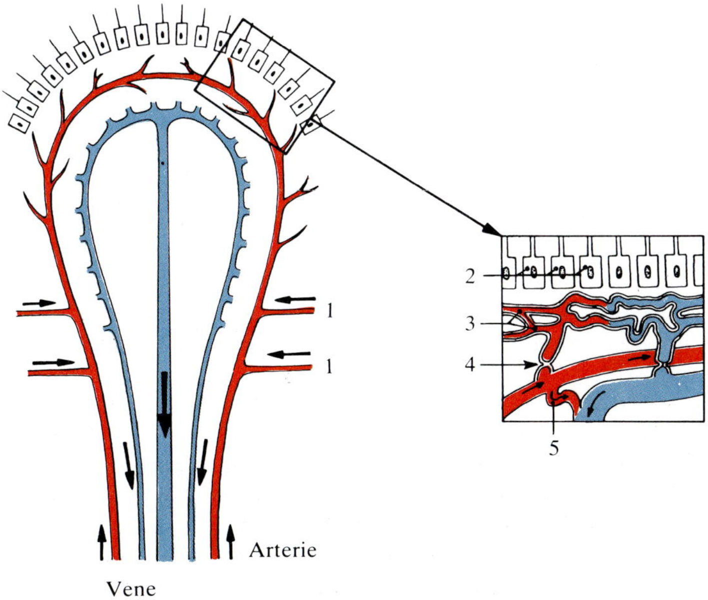

Abb. 33 Schema des Blutkreislaufs in der Zahnpulpa
1 Seitenäste der Pulpaarterien, 2 Odontoblasten,
3 subodontoblastischer Kapillarplexus, 4 präkapillärer Sphinkter,
5 arteriovenöse Anastomose

bilden sie den nach Raschkow benannten *subodontoblastischen Nervenplexus.*
Sie verzweigen sich zwischen den Odontoblasten, ziehen aber auch in das Prädentin und in die Dentinkanälchen. Die nervöse Erregung stellt man sich vor, daß die Odontoblasten ähnlich wie Sinneszellen mechanische, thermische, chemische oder elektrische Reize aufnehmen und auf die Nervenfasern übertragen.

Pulpaarterien

Die Pulpaarterien treten meist mit mehreren Zweigen (1 bis 10) an der Wurzelspitze in den Wurzelkanal ein. Außerdem gibt es Seitenäste, die durch die Wand der Zahnwurzel oder durch den Kronensockel zusammen mit Nerven und Venen in die Pulpakammer gelangen. Unter dem Pulpadach teilen sie sich baumartig und bilden Arkaden, von denen das Kapillargebiet gespeist wird (Abb. 33).

Pulpakapillaren

Die Kapillaren verdichten sich unter den Odontoblasten zu einem Kapillarnetz, das den sehr hohen Stoffwechselbedarf der Odontoblasten sichert.

Pulpavenen

Die Venen vereinigen sich in einer Zentralvene, die von weiteren Pulpavenen begleitet wird. Sie verlassen die Pulpa an der Wurzelspitze.

arterio-venöse Anastomosen

Lokale Regulationsmechanismen, wie *präkapilläre Sphinkteren* und *arteriovenöse Anastomosen* (s. Lehrbuch der Allgemeinen Anatomie), sorgen dafür, daß der Gewebsdruck der Pulpa, die ja räumlich nicht ausweichen kann, konstant erhalten wird.
Lymphgefäße gibt es in der Zahnpulpa nicht.

Zement

3.3.6 Zement, Cementum

Zementbildung

Die Zementbildung, *Zementogenese,* erfolgt durch *Zementoblasten,* die sich aus Mesenchymzellen des Zahnsäckchens differenzieren. Sie lagern sich entlang der epithelialen *Wurzelscheide* (Abschn. 2.2.2) an der Dentinoberfläche an und produzieren eine organische Matrix, *Präzement.* Dieses besteht aus Kollagenfibrillen und einer homogenen mukoproteinhaltigen Grundsubstanz. Weichen die Zementoblasten während der Matrixbildung zurück, dann entsteht Faserzement; werden sie von der Matrix eingeschlossen, dann wandeln sie sich in *Zementozyten* um, und es bildet sich zelluläres Zement. Die Zementogenese kann das ganze Leben andauern.
Zementneubildungen findet man besonders bei Zähnen, die Parafunktionen ausgesetzt sind, sowie bei Zahnwanderungen (Mesial- und Okklusaldrift, Abschn. 3.3.7.5). Das Zement ist dem Dentin der Zahnwurzel aufgelagert. Seine Strukturen ähneln denen des Geflechtknochens, enthalten jedoch im Gegensatz zu diesem keine Gefäße. Man unterscheidet das *zellfreie Zement* und das *zellhaltige Zement* (Abb. 34).

Zementarten
- zellfreies Zement

Das zellfreie Zement *(Cementum noncellulare)* besteht aus Kollagenfibrillen und verkalkter Interzellularsubstanz.

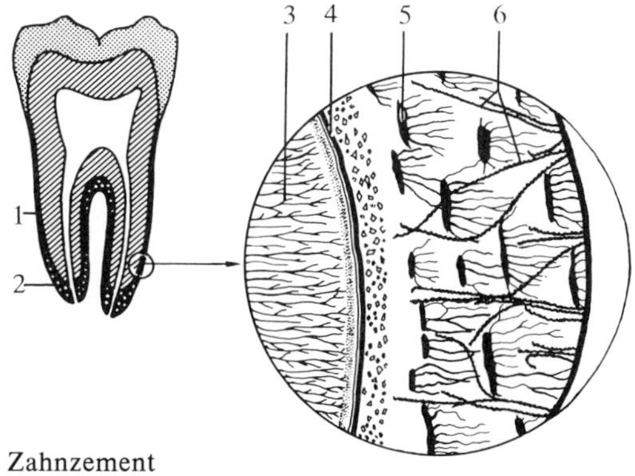

Abb. 34 Zahnzement
1 zellfreies Zement, 2 zellhaltiges Zement, 3 Dentin,
4 Dentin-Zement-Grenze, 5 Zementozyt, 6 SHARPEY-Fasern

Das zellhaltige Zement *(Cementum cellulare) enthält außerdem noch Zementozyten.* Man findet es an den dickeren Stellen des Zementmantels, an der Wurzelspitze und den Gabelungen der Wurzeln (Wurzelbi- bzw. Wurzeltrifurkation).

• zellhaltiges Zement

Aufgaben

1. Erläutern Sie den Ablauf der Pulpagenese!

2. Welche anatomisch-physiologische Besonderheit führt zur Bezeichnung Pulpa-Dentin-Organ?

3. Stellen Sie in einer Übersicht alle Strukturelemente des Pulpagewebes zusammen!

4. Zeichnen und beschreiben Sie den Blutkreislauf in der Pulpa eines Zahnes!

5. Beschreiben Sie Lage, Schichtdicke und histologischen Aufbau des Zahnzementes!

6. Erläutern Sie den Begriff subodontoblastischer Nervenplexus!

3.3.7 Zahnhalteapparat, Periodontium

Der Zahnhalteapparat ist ähnlich wie das Pulpa-Dentin-Organ als genetische, morphologische und funktionelle Einheit anzusehen. Die Kenntnis seiner Strukturen ist für die Erhaltung der Zähne wichtig. Das gilt besonders für die Eingliederung periodontal abgestützter Teilprothesen oder Brücken. Einseitige Belastung oder Dauerbeanspruchung führen zum Abbau des Knochens, in deren Folge es zur Lockerung und zum Verlust der Zähne kommt. Die zum Zahnhalteapparat gehörenden Teile sind aus der Abbildung 35 ersichtlich.

Zahnhalteapparat,
eine genetische, morphologische und funktionelle Einheit

3.3.7.1 Zahnfleisch, Gingiva

Das Zahnfleisch besteht aus dem Oberflächenepithel und supraalveolären Faserapparat (s. Abb. 37, 38). Topographisch un-

Topographie der Gingiva

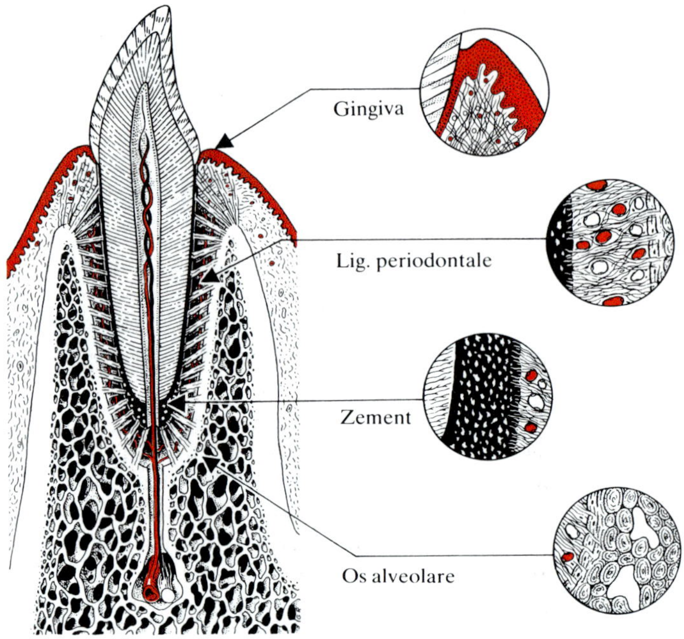

Abb. 35 Die Teile des Zahnhalteapparats

terteilt man das Zahnfleisch (Abb. 36).

- marginale Gingiva

Die marginale Gingiva, *Margo gingivalis,* ist der etwa 1 mm breite, bewegliche Zahnfleischsaum, der den Zahn umgibt. In ihm treffen sich das Epithel der Mundschleimhaut und das Verbindungsepithel, das mit dem Zahnhals verwachsen ist.

- Gingivasulkus

Der Gingivasulkus, *Sulcus gingivalis,* ist unter gesunden Verhältnissen nicht vorhanden, weil das *Verbindungsepithel* mit der Zahnoberfläche verhaftet ist und einen dichten Verschluß bildet. Erst bei Epitheldefekten sowie bei leicht entzündetem Zahnfleisch kommt es zur Vertiefung, d. h. zur Bildung eines (klinischen) Gingivasulkus.

- interdentale Gingiva

Als interdentale Gingiva, *Papilla gingivalis,* bezeichnet man die zwischen den Kontaktpunkten der Zähne und dem interalveolären Knochenseptum gelegenen Zahnfleischpapillen. In jedem Interdentalraum gibt es einen *vestibulären* und einen *lingualen Papillenhöcker,* die durch eine sattelförmige Einsenkung *(interdental col)* miteinander verbunden sind. Die interdentale Gingiva füllt den Interdentalraum aus und ist auf dem interalveolären Knochenseptum verankert.

- alveoläre Gingiva

Die alveoläre Gingiva, *Gingiva alveolaris (attached gingiva),* ist fest mit dem Periost des Alveolarknochens verbunden. Sie erstreckt sich in einer Breite von 3 bis 9 mm bis zur *Mukogingivallinie,* welche die Grenze zum verschieblichen Teil des Zahnfleisches kennzeichnet.

Die **mukogingivale Verbindung** ist schließlich der bewegliche Teil der Mundschleimhaut. Hier erfolgen Injektionen zur örtlichen Betäubung.

• mukogingivale Verbindung

3.3.7.2 Dentogingivaler Verschluß

Dentogingivaler Verschluß

Durch den Ansatz des Epithels am Zahn kommt es zur Abdichtung des Lig. periodontale gegen die Mundhöhle. Diese Abdichtung nennt man *dentogingivaler Verschluß* (Abb. 37). Als Ausgangspunkt fast aller krankhaften Veränderungen am Zahnbett verdient er besondere Beachtung. Bei unsachgemäßem klinischem Vorgehen kann es zu Verletzungen, Infektionen und zur Ablösung des dentogingivalen Verschlusses kommen. Der dentogingivale Verschluß erfolgt

1. durch *epitheliale Verhaftung* mit dem Schmelz,
2. durch *Verankerung von Kollagenfasern* im Zement am Zahnhals.

Das Verbindungsepithel, auch *Saumepithel* genannt, liegt zwischen Zahnfleischsaum und Zahn. Es besteht meist nur aus we-

Verbindungsepithel

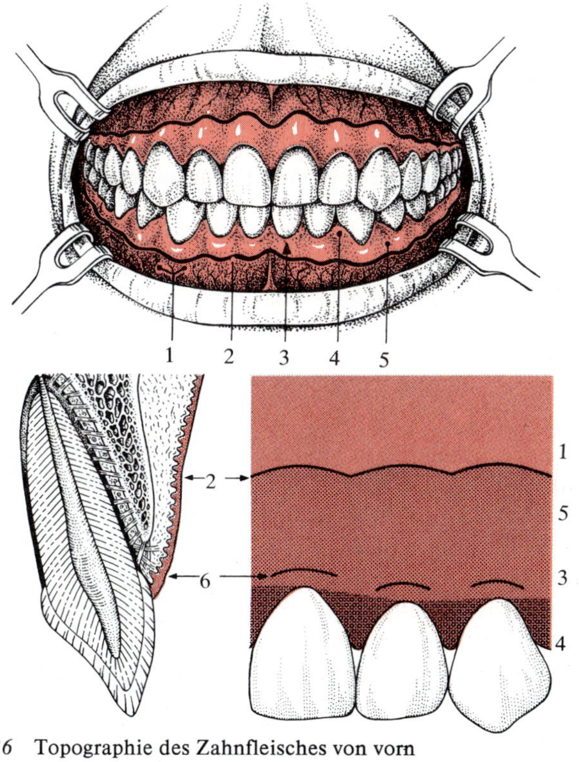

Abb. 36 Topographie des Zahnfleisches von vorn und im Sagittalschnitt
1 mukogingivale Verbindung, 2 Mukogingivallinie, 3 marginale Gingiva, 4 interdentale Gingiva, 5 alveoläre Gingiva, 6 Grenze zwischen marginaler und alveolärer Gingiva

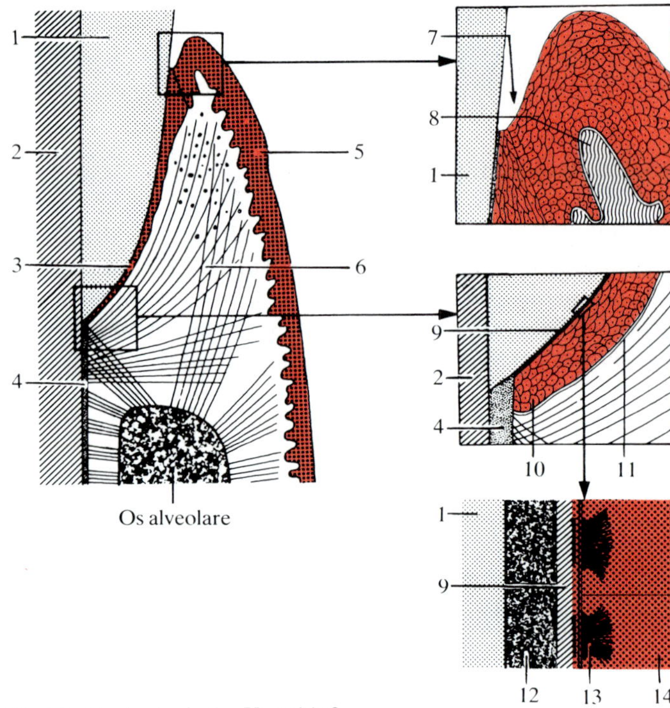

Abb. 37 Dentogingivaler Verschluß
1 Zahnschmelz, 2 Dentin, 3 Verbindungsepithel, 4 Zement, 5 Mundhöhlenepithel, 6 supraalveolärer Faserapparat, 7 Gingivasulkus, 8 subepitheliale Bindegewebspapille, 9 innere Basallamina, 10 Basalzellen, 11 äußere Basallamina, 12 Cuticula enameli, 13 Halbdesmosom, 14 Epithelzelle

nigen Lagen platter, unverhornter Zellen, die eine hohe Regenerationsfähigkeit und Permeabilität besitzen. Zum Zahnfleischsaum hin zeigt es bereits die Strukturen des oralen Gingivaepithels.

Die *epitheliale Anheftung* an die Zahnoberfläche erfolgt durch Halbdesmosomen (s. Lehrbuch der Histologie). Diese sind in der inneren Basallamina verankert, die das Zahnoberhäutchen, *Cuticula dentis* (Abschn. 3.3.3.1), der Zahnoberfläche im Ansatzgebiet bekleidet. Der Epithelansatz kann auch am Wurzelzement erfolgen und unterliegt einer ständigen Erneuerung.

Von den Basalzellen des Verbindungsepithels, die mit der äußeren, dem Bindegewebe zugekehrten Basallamina verhaftet sind, werden ähnlich wie bei den Nägeln und Haaren laufend Zellen nachgebildet. Diese sorgen für den Ersatz verlorengegangener Epithelzellen.

supraalveolärer Faserapparat

Der supraalveoläre Faserapparat ist der Sammelbegriff für alle außerhalb der Alveole befindlichen Fasern. Er besteht hauptsächlich aus Kollagenfaserbündeln, die vom Zahnhals und Alveolarknochen in das Zahnfleisch ausstrahlen oder komplizierte Verlaufsmuster um die Zahnhälse bilden (Abb. 38).

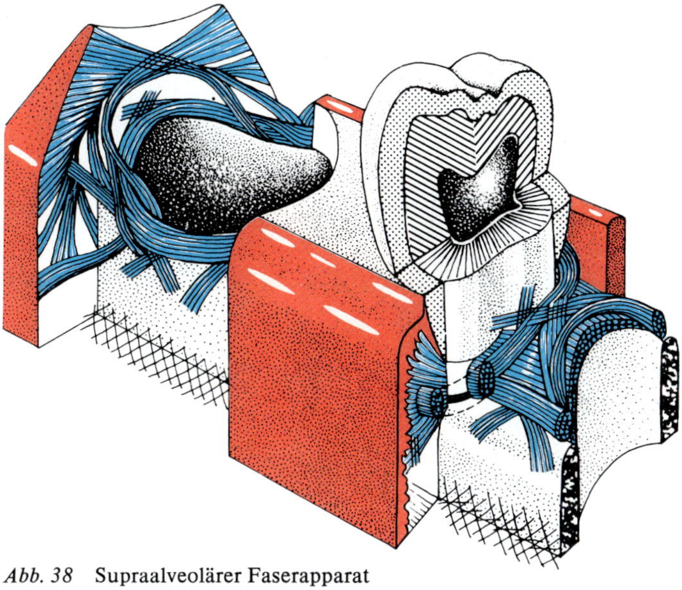

Abb. 38 Supraalveolärer Faserapparat

Mit zunehmendem Alter kommt es zur Höhenreduktion des gesamten Periodonts und damit auch zur Freilegung der Zahnhälse.

3.3.7.3 Periodontalligament, Lig. periodontale

Das *Lig. periodontale (Desmodontium)* ist auch unter dem Namen *Wurzelhaut* bekannt. Es bildet den zwischen der Alveolarwand und dem Wurzelzement gelegenen intraalveolären Faserapparat. Außer Bindegewebe enthält es zahlreiche Nerven und Gefäße.

Wurzelhaut

Die Zellen des Lig. periodontale sind hauptsächlich Fibroblasten und Fibrozyten. Fibroblasten können neue Kollagenfibrillen bilden, sich zu Zementoblasten, Osteoblasten oder Osteoklasten umbilden. Damit besitzt das Periodontium die Möglichkeiten, sich ständig umzustrukturieren. Diese Leistungen sind für kieferorthopädische Behandlungen von grundsätzlicher Bedeutung.

Fibroblasten und Fibrozyten

Der intraalveoläre Faserapparat (Abb. 35, 39) besteht hauptsächlich aus Kollagenbündeln, die *Fibrae cementoalveolares* genannt werden. Man unterscheidet 3 Gruppen.

intraalveolärer Faserapparat

1. *marginale Faserbündel*, die vom Wurzelzement des Zahnhalses zum Rande der Alveole ziehen und in das Zahnfleisch ausstrahlen,
2. *radikuläre Faserbündel*, die sich entlang der Wurzel in schräger Zugrichtung mit der Alveolenwand verbinden,
3. *apikale Faserbündel*, die vom Zement der Wurzelspitze radiär zum Boden der Alveole ziehen.

Die unterschiedliche Verlaufsrichtung der Faserbündel ergibt

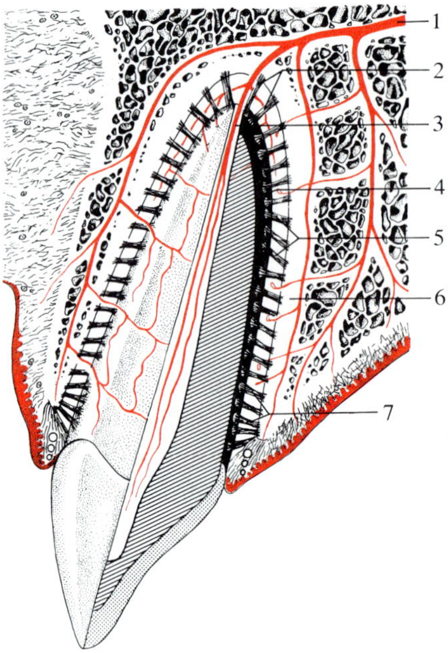

Abb. 39 Lig. periodontale eines einwurzligen Zahnes
1 A. alveolaris superior anterior,
2 apikale Faserbündel,
3 R. dentalis, 4 Zement,
5 radikuläre Faserbündel,
6 Os alveolare,
7 marginale Faserbündel

sich aus der mechanischen Belastung, die auf den Zahn einwirkt (Abschn. 3.3.7.5).

Leitungsbahnen in der Wurzelhaut

Die Nerven bilden um die Zahnwurzel ein Netz. Sie enden frei oder besitzen Nervenendkörperchen.

Die Blutgefäße umgeben die Zahnwurzel leitersprossenartig (Abb. 39). Marginal bestehen Verbindungen mit den Gefäßen des Zahnfleisches. Da die Gingiva relativ stark durchblutet ist, kann ihre Farbe (hellrosa bis korallenrosa) bei Kreislauferkrankungen leicht verändert sein.

3.3.7.4 Alveolarknochen und Periodontalspalt

Der Alveolarknochen ist der zahntragende Teil der Kiefer. Er enthält die Zahnfächer, *Alveoli,* in denen die Wurzeln der Zähne verankert sind. Die Kenntnis der Größe, Form und Lage der Zahnfächer ist für den Zahntechniker eine wichtige Voraussetzung für die Herstellung von Sofortprothesen.

Alveole

Die Alveole, *Alveolus dentalis,* ist das vergrößerte Negativmodell einer Zahnwurzel, deren okklusaler Rand die Schmelz-Zement-Grenze nicht ganz erreicht. Nebeneinander gelegene Alveolen werden durch knöcherne Trennwände, *Septa interalveolaria,* und die Alveolen mehrwurzeliger Zähne durch *Septa interradicularia* voneinander getrennt (Abb. 40).

Die Knochenkompakta der Alveolenwand, *Os alveolare,* hebt sich im Röntgenbild deutlich von der umgebenden Spongiosa ab. Sie besitzt zahlreiche Perforationen, durch die Nerven und Gefäße, besonders am Alveolenboden, treten.

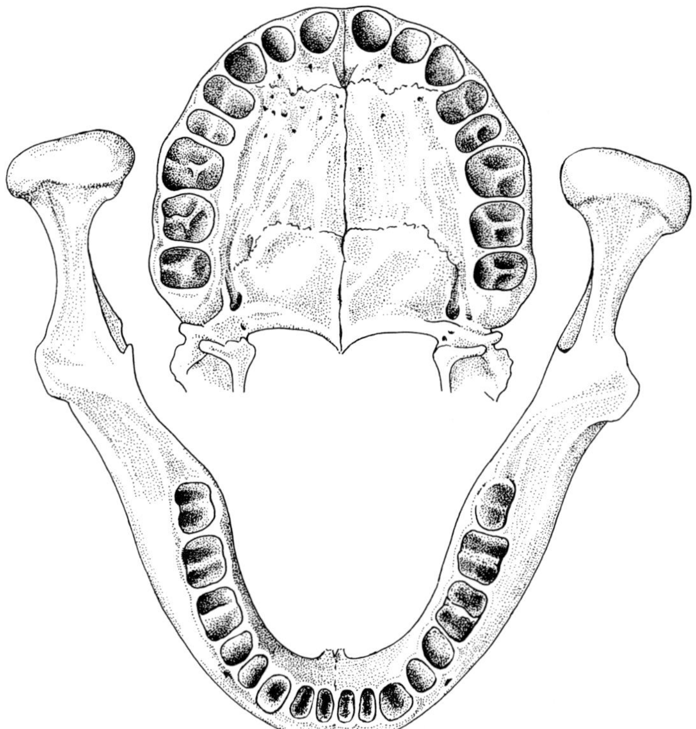

Abb. 40 Alveolarfortsatz des Oberkiefers und Alveolarteil des Unterkiefers mit Zahnfächern in der Aufsicht

Als Periodontalspalt bezeichnet man den zwischen der Zahnwurzel und dem *Os alveolare* gelegenen Raum, der vom Lig. periodontale ausgefüllt wird. Auf Röntgenbildern erscheint dieser Raum als Spalt. Seine Breite ist in Abhängigkeit vom Alter und von der Funktion der Zähne regional verschieden. Prinzipiell läßt sich sagen, daß er in der Wurzelmitte am engsten und am marginalen und apikalen Ende am breitesten ist. Die mittlere Enge entspricht der Lage des Drehpunktes, um den der Zahn bei Kippbewegungen ausschlägt.

Periodontalspalt

3.3.7.5 Funktionen des Periodontium

Funktionen des Periodontium

Die Aufgaben des Periodontium lassen sich in 4 Hauptaufgaben unterteilen,

1. mechanische Funktion,
2. sensorische Funktion,
3. nutritive Funktion,
4. formative Funktion.

1. **Die mechanische Funktion** besteht darin, den Zahn gelenkig mit dem Kiefer zu verbinden *(Articulatio dentoalveolaris)*. Vom anatomischen Standpunkt aus handelt es sich um eine

- mechanische Funktion

Einzapfung, *Gomphosis*, die nur eine minimale Bewegung zuläßt (s. Lehrbuch der Allgemeinen Anatomie).

Durch den intraalveolären Bandapparat ist der Zahn in der Alveole so aufgehängt, daß er mit einem *schwingenden System* vergleichbar ist. Die Beachtung der Hebelverhältnisse ist bei der Planung der prothetischen Therapie mit festsitzenden und abnehmbaren Teilprothesen ein wichtiger Faktor. Die Aufhängung bewirkt, daß die auf den Zahn wirkenden Vertikal- und z. T. auch die Horizontalkräfte in Zugkräfte umgewandelt werden. Somit bleibt der Knochen von Druck verschont, der ihn sonst zur Atrophie bringen würde. Bemerkenswert ist, daß die Zahnwurzeln in einem Brückenverband einem anderen Bewegungsablauf unterliegen.

Die Zahnbewegungen muß man sich als Minibewegungen vorstellen. Sie können in axialer und horizontaler Richtung erfolgen; bei einwurzeligen Zähnen sind auch geringe Torsionsbewegungen möglich. Die Strukturen und Verlaufsrichtungen des supra- und intraalveolären Faserapparates sind diesen Bewegungsformen angepaßt.

- sensorische Funktion

2. **Die sensorische Funktion** ist in der Aufnahme von Reizen durch Nervenendigungen des Periodonts zu sehen. Mechanische Reize werden durch Stellungsänderungen der Zähne ausgelöst und dienen zusammen mit den Rezeptoren im Dentin, im Kiefergelenk und in der Kaumuskulatur der Informationsvermittlung an das Zentralnervensystem. Von hier erfolgt dann die Steuerung der gerichteten Muskelkontraktionen für den Kaumechanismus (Kontrollfunktionen).

- nutritive Funktion

3. **Die nutritive Funktion** ist bereits aus der Vielzahl der Gefäße ableitbar. Eine chronische Behinderung der Blutzirkulation durch Fehlbelastung (Zahnersatz) kann zur mangelhaften Durchblutung des Periodontium führen, woraus dann Gewebeabbau und Lockerung der Zähne resultieren.

- formative Funktion

4. **Die formative Funktion** ist durch An- und Abbau von periodontalen Geweben charakterisiert (funktionelle Anpassung). Diese Vorgänge lassen sich während der physiologischen Zahnwanderung beobachten. Im Lauf der Gebrauchsperiode kommt es zur Horizontal- und Okklusaldrift der Zähne. Bei der *Horizontaldrift* werden die Zähne der lückenlosen Zahnreihe nach vorn zum Scheitel des Zahnbogens verschoben (Abb. 41). Dabei kommt es zur Resorption bzw. Apposition von Knochen und

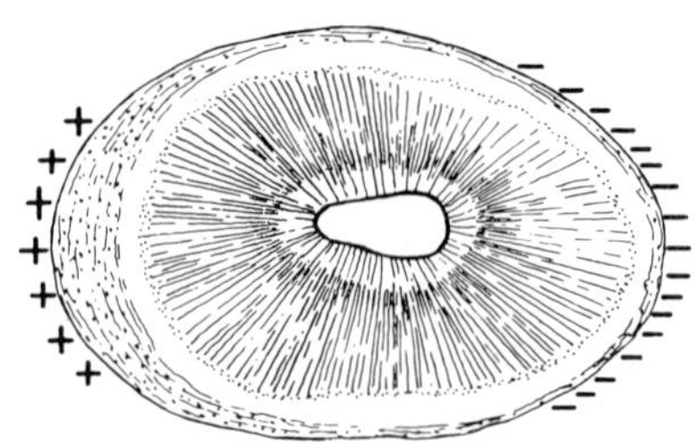

Abb. 41 Horizontalschnitt durch die Wurzel eines in Mesialdrift befindlichen Zahnes. Die Minussymbole bedeuten Abbau, die Plussymbole Anbau

Zement. Die *Okklusaldrift* ist eine vertikale Verschiebung, die als Folge der Schmelzabnutzung an Schmelzkanten und Zahnhöckern sowie bei Fehlen eines Antagonisten auftritt. Hierbei verdicken sich das apikale Wurzelzement und der Knochen am Boden der Alveole.
Diese formativen Möglichkeiten bilden die wissenschaftliche Grundlage für Maßnahmen der Kieferorthopädie.

Aufgaben

1. Erläutern Sie die physiologische und die prothetische Bedeutung des Periodonts!
2. Erklären Sie an Hand einer Skizze Aufbau und Bedeutung des dentogingivalen Verschlusses!
3. Zeichnen und beschriften Sie einen stark vergrößerten Ausschnitt aus dem Lig. periodontale!
4. Beschreiben Sie die Lage der Septa interalveolaria und der Septa interradicularia!
5. Ordnen Sie spezifischen Aufgaben des Periodonts die jeweiligen Strukturelemente zu!
6. Erläutern Sie an Skizzen die Bewegungsmöglichkeiten eines Zahnes bei Einwirkung von Druck-, Zug- und Schubkräften!
7. Begründen Sie, welche Faserstrukturen bei den in Aufgabe 6 genannten Kräften jeweils besonders beansprucht werden!
8. Beweisen Sie die Feststellung, daß das Periodont eine funktionelle Einheit darstellt!

3.4 Allgemeine Anatomie der Zähne

Anatomie der Zähne

Die Beschreibung der Zähne und des Gebisses legt Formen zugrunde, die sich aus der Mehrheit wiederkehrender Merkmale ableiten (statistisches Mittel). Es handelte sich somit um Idealformen.

3.4.1 Teile des Zahnes und deren Bezeichnungen

Jeder Zahn besitzt eine Zahnkrone, *Corona dentis*, und eine oder mehrere Zahnwurzeln, *Radix dentis.* Beide werden durch den Zahnhals, *Cervix dentis*, miteinander verbunden. Im Inneren des Zahnes befindet sich die Pulpakammer, *Cavitas dentis* (Abb. 42).

• Zahnkrone

Die Zahnkrone besitzt bei Schneidezähnen eine Schneidekante, *Margo incisalis;* an Eckzähnen findet man 2 Schneidekanten, die sich in einer Spitze treffen. Die Kaufläche der anderen Zähne trägt Höcker, *Cuspis dentalis*, die mit einer Spitze, *Apex cuspidis*, enden. Auf der Lingualfläche der Frontzähne findet man einen Höcker, *Tuberculum dentale.* Die Krone mancher Zähne, insbesondere die der Milchzähne, zeigt am Zahnhals einen Wulst, *Cingulum.* Den im Mund sichtbaren Teil eines

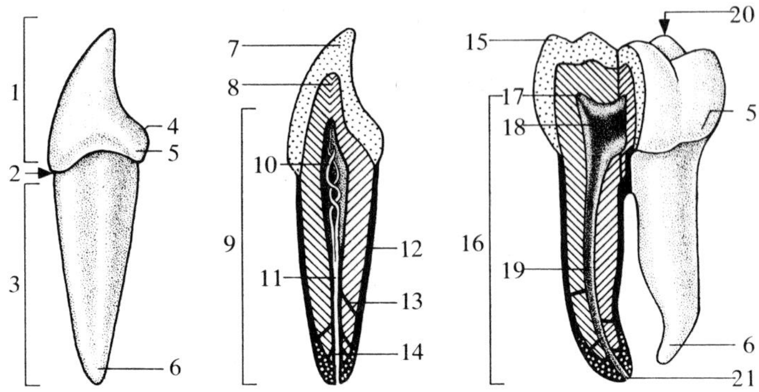

Abb. 42 Teile und Substanzen des Zahnes und deren Bezeichnungen
1 Corona dentis, 2 Cervix dentis, 3 Radix dentis, 4 Tuberculum dentale, 5 Cingulum, 6 Apex radicis dentis, 7 Enamelum, 8 Dentinum, 9 Pulpa dentis, 10 Pulpa coronalis, 11 Pulpa radicularis, 12 Cementum, 13 akzessorischer Seitenkanal, 14 apikale Ramifikationen, 15 Cuspis dentalis, 16 Cavitas dentis, 17 Cornu pulpae, 18 Cavitas coronalis, 19 Canalis radicis dentis, 20 Apex cuspidis, 21 Foramen apicis dentis

Zahnes bezeichnet man als klinische Krone, *Corona clinica.* Sie kann höher oder niedriger sein, je nach den Zahnfleischverhältnissen. Mit zunehmendem Alter kommt es zur Retraktion des Zahnfleisches, und die Okklusaldrift hebt den Zahn weiter aus der Alveole heraus. Das hat zur Folge, daß die klinische Krone länger wird.

• Zahnhals

Der Zahnhals entspricht etwa der *Schmelz-Zement-Grenze* und wird im gesunden jugendlichen Gebiß von Zahnfleisch bedeckt.

• Zahnwurzel

Die Zahnwurzel beginnt unterhalb des Zahnhalses. Die Aufzweigungsstelle zweiwurzeliger Zähne nennt man *Bifurkation* und die dreiwurzeliger Zähne *Trifurkation.* Die Zahnwurzel endet in einer Spitze, *Apex radicis dentis,* an der sich die Öffnung des Wurzelkanals, *Foramen apicis dentis,* (meist sind es mehrere) befindet.

• Pulpakammer

Die Pulpakammer entspricht in ihrer räumlichen Ausdehnung der Form eines verkleinerten Zahnes. Vom Kronensockel geht ein (oder mehrere) Wurzelkanal, *Canalis radicis dentis,* ab, der an der Wurzelspitze mündet. Seine deltaförmigen Aufspaltungen am Wurzelende nennt man *apikale Ramifikationen.* Außerdem wird die Zahnwurzel (Dentin und Zement) von *akzessorischen Seitenkanälen* durchzogen, welche die Pulpakammer mit dem Zahnhalteapparat verbinden. Sie können als Infektionswege eine Rolle spielen.

In der Pulpakammer befindet sich das Zahnmark, *Pulpa dentis.* Den in der Zahnkrone gelegenen Pulpateil nennt man *Pulpa coronalis.* Von ihr springen Ausläufer in die Zahnhöcker und Schneidekanten vor, die man als Pulpahörner, *Cornua pulpae,* bezeichnet. Der in der Zahnwurzel befindliche Pulpateil wird *Pulpa radicularis* genannt.

3.4.2 Kurzbezeichnungen der Zähne

Kennzeichnung der Zähne

Die Zähne des Menschen reihen sich zu lückenlosen Zahnbögen aneinander und bilden in dieser Anordnung das Gebiß. Es gibt einen oberen und einen unteren Zahnbogen, *Arcus dentalis superior* und *Arcus dentalis inferior.* Beide bestehen aus 2 bilateral-symmetrischen Bogenschenkeln.
Zur Kennzeichnung einzelner Zähne zerlegt man das Gebiß in 4 Quadranten und charakterisiert diese an Hand eines Achsenkreuzes.
Die Horizontale ist die Trennlinie zwischen oberen und unteren Zähnen; die Vertikale, die in der Medianebene liegt, trennt die rechte und die linke Seite. Alle Bezeichnungen werden so geschrieben, wie der Zahnarzt den zu Untersuchenden vor sich sieht. Alle linken Zähne stehen dann rechts und alle rechten Zähne links von der Vertikalen.

- Zahnschema nach ZSIGMONDY

Im Zahnschema nach ZSIGMONDY werden permanente Zähne durch arabische Ziffern, Milchzähne durch römische Zahlen gekennzeichnet. In jedem Quadranten werden sie von medial nach lateral fortlaufend numeriert.

rechts	links
8 7 6 5 4 3 2 1	1 2 3 4 5 6 7 8
8 7 6 5 4 3 2 1	1 2 3 4 5 6 7 8

V IV III II I	I II III IV V
V IV III II I	I II III IV V

Zur Kennzeichnung eines einzelnen Zahnes bedient man sich eines vom Achsenkreuz abgeleiteten Winkelzeichens, z. B. ⌊3 oder IV⌉.

- Zahnschema nach HARDERUP

Nach HARDERUP werden einzelne Zähne durch ein *Plus-* oder *Minuszeichen* gekennzeichnet. Obere Zähne erhalten zu ihrer Ziffer ein Plus- und untere ein Minuszeichen. Die Seitenkennzeichnung erfolgt ähnlich wie beim Winkelzeichen, so daß z.B. für einen oberen linken seitlichen Schneidezahn +2 geschrieben wird. Der Ziffer von Milchzähnen wird eine 0 vorgesetzt, so daß ein oberer linker seitlicher Milchschneidezahn durch die Schreibweise +0,2 markiert wird. Dem internationalen Zahnschema (**FDI**-System), das 1970 von der **F**édération **D**entaire **I**nternationale eingeführt wurde, liegen 2 Ziffern zugrunde. Jeder der 4 Quadranten erhält eine Kennziffer, welche durch die Ziffer des entsprechenden Zahnes ergänzt wird. Der obere rechte Quadrant wird durch die Kennziffer 1 markiert. Die weitere Bezifferung folgt der Richtung des Uhrzeigers, so daß der untere rechte Quadrant die Ziffer 4 trägt. In entsprechender Weise setzt man dann die Bezifferung der Quadranten für die Milchzähne von 5 bis 8 fort.

rechts															links
18	17	16	15	14	13	12	11	21	22	23	24	25	26	27	28
48	47	46	45	44	43	42	41	31	32	33	34	35	36	37	38
			55	54	53	52	51	61	62	63	64	65			
			85	84	83	82	81	71	72	73	74	75			

Die zweistelligen Zahlen werden getrennt voneinander gelesen, z. B. nicht 11 (elf), sondern eins-eins, nicht 27 (siebenundzwanzig), sondern zwei-sieben, nicht 34 (vierunddreißig), sondern drei-vier usw. Diese Art der Zahnbezeichnung ist für die elektronische Datenverarbeitung im Rahmen der Medizinalstatistik besonders geeignet.

Aufgaben

1. Zeichnen Sie einen Sagittal-, Frontal- und Horizontalschnitt durch einen Frontzahn, und beschriften Sie die Skizzen unter besonderer Berücksichtigung der Teile und der Substanzen des Zahnes!

2. Stellen Sie an entsprechenden Skizzen mögliche Richtungsbezeichnungen am Gebiß dar!

3. Erläuern Sie das Prinzip des FDI-Systems!

4. Skizzieren Sie in Aufsichten die folgenden Restgebisse:

a)

7	3	2	1	1	2	3	4	7
		2	1	1	2	3	8	

b) 11, 13, 14, 21, 22, 23, 33, 43

c) 11, 52, 53, 54, 55, 16, 21, 62

Flächen der Zahnkronen

3.4.3 Flächenbezeichnungen der Zahnkronen

Die Kronen der Prämolaren und der Molaren besitzen 5 Flächen. Den Frontzähnen fehlt eine Kaufläche; dafür haben sie eine Kaukante (Eckzähne 2), *Margo incisalis.* Man unterscheidet folgende Flächen (Abb. 43):

1. *Facies vestibularis* – Vorhoffläche,
2. *Facies lingualis* – Zungenfläche,
3. *Facies contactus mesialis* – nach mesial gerichtete Kontaktfläche,
4. *Facies contactus distalis* – nach distal gerichtete Kontaktfläche,
5. *Facies occlusalis* – Kaufläche der Prämolaren und Molaren,
6. *Margo incisalis* – Schneidekante.

• Facies vestibularis

Die Facies vestibularis ist bei Frontzähnen der Lippe *(Labium)* und bei Seitenzähnen der Wange *(Bucca)* zugekehrt. Davon leitet sich ab, daß die Vorhoffläche der Frontzähne auch als *Facies labialis* und die der Seitenzähne als *Facies buccalis* bezeichnet

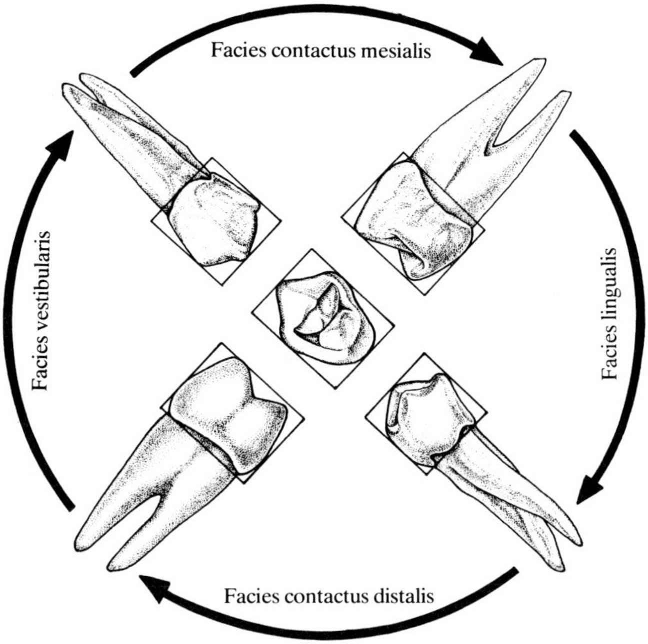

Abb. 43 Flächenbezeichnungen einer Zahnkrone (oberer 1. Prämolar). Das Feld in der Mitte zeigt die Facies occlusalis

wird. Ihre Form ist rechteckig bis dreieckig; sie wird von einem okklusalen Rand, 2 Seitenrändern und der Schmelz-Zement-Grenze konturiert. Bei Schneidezähnen wird der okklusale Rand durch die Schneidekante, *Margo incisalis*, gebildet; bei Eckzähnen und Prämolaren trägt er einen Höcker, *Cuspis*, und bei Mahlzähnen 2 Höcker. Die Schneidekanten können kleine Erhebungen, *Randtuberkel (Tubercula marginalia)*, besitzen. Die Vorhoffläche ist längs und quer gewölbt. Der an der Kronenbasis befindliche Wulst bildet bei Milchmolaren eine stärkere Erhebung, die *Tuberculum molare* genannt wird.

- Facies lingualis

Die Facies lingualis ist die der Mundhöhle zugekehrte Fläche. Sie ist ebenfalls dreieckig bis rechteckig je nach Zahngruppe. Bei Schneide- und Eckzähnen findet sich im zervikalen Drittel ein Höcker, *Tuberculum dentale*; der inzisale Kronenabschnitt ist konkav. Bei Prämolaren und Molaren ist die Lingualfläche längs und quer konvex gewölbt.

- Facies contactus mesialis und distalis

Die Facies contactus mesialis und distalis sind bei den Schneide- und Eckzähnen dreieckig, bei den anderen Zähnen rechteckig. Ihre prominenteste Stelle bildet den *Kontaktpunkt* zum benachbarten Zahn.

- Facies occlusalis

Die Facies occlusalis kann je nach Zahn rechteckig, dreieckig oder rhombenförmig sein, ihr Relief wird durch Zahnhöcker, *Cuspides (coronae) dentis*, und Furchen geprägt.

Zahnäquator

Als Zahnäquator bezeichnet man den größten Umfang einer Zahnkrone (Abb. 44). Man unterscheidet den anatomischen und

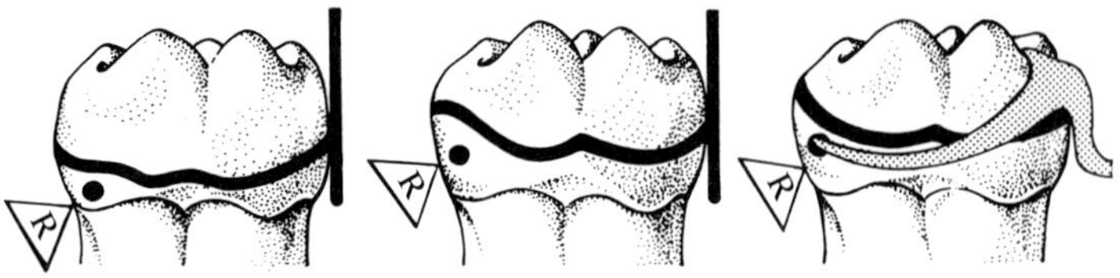

Abb. 44 Darstellung des Zahnäquators mittels Graphitstifts
a Ungünstige Lage, b günstige Bedigungungen für die Retention,
c Zahn mit Gußklammer. R ausgemessener Retentionspunkt

• anatomischer

• klinischer

den klinischen Zahnäquator. Bei der Konstruktion des *anatomischen Zahnäquators* dient die Längsachse der Krone als Bezugslinie, so daß er nicht variabel ist. Er teilt die Zahnkrone in eine Supra- und eine Infrawölbung. Beide sind für die Verankerung von Halte- und Stützelementen von besonderem Interesse.
Der *klinische Zahnäquator* entspricht dem größten Umfang einer Zahnkrone, deren Längsachse sich verändert hat, z. B. bei gekippten Zähnen. Er ist variabel und abhängig von der Neigung der Modellebene zur Bezugsebene. Dieser, ermittelt mit dem Vermessungsgerät, bestimmt die Lage von Halte-, Stütz- und Schubverteilungselementen bei partiellen Prothesen.

Zahnhöcker

3.4.4 Höcker und Fissuren der Zahnkronen, Zahnwurzeln

Die Anzahl der Höcker auf den Kauflächen der Zahnkronen ist verschieden; ihre Bezeichnung richtet sich nach der Lage. Grundsätzlich unterscheidet man zwischen vestibulären und lingualen sowie zwischen mesialen und distalen Höckern (Abb. 45).

- **Einhöckrig** sind Canini,
- **zweihöckrig** sind Prämolaren mit einer
  - *Cuspis vestibularis,*
  - *Cuspis lingualis,*
- **dreihöckrig** können der untere 2. Prämolar, der obere 2. Molar und Weisheitszähne sein,
- **vier- oder fünfhöckrig** sind Molaren mit einer
  - *Cuspis mesiovestibularis,*
  - *Cuspis distovestibularis,*
  - *Cuspis mesiolingualis,*
  - *Cuspis distolingualis,*
  - *Cuspis distalis* (unterer 1. Molar).

Die Zahnhöcker können durch quer verlaufende Schmelzgrate, *Cristae transversales,* miteinander verbunden sein. Sie werden durch Furchen bzw. Fissuren voneinander getrennt.
Die Kaufläche einer Krone wird mesial und distal von einer Randleiste, *Crista marginalis,* eingefaßt.

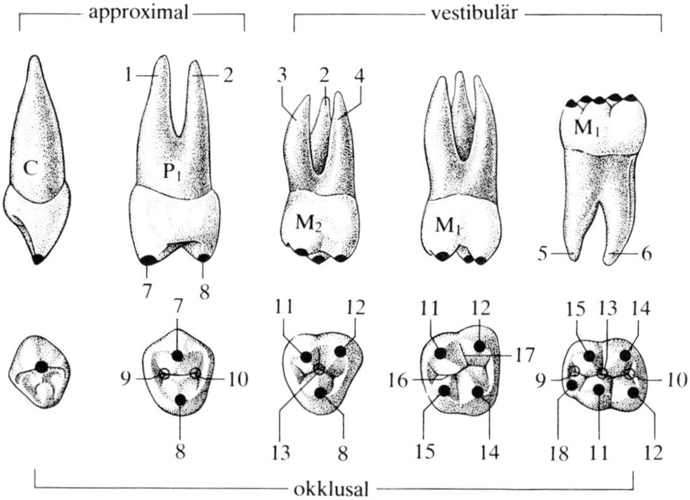

Abb. 45 Zähne in verschiedenen Ansichten.
Bezeichnungen der Zahnhöcker, Fissuren und Zahnwurzeln
1 Radix vestibularis, 2 Radix lingualis, 3 Radix vestibularis distalis, 4 Radix vestibularis mesialis, 5 Radix distalis, 6 Radix mesialis, 7 Cuspis vestibularis, 8 Cuspis lingualis, 9 Fovea distalis, 10 Fovea mesialis, 11 Cuspis distovestibularis, 12 Cuspis mesiovestibularis, 13 Fovea centralis, 14 Cuspis mesiolingualis, 15 Cuspis distolingualis, 16 Längsfissur, 17 Querfissur, 18 Cuspis distalis

Fissurenmuster

Das Fissurenmuster ist bei den einzelnen Zähnen verschieden. Grundsätzlich unterscheidet man zwischen einer in mesiodistaler Richtung verlaufenden Längsfissur, *Fissura longitudinalis,* und quer davon abgehenden *Fissurae transversales.* An den Kreuzungs- oder Verzweigungsstellen der Fissuren finden sich meist Vertiefungen. Diese werden nach ihrer Lage als *Fovea centralis, Fovea mesialis* und *Fovea distalis* bezeichnet.
Die Fissuren ermöglichen den Abfluß der zerquetschten Speisen. Sie sind außerdem Gleitwege für die Höcker bei Mahlbewegungen. Andererseits sind sie Prädilektionsstellen für die Entstehung der Karies.

Zahnwurzeln

3.4.5 Wurzeln der Zähne

Die Anzahl, Stärke und Form der Wurzeln sind funktionell auf die Zahnkrone abgestimmt. Es gibt ein-, zwei- und dreiwurzelige Zähne.

- **Einwurzelige Zähne** sind Schneidezähne, Eckzähne und Prämolaren,
- **zweiwurzelige Zähne** sind in 60 % der Fälle der obere 1. Prämolar und manchmal auch der obere 2. Prämolar mit einer
  - *Radix vestibularis,*
  - *Radix lingualis*

sowie die unteren Molaren mit einer
- *Radix mesialis,*
- *Radix distalis.*

- **Dreiwurzelige Zähne** sind die oberen Molaren mit einer
  - *Radix vestibularis mesialis,*
  - *Radix vestibularis distalis,*
  - *Radix lingualis.*

3.4.6 Funktionelle Gliederung der Zähne

Jeder Zahn hat eine durch seine Funktion geprägte Form und Größe. Die Kronenform der Schneidezähne ist mit der einer Schaufel vergleichbar. Ihre scharfen Kanten zerschneiden die Nahrung wie Blätter einer Schere und dienen zum Festhalten der Nahrung. Eine ähnliche Funktion haben auch die Eckzahnkronen, deren kurze schräge Kanten sich zu einer Spitze vereinigen. Die Prämolaren und Molaren besitzen eine mit Höckern besetzte Kaufläche. Auf ihnen wird die Nahrung nach dem Mörser-Pistill-Prinzip zerkleinert.

Zahngröße

Die Zahngröße (gemeint ist hier die Masse der Kronen) ist unterschiedlich. Die unteren Schneidezähne sind am kleinsten; sie stehen im frontalen Bereich des Unterkiefers, wo dessen Bewegungsausschlag am größten ist. Distal nimmt die Zahngröße zu, so daß die Molaren im Kraftfeld der Kaumuskeln am größten sind (Abb. 46); dahinter werden die Zähne wieder etwas kleiner. Mit zunehmender Belastung vermehren sich auch die Wurzeln. Die oberen Mahlzähne, die den stärksten Kaudruck

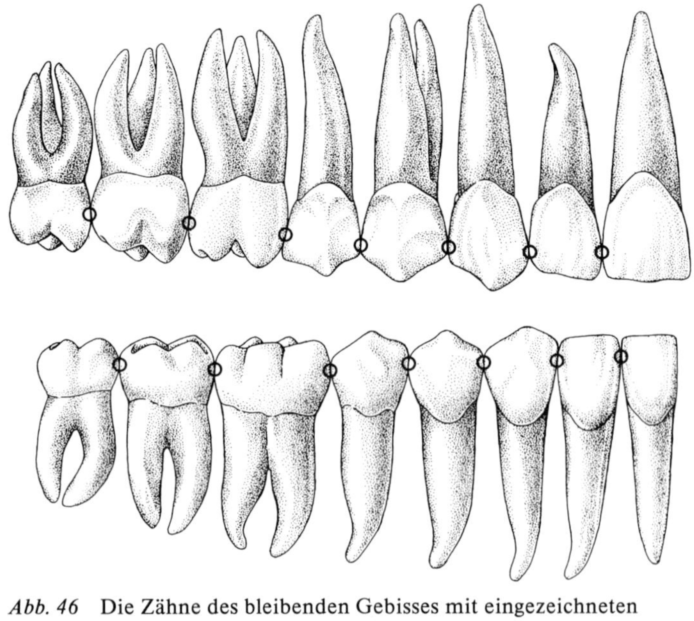

Abb. 46 Die Zähne des bleibenden Gebisses mit eingezeichneten Kontaktpunkten. Beachte die Größen- bzw. Massenverhältnisse

aufzufangen haben, sind nach dem Hammer-Amboß-Prinzip (der Unterkiefer ist hier der Hammer) größer als die unteren. Sie besitzen 3, die unteren dagegen nur 2 Wurzeln.
Da sich der einzelne Zahn wie der Stein eines Gewölbes in den Zahnbogen einfügt, ist die Vorhoffläche seiner Krone quer gewölbt und in der Regel größer als die Lingualfläche.
Durch die konvexe Krümmung ihrer Kontaktflächen berühren sich 2 benachbarte Zähne nicht flächenartig, sondern nur punktförmig; die Berührungsstelle nennt man *Kontaktpunkt* (Abb. 46). Er befindet sich an der erhabensten Stelle der Kontaktfläche und dient der gegenseitigen Abstützung der Zähne beim Weiterleiten horizontaler Schubkräfte. Im Lauf der Gebrauchsperiode schleifen sich die Kontaktpunkte ab, und es entstehen *Kontaktflächen.*

Kontaktpunkte

Der zwischen 2 Zähnen verbleibende Spalt ist der Interdentalraum, *Spatium interdentale.*

Interdentalraum

Die Schmelz-Zement-Grenzen verlaufen bogenförmig, auf der vestibulären und lingualen Fläche gingival konvex und auf den Approximalflächen gingival konkav. Die Krümmung ist im Frontzahngebiet am stärksten und nimmt im Seitenzahngebiet bis zu den Molaren stark ab.

Schmelz-Zement-Grenzen

3.4.7 Seitenmerkmale der Zähne

Erkennungsmerkmale der Zähne

Die Zahnbögen entsprechen der Form einer Parabel. Während die Bauelemente eines halbkreisförmigen Bogens alle den gleichen Krümmungsradius besitzen, ist das Bogenstück einer Parabel ungleichmäßig gekrümmt. Die Bausteine beider Seiten haben daher spiegelbildliche Formen und können nicht miteinander ausgetauscht werden. Somit tragen alle Zähne Zeichen der Einseitigkeit (Abb. 47).
Zur Unterscheidung von Zähnen beider Seiten dienen
- das *Bogen-* oder *Krümmungsmerkmal,*

- Krümmungsmerkmal

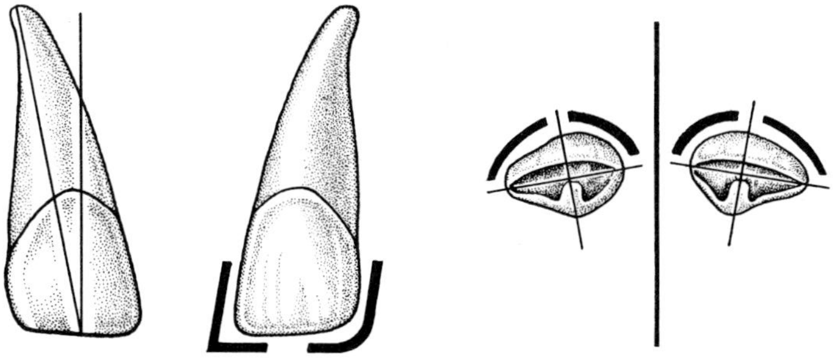

a b c

Abb. 47 Unterscheidungsmerkmale der Zähne
a Wurzelmerkmal, b Winkelmerkmal, c Bogen- oder Krümmungsmerkmal

- Winkelmerkmal
- Wurzelmerkmal

- das *Winkelmerkmal,*
- das *Wurzelmerkmal.*

Das Krümmungsmerkmal bezieht sich auf die unterschiedliche Querwölbung der Vestibularfläche der Zahnkrone. Im Horizontalschnitt ist erkennbar, daß die mesiale Kronenhälfte stärker gekrümmt ist als die distale.

Das Winkelmerkmal beruht darauf, daß die mesiale Kontaktfläche einer Krone mit der Kaukante einen spitzeren Winkel bildet als distal. Es läßt sich am besten bei oberen Schneidezähnen nachweisen.

Das Wurzelmerkmal bezieht sich auf die Verlaufsrichtung der Zahnwurzel im Vergleich zur Zahnachse. Bei einer Betrachtung des Zahnes von vestibulär sieht man, daß die Wurzel in der Regel distal abweicht.

Zahnfarben

3.4.8 Farbe der bleibenden Zähne

- Grundton permanenter Zähne

Der Grundton der bleibenden Zähne ist ein elfenbeinfarbenes Weiß, Gelb oder Grau in individuell verschiedener Tönung. Der gelbliche Farbton beruht auf der Farbe des Dentins und wird durch den Transparenzgrad des Schmelzes bestimmt. Die verschiedene Dicke des Schmelzes führt daher zu entsprechenden Farbunterschieden der Krone. An Stellen, wo der Schmelz nicht von Zahnbein unterlegt ist, z. B. an den Höckerspitzen oder an den Schneidekanten, erscheinen die Zahnkronen teilweise bläulich transparent. Im zervikalen Kronendrittel überwiegt dagegen mehr ihr gelblicher Farbton.

- Veränderungen in der Gebrauchsperiode

Mit zunehmender Verkalkung werden die Homogenität der Zahnhartsubstanzen größer und die Transparenz des Schmelzes stärker. Dieses Prinzip gilt auch für das Dentin, dessen Kanälchen mit zunehmendem Alter immer enger werden. Diese Veränderungen haben zur Folge, daß die Zahnfarben in den verschiedenen Lebensaltern unterschiedliche Nuancierungen zeigen. Bei frisch durchgebrochenen Zähnen überwiegt der gelbliche Farbton. Mit zunehmendem Alter werden die Zähne heller, die Farbe schlägt mehr ins Weiße um, und im reiferen Alter geht ihr Farbton mehr ins Gelbliche, Bräunliche oder auch ins Graue über. Eine Inhomogenität des Dentins setzt die Transparenz herab, so daß die entsprechenden Stellen kreidig weiß aussehen.

Bezirke erhöhter Transparenz, wie sie in der Umgebung von Kariesherden im Dentin beobachtet werden, beruhen auf Kalkablagerungen in den Dentinkanälchen.

- avitale Zähne

Avitale Zähne zeigen starke Farbabweichungen, die bis ins Dunkelbräunliche und Schwarze gehen. Desgleichen können Abrasionen, z.B. der Schneidekanten, Mißbrauch von Zahnbürsten, Raucherbeläge, Arzneimittel u. a. m. die natürliche Farbe der Zähne stark verändern.

Die farbliche Anpassung bei restaurativen Maßnahmen sowie das Aussuchen der richtigen Farbnuancen sind eine sehr diffizile Angelegenheit, bei der Zahnarzt, Stomatologische Schwester und Zahntechniker eng zusammenarbeiten müssen. Bei älteren Patienten sollte man die Altersmerkmale des Gesichtes berücksichtigen. Zu helle Farbtöne stehen im Widerspruch zur Physiognomie solcher Personen.

Aufgaben

1. Beschriften Sie in einer Aufsicht die Flächen eines Front- und die eines Seitenzahnes!
2. Zeichnen Sie in einen stark geneigt stehenden Molaren den anatomischen und den klinischen Äquator ein!
3. Erläutern Sie das Prinizip der Höckeranordnung auf den Kauflächen!
4. Durch welche Fissuren wird das Fissurenmuster der Kauflächen geprägt?
5. Zeichnen und beschriften Sie die Wurzeln eines 26!
6. Erläutern Sie die biostatische Bedeutung der Kontaktpunkte!
7. Erläutern Sie an entsprechenden Skizzen das Krümmungs-, Winkel- und Wurzelmerkmal eines 21!
8. Begründen Sie aus Ihrem Tätigkeitsbereich heraus die Bedeutung der individuellen Zahnfarben und ihre Nuancierungen!

3.5 Spezielle Anatomie der bleibenden Zähne

In der speziellen Anatomie der Zähne werden hauptsächlich die Zahnkronen behandelt, da diese im Gegensatz zu den Zahnwurzeln für den Zahntechniker von besonderer Bedeutung sind. Detaillierte Beschreibungen finden sich im Lehrbuch »Odontographie«.

3.5.1 Schneidezähne, Dentes incisivi

Schneidezähne

Die Schneidezähne besitzen eine schaufel- oder meißelförmige Krone und sind einwurzelig. Der obere mittlere Schneidezahn steht im Mittelpunkt des Frontzahngebisses und ist der größte aller Incisivi. Sein seitlicher Nachbar ist deutlich kleiner.
Die unteren Schneidezähne sind kleiner als die oberen; der kleinste und formbeständigste Zahn im menschlichen Gebiß ist der untere mittlere Schneidezahn (Abb. 46, 48, 67).

- Facies vestibularis

Die Facies vestibularis aller Schneidezahnkronen ist dreieckig bis rechteckig. Auf der Schneidekante jugendlicher Zähne findet man 2 bis 3 Randtuberkel, zwischen denen sich Einsenkungen befinden, die sich als Rillen auf die Vestibularfläche fortsetzen. Winkel- und Krümmungsmerkmale sind mit Ausnahme des unteren 1. Schneidezahnes meist deutlich nachzuweisen.

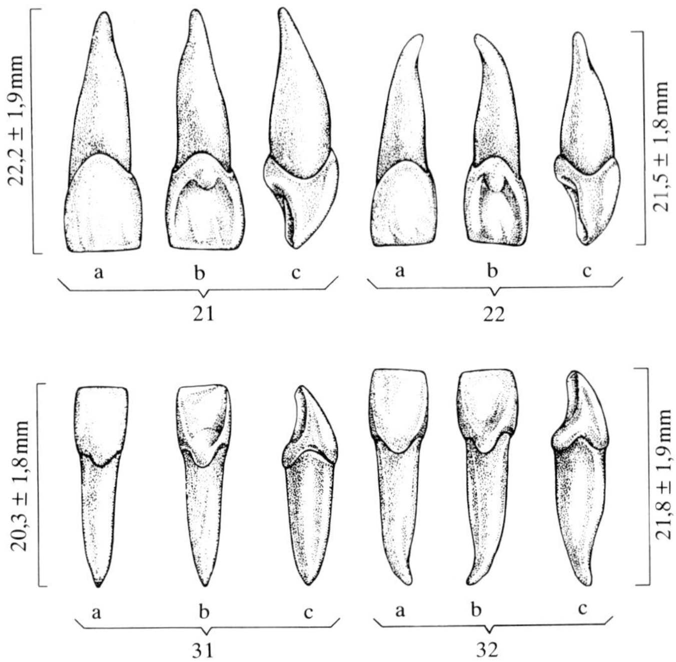

Abb. 48 Schneidezähne
a von vestibulär, b von lingual, c von mesial

Die seitlichen Kronenränder laufen zervikal konvergierend in die bogenförmige Schmelz-Zement-Grenze aus. Diese begrenzt die Zahnkrone meist in Form eines flachen, gingival konvexen Wulstes gegen die Wurzel.

• Facies lingualis

Die Facies lingualis wird beiderseits durch eine Randleiste, *Crista marginalis*, begrenzt. Die Schmelz-Zement-Grenze verläuft auch hier in einem gingival konvexen, jedoch etwas steileren Bogen als auf der vestibulären Seite. Im zervikalen Kronendrittel erhebt sich ein Zahnhöcker, *Tuberculum dentale.* Bei den oberen Schneidezähnen kann die Lingualfläche sehr variabel gestaltet sein. Manchmal findet man über dem Tuberculum dentale ein blind entstehendes Grübchen, *Foramen caecum*, eine bevorzugte Stelle für Karies.

• Facies contactus

Die Facies contactus hat mesial und distal eine annähernd dreieckige Form. Die Spitze des Dreiecks wird von der dünnen, nur aus Schmelz bestehenden Schneidekante, die Basis von der

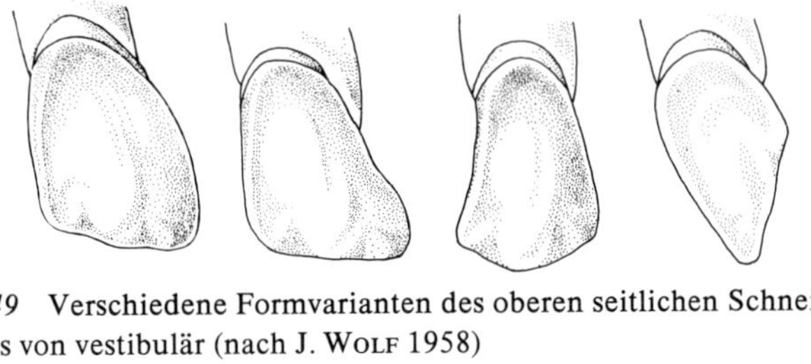

Abb. 49 Verschiedene Formvarianten des oberen seitlichen Schneidezahnes von vestibulär (nach J. Wolf 1958)

gingival konkav verlaufenden Grenze zwischen Schmelz und Zement gebildet.
Zahlreiche Varianten in der Größe und Form der Zahnkrone sind beim oberen 2. Schneidezahn zu beobachten (Abb. 49).

- Wurzeln

Wurzeln. Die Schneidezähne sind einwurzelig (Abb. 46 bis 48). Ihre Wurzel ist kegelförmig, oben seitlich abgeplattet und unten oval. Die Länge und Stärke entsprechen der Kronengröße. Auf der mesialen und der distalen Fläche können sich Längsfurchen befinden. Mit Ausnahme des unteren 1. Schneidezahnes ist das Wurzelmerkmal bei allen Schneidezähnen mehr oder weniger deutlich nachzuweisen und die Wurzelspitze distal abgebogen. Der obere 1. Schneidezahn hat die kräftigste und längste Wurzel. Der untere 1. Schneidezahn hat die zierlichste und kürzeste Wurzel.

- Pulpakammern und Wurzelkanäle

Pulpakammern und Wurzelkanäle. Die *Pulpakammer* ist inzisal spindelförmig und vestibulolingual abgeplattet. Bei jugendlichen Zähnen können kleinste Pulpahörner vorhanden sein. Der *Wurzelkanal* ist bei den Schneidezähnen besonders eng. Durch Dentinbrücken kann er in mehrere Äste gespalten sein.

3.5.2 Eckzähne, Dentes canini

Eckzähne

Die Eckzähne sind die größten Zähne im Frontzahngebiet. Sie stehen als Eckpfeiler des Zahnbogens zwischen Schneidezähnen und Prämolaren etwa in Höhe des Mundwinkels und sind für die Standortbestimmung anderer Zähne von Bedeutung. Ihre Form ist sehr konstant; man leitet sie am besten von den Schneidezähnen ab. Der untere Eckzahn ist im ganzen etwas kleiner als der obere (Abb. 46, 50).

- Facies vestibularis

Die Facies vestibularis der Eckzahnkronen zeigt eine etwas mesial versetzte Spitze, in der sich die beiden schrägen Schneidekanten treffen. Die mesiale Kante ist kürzer und verläuft flacher als die distale. Das Winkelmerkmal läßt sich beim Vergleich des Übergangs der Schneidekante zur Approximalfläche auf der me-

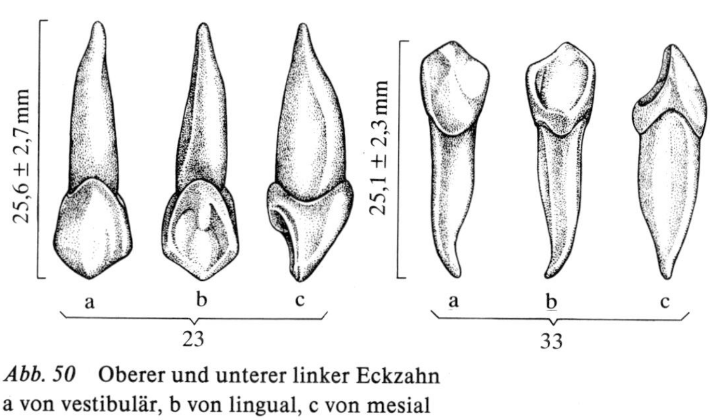

Abb. 50 Oberer und unterer linker Eckzahn
a von vestibulär, b von lingual, c von mesial

sialen und der distalen Seite nachweisen. Die unteren Eckzähne haben eine schmalere Krone und die stärkere Abrundung der Spitze und Ecken als die oberen. An jugendlichen Zähnen können Randtuberkel vorkommen. Die Schmelz-Zement-Grenze bildet einen zervikal konvexen, etwas distal verlagerten Bogen. Ein flacher, längs verlaufender Mittelgrat teilt zuweilen die Vestibularfläche in eine schmalere mesiale und breite distale Facette. Dadurch tritt auch das Krümmungsmerkmal deutlich hervor.

• Facies lingualis

Die Facies lingualis wird seitlich durch 2 kräftige, zervikal konvergierende Randleisten eingefaßt. Die bogenförmig verlaufende Schmelz-Zement-Grenze ist auch hier etwas distal verlagert. Ein längsverlaufender Mittelgrat teilt die Lingualfläche in eine mesiale und eine distale Facette. Das Tuberculum dentale ist relativ formstabil. In selteneren Fällen können Nebenhöcker auftreten; man spricht dann von einer *Prämolarisation* des Eckzahnes.

• Facies contactus

Die Facies contactus hat im Prinzip die gleiche Form wie die der Schneidezähne. Die von der Schmelz-Zement-Grenze gebildete Basis des Dreiecks beschreibt jedoch einen flachen Bogen.

• Wurzeln

Wurzeln. Die Eckzähne besitzen wie die Schneidezähne nur eine jedoch längere und massivere Wurzel (Abb. 46, 50). Ihre vestibuläre Hälfte ist weitaus kräftiger als ihre linguale und die mesiale Fläche immer breiter und flacher als die distale. Im Horizontalschnitt erscheint die Eckzahnwurzel annähernd dreieckig. Das Wurzelmerkmal ist deutlich ausgebildet. Der obere Eckzahn besitzt von allen Zähnen die längste Wurzel; sehr häufig zeigt sie Krümmungen oder Verdrehungen. Der untere Eckzahn hat eine kürzere, seitlich abgeplattete Wurzel. In der Regel zeigt diese auf der mesiodistalen Fläche eine tiefere Längsfurche als beim oberen Caninus. Die Eckzahnwurzel hat einen besonders hohen Verankerungswert für die Befestigung prothetischen Ersatzes.

• Pulpakammer und Wurzelkanäle

Pulpakammern und Wurzelkanäle. Die *Pulpakammer* ist spindelförmig mit ihrer größten Ausdehnung im Bereich des Zahnhalses. Pulpahörner werden vermißt. Der *Wurzelkanal* des oberen Eckzahnes ist relativ lang und unverzweigt, der des unteren häufig in 2 Äste gespalten. Apikale Ramifiktationen sowie akzessorische Seitenkanäle können zahlreich vorhanden sein.

Aufgaben

1. Skizzieren Sie die Grundformen oberer und unterer Schneidezahnkronen in der Ansicht von vestibulär und distal!
2. Welche Hauptunterschiede zeigt die Lingualfläche oberer mittlerer Schneidezähne im Vergleich zu den vestibulären Flächen?
3. Ordnen Sie die Zahnkronen der oberen und der unteren Frontzähne – nach ihrer Länge – nach ihrer Breite – nach ihrer Mächtigkeit!
4. Zeichnen Sie die Zahnkrone eines 23 in der Ansicht von vestibulär, lingual und lateral im Maßstab 10 : 1!

5. Nennen Sie die Gemeinsamkeiten und die Hauptunterschiede oberer und unterer Eckzähne!
6. Begründen Sie die aus prothetischer Sicht positive Bewertung der Canini!
7. Beweisen Sie am Bau der Incisivi und der Canini den Zusammenhang zwischen Form und Funktion!

3.5.3 Prämolaren, Dentes premolares

Die Bezeichnung *Prämolaren* kommt daher, weil diese Zähne vor den Molaren stehen. Ihre Kronen besitzen 2 Höcker, einen vestibulären und einen lingualen. Letzterer ist als weiter entwikkeltes Tuberculum dentis der Frontzähne aufzufassen. Der untere 2. Prämolar kann auch 3 Höcker tragen. Die Umrißform oberer Prämolarenkronen ist mehr oval, die unterer mehr rund.

3.5.3.1 Obere Prämolaren

Obere Prämolaren

- Facies occlusalis

Die Facies occlusalis der Prämolarenkrone trägt 2 kegelförmige Höcker (Abb. 51, 52). Da der vestibuläre Kronenteil größer ist als der linguale, kann man die Grundform der Kaufläche mit der eines Trapezes vergleichen. Die Zahnhöcker werden durch eine kräftige mesiale und distale Randleiste miteinander verbunden.
Beim oberen 1. Prämolaren ist die mesiale Randleiste häufig etwas eingebuchtet, so daß die Kaufläche etwa nierenförmig aussieht. Diese Einbuchtung ist bei der Überkronung solcher

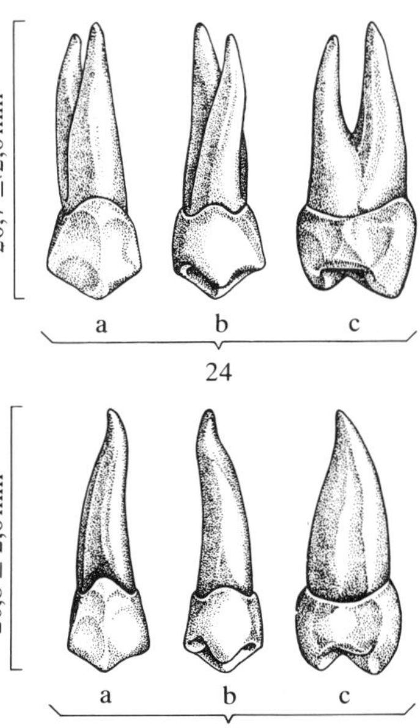

Abb. 51 Obere linke Prämolaren
a von vestibulär
b von lingual
c von mesial

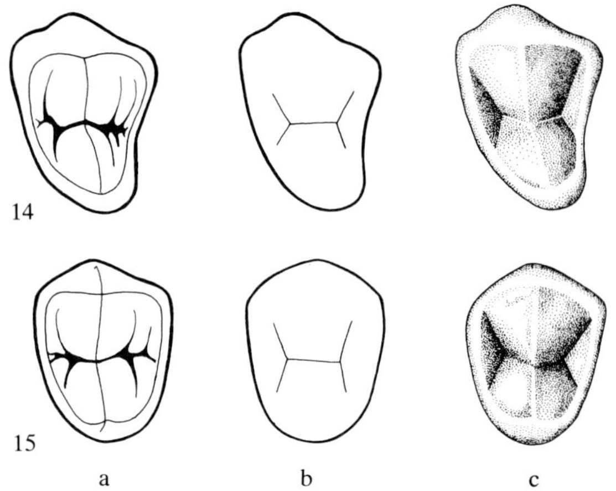

Abb. 52 Kronen oberer Prämolaren
a Facies occlusalis schematisch, b und c gebräuchliche Modellationsformen (nach J. WOLF 1958)

Zähne zu beachten. Etwas lingual von der Kronenmitte verläuft eine mesiodistale Längsfissur, deren Enden sich in einem mesialen und einem distalen Grübchen, *Fovea mesialis* und *Fovea distalis*, gabeln.

• Facies vestibularis

Die Facies vestibularis hat große Ähnlichkeit mit der des Eckzahns; sie ist jedoch wesentlich kürzer. Okklusal wird sie durch eine mesiale und eine distale Kante konturiert, die zum vestibulären Kronenhöcker ansteigen. Die Seitenränder sind flach konvex gekrümmt und konvergieren zervikal, wo sie sich in den konvexen Bogen der Schmelz-Zement-Grenze fortsetzen.
Eine Besonderheit der oberen Prämolaren besteht darin, daß sich das Krümmungsmerkmal häufig gegensätzlich verhält, beim 1. Prämolaren in 77 %, beim 2. Prämolaren in 44 % der Fälle.

• Facies lingualis

Die Facies lingualis zeigt okklusal den lingualen Kronenhökker; sie ist schmaler und stärker quer gewölbt als die vestibuläre Fläche.

• Facies contactus

Die Facies contactus ist annähernd trapezförmig. Ihr lingualer Rand erscheint stärker gerundet als ihr vestibulärer. Die Schmelz-Zement-Grenze verläuft gingival konkav; distal ist die Konkavität stärker ausgeprägt als mesial.

• Wurzeln

Wurzeln. Mit Ausnahme des oberen 1. Prämolars sind die Prämolaren in der Regel einwurzelig (Abb. 46, 51, 53). Ihre Form ist mit der einer Eckzahnwurzel vergleichbar; das Wurzelmerkmal ist meist deutlich ausgebildet. Beim zweiwurzeligen Prämolaren stehen die Wurzeln ebenso wie die Kronenhöcker vestibulär und lingual. Die vestibuläre Wurzel ist kräftiger als die linguale. Erstere kann eine tiefe Längsfurche besitzen und in extremen Fällen gespalten sein. Bei einer Spaltung der vestibulären Wurzel entsprechen die Zahl und Anordnung der Wurzeln denen oberer Molaren.

Pulpakammern und Wurzelkanäle. Die *Pulpakammer* paßt sich der Form der Zahnkrone an; ihr mesiodistaler Durchmesser ist etwas kleiner als ihr vestibulolingualer. Den Kauhöckern entsprechend findet man 2 Pulpahörner. Die *Wurzelkanäle* können in ihrer Form und Anzahl von denen der Wurzeln abweichen. Prämolaren mit einer Wurzel besitzen häufig 2 Kanäle, besonders der obere 1. Prämolar.

• Pulpakammern und Wurzelkanäle

3.5.3.2 Untere Prämolaren

• **Untere Prämolaren**

Die Kronen der unteren Prämolaren unterscheiden sich von denen der oberen Prämolaren dadurch, daß die Höcker flacher und die Randleisten in Anbetracht der geringen Höckerhöhe schwächer ausgebildet sind. Gelegentlich wird das Vorkommen von 2 flacheren Randtuberkeln neben dem vestibulären Höcker beobachtet.

Die Kronen der unteren Prämolaren können in 2 Formen auftreten. Das *zweihöckrige Kronenmuster* wird hauptsächlich beim 1. Prämolaren (etwa 75 %), das *dreihöckrige* überwiegend beim 2. Prämolaren gefunden.

Die Facies occlusalis des zweihöckrigen Typs zeigt in der Aufsicht eine annähernd kreisrunde Form (Abb. 53, 54). Beide Hökker sind etwas mesial versetzt. Da der vestibuläre Kronenteil höher ist als der linguale, zeigt die Kaufläche eine Neigung nach innen *(Kronenflucht)*. Bei horizontaler Projektion liegt die Spitze des vestibulären Höckers etwa in der Mitte der Kaufläche und die des lingualen auf dem lingualen Kronenrand.

• Facies occlusalis
  – zweihöckriger Typ
  – dreihöckriger Typ

Die Facies occlusalis des dreihöckrigen Typs besitzt einen vestibulären und 2 linguale Höcker. Der mesiolinguale und der distolinguale Höcker werden durch eine Querfissur voneinander getrennt. Das Fissurenmuster ist mit der Form eines Y vergleichbar. Auf Grund seiner Ähnlichkeit mit der Kaufläche eines Molars bezeichnet man die Formationen des dreihöckrigen Typs auch als *Molarisation.*

Die Facies vestibularis entspricht im Prinzip der des Eckzahnes. Durch die starke konvexe Längswölbung ist der okklusale

• Facies vestibularis

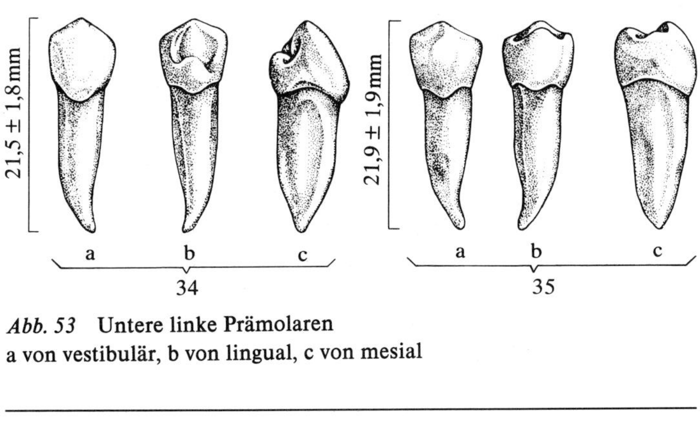

Abb. 53 Untere linke Prämolaren
a von vestibulär, b von lingual, c von mesial

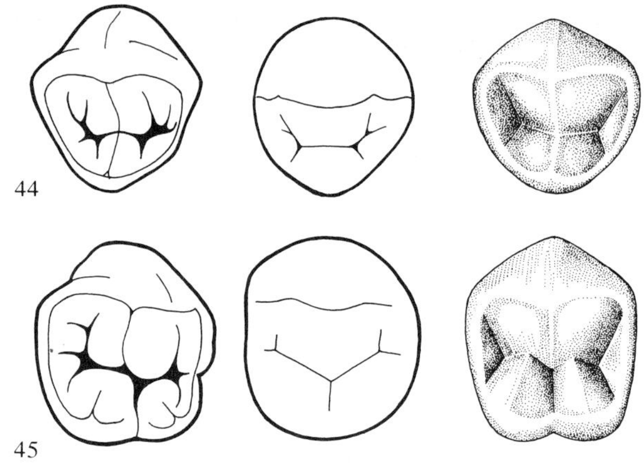

Abb. 54 Kronen unterer linker Prämolaren
a Facies occlusalis schematisch, b und c gebräuchliche Modellationsformen (nach J. Wolf 1958)

Kronenabschnitt lingual verschoben, wodurch die Kronenflucht deutlich hervortritt. Die Querwölbung ist relativ stark und das Krümmungsmerkmal deutlich ausgeprägt.

• Facies lingualis

Die Facies lingualis ist schmaler und niedriger als die Vestibularfläche, besonders beim 1. Prämolaren. Die starke Querwölbung geht fließend in die Facies contactus über; die Längswölbung ist flach, so daß die linguale Kronenwand annähernd senkrecht steht.

• Wurzeln

Wurzeln. Die unteren Prämolaren sind in der Regel einwurzelig (Abb. 46, 53). Der 2. Prämolar besitzt eine kräftigere Wurzel als der 1. Prämolar. Die Wurzel des 1. Prämolars zeigt jedoch stärkere Differenzierungstendenzen als die des 2. Prämolars; völlige Wurzeltrennungen gehören jedoch zu den Ausnahmen. Gewöhnlich zeigen die Wurzeln der Prämolaren eine größere Formenkonstanz als die der Molaren.

• Pulpakammern und Wurzelkanäle

Pulpakammern und Wurzelkanäle. Größe und Form der *Pulpakammern* entsprechen denen der unteren Prämolarenkronen. Die *Wurzelkanäle* können sowohl in der Form als auch in der Anzahl von den vorhandenen Wurzeln abweichen. Beim 1. Prämolaren findet man des öfteren 2 Kanäle, die häufig durch Dentinbrücken verlegt sein können. Spaltungen der Wurzelkanäle werden bei den unteren Prämolaren jedoch seltener beobachtet als bei den oberen Prämolaren.

Aufgaben

1. Erläutern Sie die Hauptunterschiede zwischen oberen und unteren Prämolaren!

2. Zeichnen Sie im gleichen Maßstab die Kauflächen eines oberen und eines unteren 1. Prämolars!

3. Erläutern Sie an Hand einer Skizze den Begriff Kronenflucht!

4. Geben Sie für die oberen und die unteren Prämolaren folgende

Besonderheiten an: Höckeranzahl, Höckerhöhe, Anzahl der Wurzeln, Fissurenverlauf der Okklusionsfläche!
5. Welche besonderen Formenmerkmale zeigt der obere 1. Prämolar?

3.5.4 Mahlzähne, Dentes molares

Die Beschreibungen beziehen sich hauptsächlich auf den 1. und 2. Molaren, da der Weisheitszahn von geringerer prothetischer Bedeutung ist.

3.5.4.1 Obere Mahlzähne

obere Molaren

Der Kronenumriß der oberen Mahlzähne ist rhombenförmig, beim 2. Molaren häufiger dreieckig. Der linguale Kronenanteil ist etwas kleiner als der vestibuläre (Abb. 55, 56).

- Facies occlusalis

Die Facies occlusalis wird durch 4 Höcker geprägt, 2 vestibuläre und 2 linguale. Seltener finden sich nur 3, manchmal aber auch ein 5. Höcker, *Tuberculum* Carabelli.
Die beiden distalen Höcker sind niedriger als die mesialen. Der mesiolinguale Höcker ist am größten und häufig mit dem distovestibulären durch eine quere Schmelzleiste, *Crista transversalis*, verbunden. Von den vestibulären Höckern ist der distovestibuläre etwas niedriger als der mesiovestibuläre. Der distolinguale Höcker ist von allen der kleinste.

- Fissurensystem

Das Fissurensystem ist H-förmig. Die vertikalen Schenkel des H werden von einer *mesiovestibulären* und einer *distolingualen Fissur* gebildet. Beide kommunizieren durch eine Verbindungsfissur. Die mesiovestibuläre Fissur zieht vom vestibulären zum mesialen Kronenrand und gabelt sich vor der mesialen Randlei-

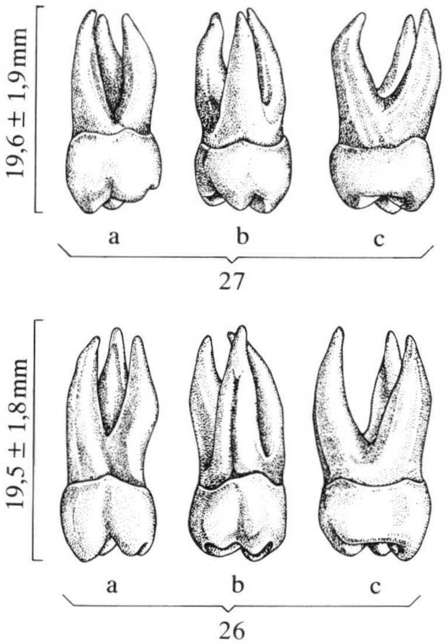

Abb. 55 Obere linke Molaren
a von vestibulär,
b von lingual,
c von mesial

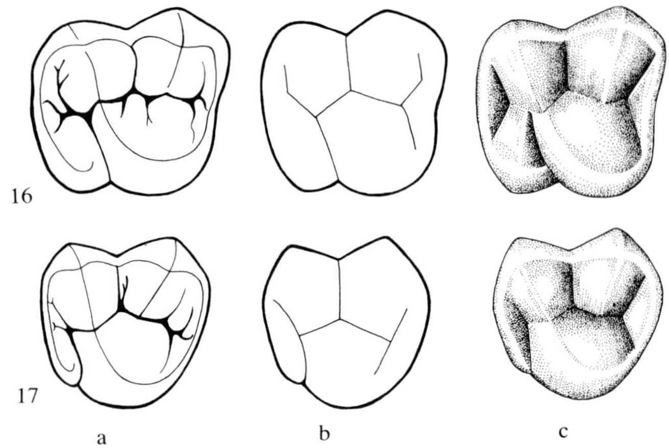

Abb. 56 Kronen oberer linker Molaren
a Facies occlusalis, b und c gebräuchliche Modellationsformen
(nach J. WOLF 1958)

ste. Sie trennt die beiden mesialen Höcker und den mesiovestibulären vom distovestibulären Höcker. Die distolinguale Fissur verläuft vom lingualen zum distalen Kronenrand, wo sie sich kurz vor der Randleiste gabelt. Sie trennt die beiden lingualen und distalen Höcker voneinander. Die Fissuren können auf die Vestibular- und Lingualfläche übergreifen. Die Querfissur ist relativ flach. An den Kreuzungsstellen mit den beiden anderen Fissuren findet sich je ein kleines Grübchen, *Fovea mesialis* und *Fovea distalis*, desgleichen vor den Randleisten je eine *Fovea triangularis.* Da der mesiale Kronenteil etwas stärker hervortritt, ist das Krümmungsmerkmal deutlich ausgebildet.

- Facies vestibularis
- Facies lingualis

Die Facies vestibularis und **Facies lingualis** sind mesial höher als distal. Der obere 2. Molar ist etwas kleiner als der obere 1. Mahlzahn. Auf Grund der Reduktionstendenzen des distolingualen Höckers gibt es außer einem vierhöckrigen auch ein dreihöckriges Kronenmuster.

Zu den Anomalien der Molarenkronen gehört das Vorhandensein eines *Tuberculum* CARABELLI (Abb. 57).

- Tuberculum CARABELLI

Das Tuberculum CARABELLI findet sich ausnahmslos im mesialen Abschnitt der lingualen Kronenwand und kommt nur bei

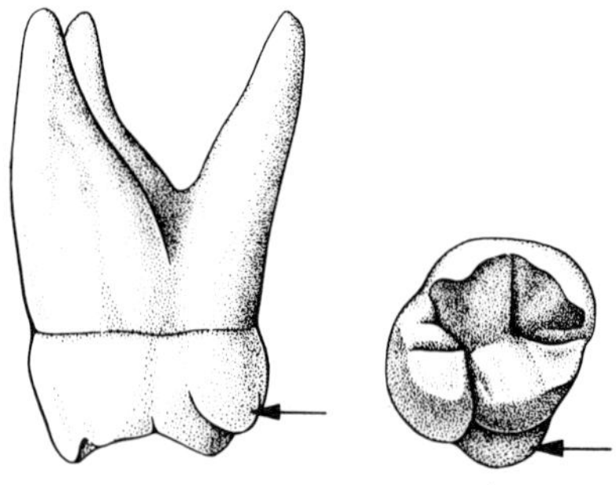

Abb. 57 Tuberculum Carabelli (Pfeil)
a oberer 1. rechter Molar von mesial,
b oberer 1. rechter Molar von okklusal

oberen Molaren, besonders beim 1. Molaren vor. Seine Form und Größe sind variabel; in den meisten Fällen tritt es beidseitig auf. Für die Praxis kann es dann eine Bedeutung haben, wenn sich an seinem Ansatz eine Fissur befindet. Sie kann eine bevorzugte Stelle für die Entstehung von Karies sein.

• Wurzeln

Wurzeln. Die oberen Molaren besitzen 3 Wurzeln, die wie die Finger einer Schwurhand angeordnet sind (Abb. 46, 55 57). Die stärkere linguale Wurzel entspricht dem Daumen, die beiden schwächeren vestibulären dem Zeige- und dem Mittelfinger.
Die Abgänge der vestibulären Wurzeln projizieren sich auf die vestibulären und der Ursprung der lingualen Wurzel auf den kräftigen mesiolingualen Höcker. Die Wurzeln sind gespreizt, ihre Spitzen meist leicht zusammengebogen, alle zeigen eine schwache distale Abbiegung, wodurch das Wurzelmerkmal nachzuweisen ist. Am variabelsten sind die Wurzeln der Weisheitszähne.

• Pulpakammer und Wurzelkanäle

Pulpakammern und Wurzelkanäle. Die Pulpakammer der oberen Molaren ist verhältnismäßig geräumig; ihre 4 Wände wölben sich lumenwärts vor und konvergieren zervikal trichterartig. Entsprechend der Höckerzahl findet man Pulpahörner, deren Größe der der Kauhöcker entspricht. In selteneren Fällen führen kleinere akzessorische Seitenkanäle vom Boden der Pulpakammer zur Trifurkation in den Periodontalspalt.
Der *Wurzelkanal* der lingualen Wurzel ist wesentlich weiter als der der beiden vestibulären. Von allen 3 Wurzelkanälen zeigt der mesiovestibuläre Wurzelkanal die zahlreichsten Variationen. Häufig ist er in 2 Wurzelkanäle gespalten. Bei den Weisheitszähnen bilden die Wurzelkanäle oft ein regelloses System.

3.5.4.2 Untere Mahlzähne

untere Molaren

• Facies occlusalis

Die Facies occlusalis der unteren Molarenkronen zeigt meist ein fünfhöckriges Kronenmuster mit 2 vestibulären, 2 lingualen und einem distalen Höcker (Abb. 59). Der mesiovestibuläre Höcker ist der größte, der distovestibuläre etwas kleiner und der distale am kleinsten. Auf der lingualen Seite ist der mesiale Höcker etwas höher als der distale. Die Zahnhöcker sind nicht genau symmetrisch angeordnet, sondern etwas gegeneinander versetzt. Der untere 2. Molar besitzt in der Regel nur 4 Höcker; ein distaler Höcker fehlt. Die Kronenform des *fünfhöckrigen Typs* ist etwa mit der eines Rechtecks vergleichbar, dessen längere Achse in mesiodistaler Richtung verläuft. Der vestibulolinguale Durchmesser ist mesial größer als distal.

• Fissurensystem

Das Fissurensystem besteht aus einer mesiodistal verlaufenden Längsfissur und 3 Querfissuren. Die mesiovestibuläre Querfissur trennt die beiden vestibulären Höcker, die linguale Querfissur die beiden lingualen Höcker. Die 3. Querfissur wird vom di-

stalen Ende der Längsfissur gebildet und gliedert den distolingualen vom distalen Höcker ab.
Außer dieser Hauptform gibt es bei 4höckrigen Zähnen noch ein kreuzförmiges Fissurenmuster, in dem sich die mesiovestibuläre und die linguale Querfissur in der Längsfissur treffen. An den Kreuzungsstellen und gabelförmigen Enden der Längsfissur findcn sich kleinere Vertiefungen. Die Querfurchen setzen sich über den Kronenrand auf die Vorhof- und die Lingualfläche fort. Dadurch werden die Querwölbungen auf der Vorhofseite zweimal und auf der Lingualseite einmal unterbrochen.
Der untere 2. Molar besitzt in den meisten Fällen nur 4 Höcker. Die Grundform seiner Kaufläche ist annähernd quadratisch. Die vierhöckrige Krone wird durch eine Kreuzfissur in 2 vestibuläre und 2 linguale Höcker untergliedert. Da die Querfissur etwas distal und die Längsfissur leicht lingual verschoben ist, sind die mesialen Höcker größer als die distalen.

• Wurzeln

Wurzeln. Die unteren Molaren haben je eine mesiale und eine distale Wurzel (Abb. 46, 58). Ihr Formen sind konstanter als die der oberen Mahlzähne. Die *Radix mesialis* ist flacher, breiter und endet abgerundet, die *Radix distalis* ist etwas rundlicher und läuft spitz aus. Erstere beschreibt einen nach vorn konvexen Bogen, letztere ist meist etwas gerader. Die einander zugekehrten Flächen sind fast regelmäßig gefurcht. Dagegen findet man auf der mesialen und der distalen Fläche der Wurzeln entweder gar keine oder nur flache Längsfurchen. Das Wurzelmerkmal ist durch die distale Neigung der Wurzelenden deutlich ausgebildet. Die Wurzeln des unteren 2. Molars zeigen wie seine Krone Vereinfachungstendenzen.

• Pulpakammer und Wurzelkanäle

Pulpakammern und Wurzelkanäle. Die Pulpakammer ist im Aufriß etwa quaderförmig, wobei die distale Wand etwas schma-

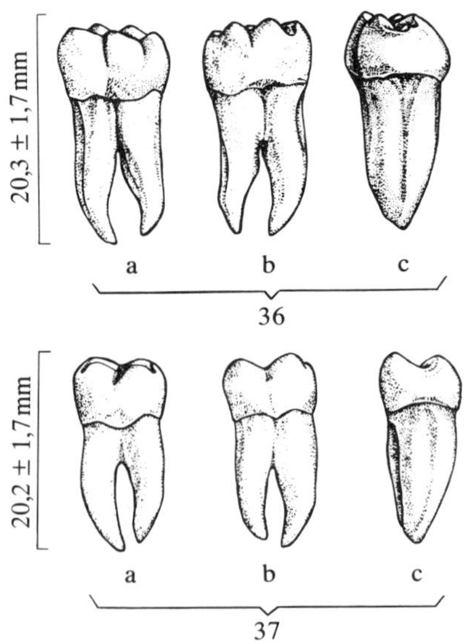

Abb. 58 Untere linke Molaren
a von vestibulär,
b von lingual,
c von mesial

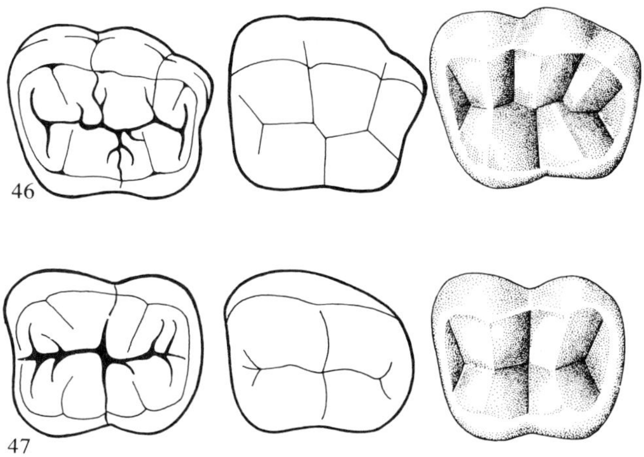

Abb. 59 Kronen unterer linker Molaren
a Facies occlusalis, b und c gebräuchliche Modellationsformen
(nach J. Wolf 1958)

ler ist als die mesiale. Der Höckerzahl entsprechend gibt es 3 bis 5 Pulpahörner, von denen die vorderen länger sind als die hinteren. Häufig ziehen akzessorische Kanäle vom Boden der Pulpakammer zur Bifurkation.
Die *Wurzelkanäle* können in der mesialen Wurzel besonders beim 1. Mahlzahn verdoppelt sein. Die größten Unregelmäßigkeiten im Vorhandensein und Verlauf der Wurzelkanäle zeigt der untere Weisheitszahn.

Aufgaben

1. Erläutern Sie an Hand von Skizzen die Hauptunterschiede zwischen oberen und unteren Molaren!
2. Tragen Sie in einfache Umrißskizzen oberer und unterer Molarenkauflächen mögliche Fissurenmuster ein!
3. Beschreiben Sie die Lage der Wurzeln oberer und unterer Molaren!
4. Zeichnen Sie in einen Sagittal- und in einen Frontalschnitt eines 36 die Pulpakammer ein!
5. Suchen Sie an Ihnen zur Verfügung stehenden Arbeitsmodellen Tubercula Carabelli auf!
6. Beurteilen Sie die oberen und die unteren Molaren hinsichtlich ihres Verankerungswertes für die Aufnahme prothetischen Ersatzes!
7. Benennen Sie die Höcker beim 36 und 46!
8. Ordnen Sie bei oberen und unteren 1. Molaren die Höcker nach ihrer Höhe und ihrer Größe (Masse)!

3.6 Milchzähne, Dentes decidui

Der bläulich weiße Farbton, welcher dem der Milch ähnlich sieht, hat zur Bezeichnung Milchzähne geführt. Ihre Formen entsprechen prinzipiell denen der bleibenden Zähne (Abb. 60).

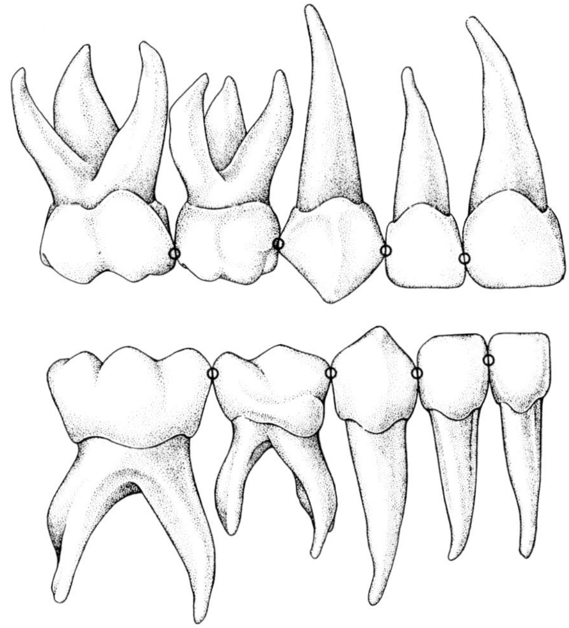

Abb. 60 Milchzähne der rechten Seite mit Kontaktpunkten

Unterscheidungsmerkmale von Milchzähnen und permanenten Zähnen

Die wesentlichsten Unterschiede zwischen bleibenden Zähnen und Milchzähnen sind folgende:

- Die Anzahl der Milchzähne beträgt 20.
- Im Milchgebiß gibt es keine Prämolaren und auch keinen 3. Molaren.
- Die Milchzähne haben eine kürzere Lebensdauer als die bleibenden Zähne.
- Der Farbton von Milchzähnen ist porzellanartig weiß.
- Die Milchzähne sind in allen Dimensionen kleiner als die entsprechenden bleibenden Zähne.
- Die Milchzähne zeigen im Gegesatz zu den bleibenden Zähnen eine gute Formenkonstanz.
- Die Milchzahnkronen sind relativ breit; der untere Schmelzrand wölbt sich als *Cingulum* stärker vor.
- Die Milchzahnkronen unterliegen einer schnelleren Abnutzung (Abrasion).
- Die Pulpakammer von Milchzähnen ist relativ groß.
- Die Milchzahnwurzeln haben kein Wurzelmerkmal, das voll den bleibenden Zähnen entspricht.
- Die Milchzahnwurzeln der Frontzähne sind vestibulär abgebogen, die der Milchmolaren stärker gespreizt.
- Die Wurzelresorptionen deuten den beginnenden Verlust der Milchzähne an.

Aufgaben

1. Nennen Sie typische Unterschiede zwischen Milchzähnen und bleibenden Zähnen!

2. Welche Bedeutung haben die Milchzähne für die Herausbildung einer regelrechten Okklusion?
3. Nehmen Sie einen meßtechnischen Vergleich zwischen einem Milchgebiß und einem vollbezahnten bleibenden Gebiß vor!
4. Welche Veränderungen erleiden Milchzähne in der Zahnwechselperiode?

3.7 Gebiß als Ganzes

3.7.1 Oberer und unterer Zahnbogen

Der obere Zahnbogen, *Arcus dentalis superior,* ist weiter als der untere, so daß die Schneidekanten sowie die vestibulären Höcker im Seitenzahngebiet die der unteren Zähne von außen bedecken (Abb. 61). Seine Form entspricht etwa der einer halben Ellipse. Durch die Neigung der Zähne ist der obere Zahnbogen am Zahnfleischrand jedoch etwas kleiner, besonders im Gebiet der Molaren.

oberer Zahnbogen

Der untere Zahnbogen, *Arcus dentalis inferior,* hat ebenfalls die Form einer Parabel. Diese deckt sich jedoch nicht mit der des oberen Zahnbogens. Ihre Schenkel verlaufen stärker divergierend und kreuzen sich daher meist hinter dem 2. Molaren mit denen des oberen Zahnbogens.

unterer Zahnbogen

Die Krümmung beider Zahnbögen ist meist nicht gleichmäßig. Im oberen Zahnbogen weichen die Eckzähne und der mesiovestibuläre Höcker des 1. Molars vestibulär meist etwas aus. Im unteren Zahnbogen bilden die Eckzähne eine stumpfe Ecke,

Zahnbogenkrümmung

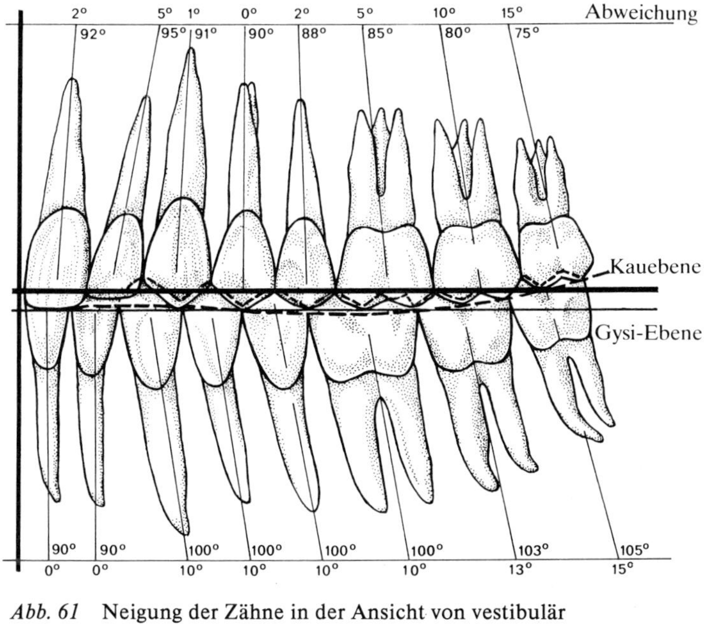

Abb. 61 Neigung der Zähne in der Ansicht von vestibulär

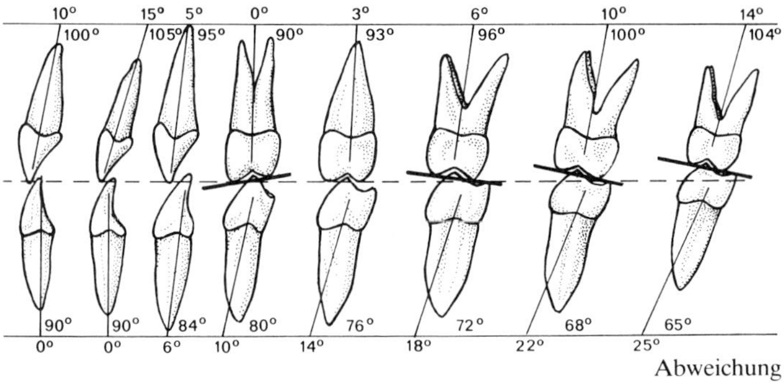

Abb. 62 Neigung der Zähne in der Ansicht von approximal

und die Seitenzähne laufen in einer annähernd geraden distal divergierenden Linie aus. Ein Gebiß mit absolut symmetrischen Bogenschenkeln ist relativ selten.

Die Bogenform der natürlichen Zahnreihen kann bei prothetischem Ersatz nur bedingt nachgeahmt werden, weil bei letzterem die Wurzelverankerungen fehlen. Aus statischen Gründen sind besonders bei Totalprothesen die Zähne in der Kammitte anzubringen, um Kippungen oder Abhebelungen zu vermeiden.

Zahnneigungen

Neigungen der Zähne (Abb. 61, 62). Bei der Betrachtung von vestibulär erkennt man, daß

- im Oberkiefer die Frontzähne mit dem Zahnhals distal geneigt sind. Nur der 1. Prämolar steht senkrecht, Eckzahn und 2. Prämolar weichen von der Senkrechten nur geringfügig ab.
- Im Unterkiefer zeigen die Schneidezähne eine senkrechte Stellung, die Eck- und Seitenzähne sind mit dem Zahnhals distal geneigt.

Bei der Betrachtung der Kontaktseiten zeigt sich, daß

- im Oberkiefer alle Zähne mit den Wurzeln lingual geneigt sind. Nur der 1. Prämolar steht senkrecht und der Eckzahn sowie der 2. Prämolar stecken annähernd senkrecht im Kiefer.
- Im Unterkiefer zeigen die Schneidezähne eine senkrechte Stellung; die Eck- und Seitenzähne sind mit den Zahnkronen lingual geneigt. Die Neigung nimmt distal zu.

3.7.2 Kauflächenkomplex und seine räumliche Orientierung

Kauflächen

Die Kauflächen aller aneinander gereihten Zähne bilden ein spezifisches Muster. Die Längsfissur der Molaren, häufig auch die der Prämolaren, setzt sich von Zahn zu Zahn in einer bogenförmigen Linie *(Zentralfissurenlinie)* fort, wodurch die Zahnhöcker eine linguale und eine vestibuläre Reihe bilden.

Okklusionsebene

Die Okklusionsebene oder *Kauebene* wird durch 3 Punkte festgelegt. Diese sind der distovestibuläre Höcker beider unterer 2. Molaren in habitueller Interkuspidation und der Kontakt-

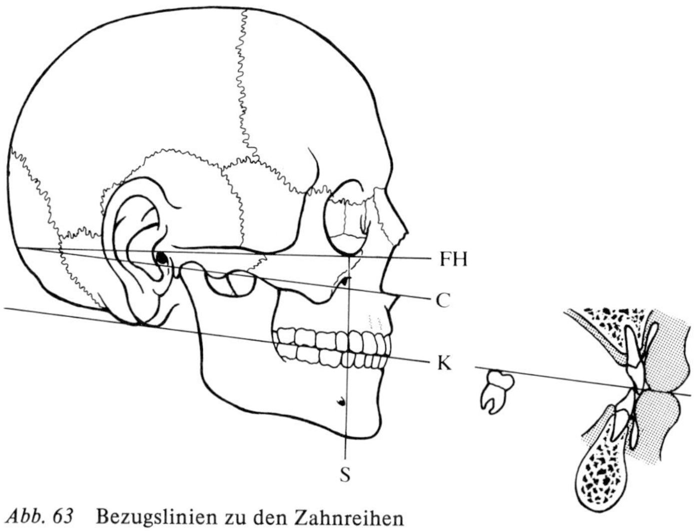

Abb. 63 Bezugslinien zu den Zahnreihen
FH Frankfurter Horizontale = Ohr-Augen-Linie, C Camper-Linie, K Kauebene, S Orbitalinie (Simon) (Erklärungen im Text)

punkt der unteren mittleren Schneidezähne, *Inzisalpunkt.* Die Kauebene verläuft in Frontalansicht in Höhe der Lippenschlußlinie parallel zur Bipupillarlinie und parallel zur Camper-Linie (Abb. 63).

Aufstellungsebene nach Gysi

Die Aufstellungsebene nach Gysi liegt parallel zur Okklusionsebene in Höhe der oberen mittleren Frontzähne und des mesiolingualen Höckers der oberen ersten Molaren (Abb. 61). Sie wird zum Aufstellen der oberen Zähne verwendet.

- Camper-Linie

Die Camper-Linie wird durch den vorderen Nasenstachel, *Spina nasalis anterior,* und den unteren Rand des äußeren Gehörgangs, *Porus acusticus externus.* beider Seiten bestimmt (Abb. 63). Zur Ohr-Augen-Linie bildet sie einen Winkel von 10 bis 15°.

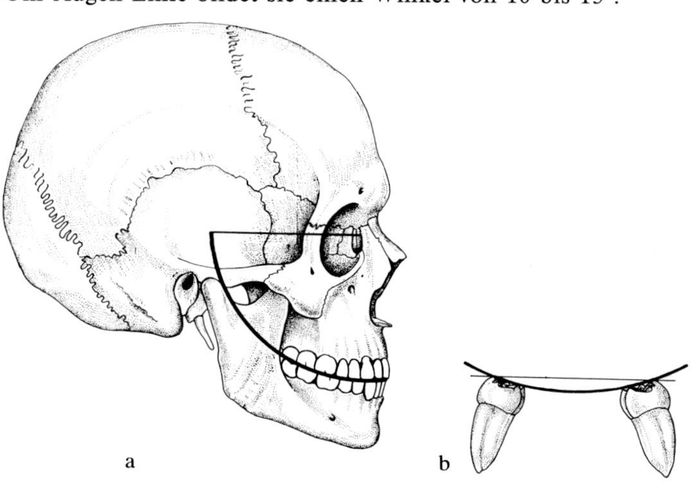

Abb. 64 Okklusionskurven
a Spee-Kurve, b Wilson-Kurve

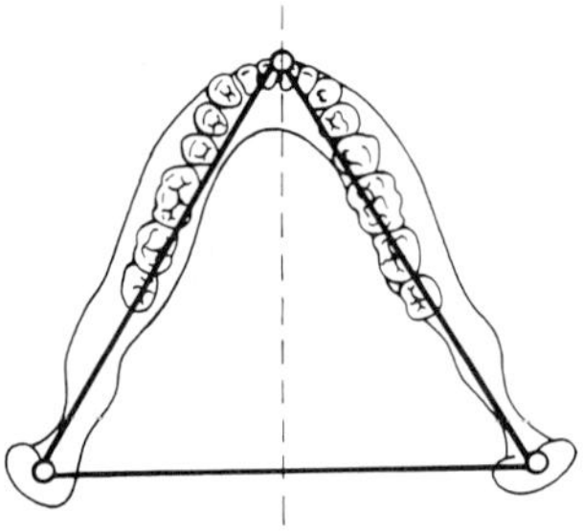

Abb. 65 Bonwill-Dreieck

Frankfurter Horizontale

Die Frankfurter Horizontale *(Ohr-Augen-Linie)* entspricht der Ebene, die durch den Augenpunkt, *Orbitale,* (Abb. 71) und den Gehörgangpunkt, *Porion,* beider Seiten gelegt wird (Abb. 63). Auf Grund natürlicher Schädelasymmetrien ist ihre Bestimmung nicht immer möglich. Daher wird sie durch die *Ohr-Augen-Linie* ersetzt.

Spee-Kurve

Die Spee-Kurve oder (sagittale) *Okklusionskurve* ist der Bogen, der die Schneidekanten und Höcker der oberen Zähne miteinander verbindet und hinten das Condylion tangiert (Abb. 64a). Der Mittelpunkt liegt im Zentrum der Orbita.

Wilson-Kurve

Als transversale Okklusionskurve (Wilson-*Kurve*) bezeichnet man die Höckerverbindungslinie zwischen beiden Seitenzahnreihen im Frontalschnitt (Abb. 64b).

• Bonwill-Dreieck

Das Bonwill-Dreieck ist ein gleichseitiges Dreieck, das die Gelenkköpfe des Unterkiefers *(Condylia)* mit dem *Inzisalpunkt* verbindet (Abb. 65). Die Schenkellänge beträgt etwa 10 cm.

• Orbitalinie

Die Orbitalinie (Simon) oder **Orbitasenkrechte** ist eine senkrechte Linie, die vom Orbitale (Abb. 72) auf die Ohr-Augen-Linie gefällt wird (Ab. 63).

• Schneidezahnkreuz

Das Schneidezahnkreuz wird von der Median-Sagittal-Ebene und der Okklusionsebene gebildet. Es ist eine Orientierungshilfe beim Aufstellen künstlicher Zahnfronten.

Aufgaben

1. Beschreiben Sie die Bogenform des Unterkieferalveolarteils und des Oberkieferalveolarfortsatzes in der Aufsicht!
2. Begründen Sie die Lingualneigung der unteren Seitenzähne!
3. Kennzeichnen Sie in einer Lateralansicht eines Schädels folgende Meßpunkte und -ebenen:
- Frankfurter (Deutsche) Horizontale, – Porion,
- Camper-Ebene, – Orbitasenkrechte!
5. Begründen Sie die »Verwindung« des Kauflächenkomplexes!
6. Erläutern Sie Begriff und Lage des Bonwill-Dreiecks!

3.7.3 Kontaktpunkte

Auf Grund der konvexen Wölbung der Kronen berühren sich 2 benachbarte Zähne nur punktförmig. Diese Berührungsstelle nennt man *Kontaktpunkt.* Kontaktpunkte dienen der horzontalen Abstützung der Zähne gegeneinander und sind daher für die

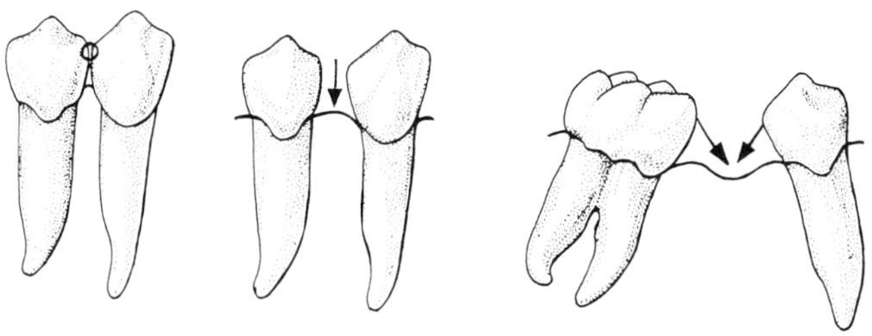

Abb. 66 Bedeutung der Kontaktpunkte für die Biostatik der Zahnreihen a Kontaktpunkte, b fehlender Zahnkontakt, c Spätfolge nach fehlendem Zahnkontakt

Biostatik der Zahnreihen sehr bedeutungsvoll. Bei der Adduktion entstehende Druck- und Schubkräfte sowie Kräfte von Zunge und Wange werden gleichmäßig auf den Zahnbogen verteilt und verhindern örtliche Überbelastungen des Zahnhalteapparates. Voraussetzung dafür ist die Beweglichkeit des Zahnes in der Alveole. Im Lückengebiß kommt es zu Kippungen und Wanderungen der Zähne sowie zum Heranwachsen der Antagonisten (Abb. 66). Diese Veränderungen führen dann zu Fehlbelastungen und zu periodontalen Schäden, die schließlich den frühzeitigen Verlust der Zähne zur Folge haben. Daher ist die Wiederherstellung des lückenlosen Zahnbogens von grundsätzlicher Bedeutung.

Biostatik der Zahnreihen

Die Topographie der Kontaktpunkte ergibt sich aus der Form und Stellung der einzelnen Zahnkronen zueinander (s. Abb. 46) (Einzelheiten s. Lehrbuch »Odontographie«). Konkretes Wissen um die Zahnform ist dann besonders wichtig, wenn man sich bei der Kronengestaltung einer Aufwachsmethode bedient. *Kontaktpunktkegel* erlauben die genaue Lokalisation der Berührungsstellen.

Kontaktpunkte

3.7.4 Okklusion der Zahnreihen

Es gibt verschiedene Formen der Okklusion, so daß zum besseren Verständnis des nachfolgenden Textes zunächst einige Begriffe erklärt werden sollen. Grundsätzlich unterscheidet man zwischen Okklusion und Relation. Während der Begriff *Okklusion* nur bei der *Bezahnung* verwendet wird, tritt bei völligem Zahnverlust dafür der Ausdruck *Relation* ein.

1. **Als Okklusion** bezeichnet man die Lagebeziehungen der Zähne des Ober- und des Unterkiefers bei jedem Kontakt zueinander. Sie steht in direkter Beziehung zur Funktion des Kiefergelenkes.

Okklusion

2. **Habituelle Interkuspidation** oder *Okklusion* (*habituell* = Habitus entsprechend, gewohnheitsmäßig), auch *statische Okklusion* oder *Schlußbißlage* genannt, ist die Bezeichnung für den

- habituelle Interkuspidation

Zusammenschluß oberer und unterer Zähne im maximalen Vielpunktkontakt.

- traumatisierende Okklusion

3. **Die traumatisierende Okklusion** (früher *traumatische Okklusion*) ist ein Zustand, der durch Fehlbeanspruchungen einzelner Zähne oder Zahngruppen zu Veränderungen im orofazialen System führen kann.

- Ruhelage

4. **Die Ruhelage** *(Ruheschwebe)* ist die unbewußte Abstandshaltung des Unterkiefers zum Oberkiefer, bei der sich die Zahnreihen nicht berühren. Zwischen den Kanten der Schneidezähne und den Kauflächen beider Zahnreihen befindet sich ein vertikaler Abstand von 2 bis 3 mm, der als *interokklusaler Spalt (free way space)* bezeichnet wird. Oft ist der Abstand größer; beim Deckbiß kann er im Zentimeterbereich liegen.

- dynamische Okklusion

5. **Als dynamische Okklusion** *(früher Artikulation)* bezeichnet man die Beziehungen beider Zahnreihen zueinander während der Kieferbewegungen beim Kauen, beim Leermahlen und beim Schlucken.

Durch die Okklusion wird ein funktionelles Optimum erreicht, in dem die Kaumuskeln mit geringstem Kraftaufwand die größte Wirkung entfalten und die axiale Belastung der Wurzeln zur Schonung der Periodontien am geringsten ist.

Das Prinzip der Okklusion ist eine Ein-Zahn-zu-zwei-Zahn-Beziehung, bei der die Schneidekanten oberer und unterer Zähne scherenartig aneinander vorbeigleiten und die Zahnhöcker mit den korrespondierenden Dreiecken zwischen den Randwülsten und den Gruben auf den gegenüberliegenden Okklusionsflächen punktförmig oder linear maximal ineinandergreifen. Die Zahnkontakte sind durch 2 Merkmale gekennzeichnet, den *Schneidezahnüberbiß* und die *Höcker-Fossa-Verzahnung.*

Schneidezahnüberbiß

3.7.4.1 Schneidezahnüberbiß

Da der obere Zahnbogen im Frontzahngebiet etwas weiter gespannt ist als der untere, liegen die Kanten der oberen Schneidezähne beim Kieferschluß vor den unteren Schneidezahnkanten (Abb. 67). Ein oft vorhandener sagittaler Abstand zwischen den Schneidezahnreihen ist der *Interinzisalspalt.* Das schräge Ansteigen der Lingualflächen der oberen Schneidezahnkronen bewirkt beim Kieferschluß zwischen beiden Zahnreihen eine Scherwirkung *(Scherenbiß).*

Dieses Prinzip gilt auch für das Seitenzahngebiet. Während man die vestibuläre Höckerreihe der oberen Zähne in Fortsetzung der Schneidezahnkanten findet, liegt die vestibuläre Höckerreihe der unteren Zähne in der Zentralfissurenlinie des oberen Zahnbogens. Die linguale Höckerreihe bildet den kleineren Bogen. Der größere Radius des Oberkieferbogens sowie die Stellung der Zahnkronen bewirken, daß die vestibuläre Höckerreihe der oberen Seitenzähne die der unteren vestibulär abdeckt. Die

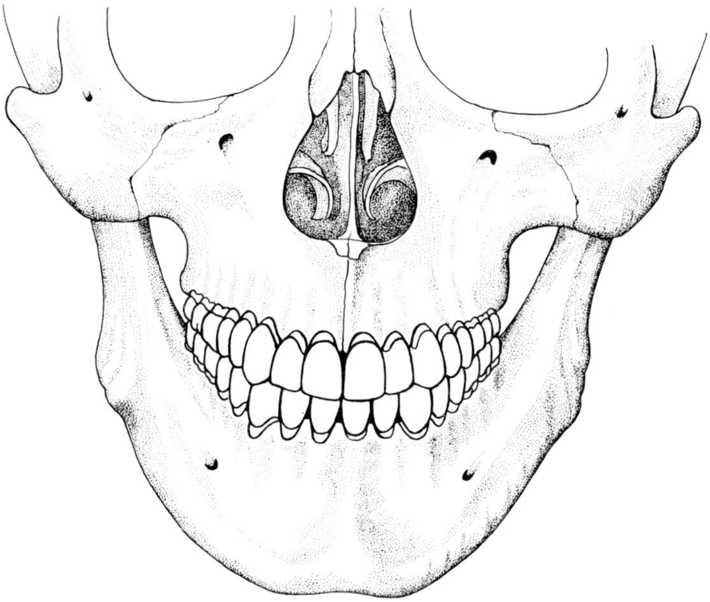

Abb. 67 Okklusion der Zahnreihen von vorn

Höhe des Überbisses ist im Seitenzahngebiet etwas geringer als im Frontzahnbereich und nimmt vom Eckzahn zum Weisheitszahn hin ab.

3.7.4.2 Höcker-Fossa-Verzahnung

Höcker-Fossa-Verzahnung

Die Größenunterschiede der sich entsprechenden oberen und unteren Zähne, besonders deren mesiodistale Kronendurchmesser, führen zu einer Verschiebung beider Zahnreihen gegeneinander. Somit treffen beim Kieferschluß die Höcker der unteren Seitenzähne zwischen die interdentalen Randwülste von 2 oberen Seitenzähnen bzw. in die Gruben der Okklusionsflächen (Abb. 68). Diese Beziehung nennt man *Höcker-Fossa-Verzahnung (Interkuspidation).*

Die mesiodistale Verschiebung beginnt bereits bei den Schneidezähnen, von denen der obere mittlere breiter ist als der untere mittlere. Folglich erreichen die Okklusionskontakte des oberen mesialen Incisivus den unteren mittleren und seitlichen Schneidezahn. Jeder Zahn hat somit 2 Antagonisten. Der mit seinem gleichnamigen Partner zusammentreffende Zahn wird als *Hauptantagonist* und sein Nachbar als *Nebenantagonist* bezeichnet. Alle 3 zusammen bilden eine *Okklusionseinheit.* Das Prinzip der *»Ein-Zahn-zu-zwei-Zahn-Beziehung«* setzt sich auf die folgenden Zähne fort. Ausnahmen sind der untere 1. Schneidezahn und der obere Weisheitszahn bzw. der letzte obere Molar.

Okklusionseinheit
- Hauptantagonist
- Nebenantagonist

Eine *Regelverzahnung* der Seitenzähne in sagittaler Richtung bezeichnet man als *Neutralbiß* (s. Abb. 75). Diese ist dann erreicht,

Neutralbiß

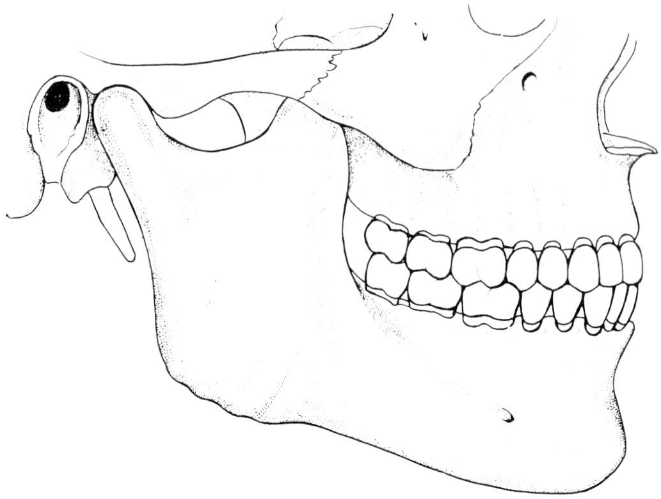

Abb. 68 Okklusion der Zahnreihen von der Seite

wenn die Spitze des oberen Eckzahns zwischen dem unteren Eckzahn und dem unteren 1. Prämolaren liegt. Der mesiovestibuläre Höcker des oberen 1. Molars greift in die mesiovestibuläre Fissur des unteren 1. Molars.
Man unterscheidet zwischen *tragenden* und *nichttragenden Zahnhöckern.*

tragende Zahnhöcker

Tragende Zahnhöcker sind solche, die in die Fossa eines Antagonisten greifen (Abb. 69). Sie sind kegelförmig oder rund und liegen näher dem Zentrum der Kaufläche. Bei den oberen Seitenzähnen sind es die lingualen und bei den unteren die vestibulären Höcker.

nichttragende Zahnhöcker

Nichttragende Zahnhöcker sind schneidekantenförmig und spitz. Sie werden auch als *Scherhöcker* bezeichnet.
Bei der habituellen Interkuspidation sollen sich die Antagonisten in einem *Vielpunktkontakt* treffen (Abb. 70). Die Kräfte wer-

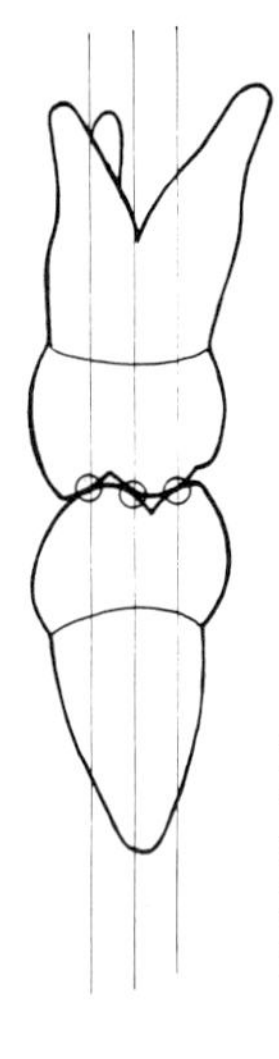

Abb. 69 Okkludierende Seitenzähne. Die tragenden Höcker sind punktförmig an den zentralen Höckerabhängen der Antagonisten abgestützt. Die Weiterleitung der Kaukräfte erfolgt in Richtung der Wurzellängsachse (nach K. Lehmann 1979)

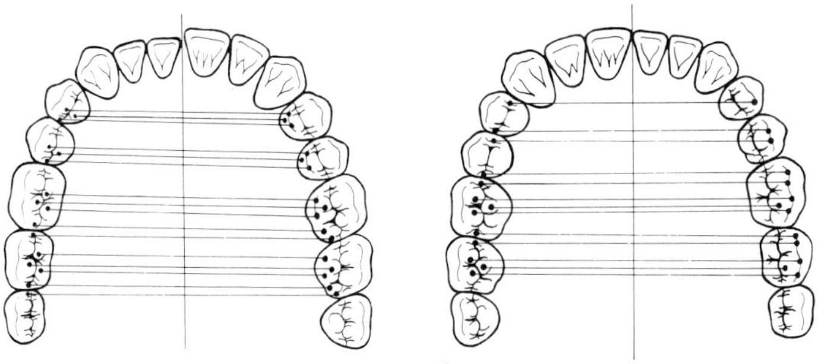

a b

Abb. 70 Höcker-Fossa-Kontakte bei maximaler Interkuspidation (nach E. V. PAYNE 1961)
a Okklusionskontakte der lingualen Höcker der oberen Seitenzähne (rechts) an den Höckerabhängen und Randleisten der unteren Seitenzähne (links)
b Okklusionskontakte der vestibulären Höcker der unteren Seitenzähne (rechts) an den Höckerabhängen und Randleisten der oberen Seitenzähne (links)

den im Zentrum der Kauflächen wirksam und in Richtung der Wurzelachse weitergeleitet (Abb. 69).

zentrische Stops

Als zentrische Stops bezeichnet man die Kontaktflächen der Antagonistenhöcker, die beim Schlußbiß in den korrespondierenden Kontaktfeldern der Gegenseite liegen. Bei der dynamischen Okklusion ermöglichen sie ein reibungsloses Gleiten *(Kugellagereffekt).*

Bei den unteren Prämolaren befinden sich die zentrischen Stops dicht neben der Höckerspitze. Ihnen entsprechen Kontaktareale auf den Randwülsten der oberen Prämolaren. Die zentrischen Stops der unteren Molaren liegen am mesialen und distalen Hang der Höckerspitze und auf dem Kamm des distovestibulären Höckers.

3.7.4.3 Dentale Abrasionen

Abrasionen
- horizontale
- vertikale

Während der Gebrauchsperiode kommt es zu Abschliffen, *Abrasionen,* der Zahnkronen. Diese betreffen nicht nur die Schneidekanten und Zahnhöcker, sondern auch die Kontaktpunkte an den Approximalflächen. Letztere werden durch die Horizontalbewegungen der Zähne gegeneinander zu *Kontaktflächen* abgerieben.

Die dentale Abrasion erfolgt bereits bei den »Leerbewegungen«, wie sie beim konzentrierten Denken, bei körperlicher Anstrengung (Zusammenbeißen der Zähne), beim Schlucken, aber auch bei Parafunktionen, z. B. Knirschen, ausgeführt werden. In der Regel sind mit dem 30. Lebensjahr auf der Okklusionsfläche der Zahnkronen deutliche Abrasionsspuren nachzuweisen. Der Abrasionsgrad ist dabei unterschiedlich und auch sehr abhängig von der Art der Nahrung. Extrem starke Abschliffe findet man

z. B. an Gebissen frühhistorischer Schädel. Beimengungen mineralischer Bestandteile zur Nahrung, die durch die Benutzung von Mahlsteinen erfolgten, haben die Schleifeffekte besonders verstärkt. Mit dem Abschleifen der Kanten und Höcker nimmt die Stabilität der Höcker-Fossa-Verzahnung ab und provoziert Veränderungen der Okklusionsverhältnisse. Bei hochgradigen dentalen Abrasionen kann es auch zu Veränderungen an den Kiefergelenken kommen. Zur Wiederherstellung des Kauflächenkomplexes gewinnt daher die *Aufwachstechnik* eine immer größere Bedeutung (s. Lehrbücher der Prothetik).
Hat die Abrasion die Schmelz-Dentin-Grenze erreicht, dann erscheinen auf der Okklusionsfläche gelblichbraune, dunkle Striche oder Punkte. Bei weiterer Abnutzung entstehen *Abrasionsmulden.* Ständige Dentinnachbildung in der Cavitas dentis verhindert jedoch eine Eröffnung der Pulpakammer.

Aufgaben

1. Begründen Sie die biostatische Bedeutung der Kontaktpunkte!
2. Erläutern Sie die Begriffe: – Okklusion, – habituelle Interkuspidation, – Ruhelage des Unterkiefers, – dynamische Okklusion!
3. Stellen Sie an Hand eines Sagittalschnittes durch einen oberen und einen unteren Schneidezahn (Stellung in habitueller Interkuspidation!) die Begriffe Schneidezahnüberbiß und Inzisalspalt dar!
4. Erläutern Sie den Begriff und Besonderheiten der Höcker-Fossa-Verzahnung!
5. Kennzeichnen Sie in der Skizze einer Okklusionseinheit den Haupt- und den Nebenantagonisten!
6. Beschreiben Sie die Ursachen und die Folgeerscheinungen dentaler Abrasionen!

3.8 Anthropometrie im orofazialen System

In der Anthropologie (Lehre vom Menschen) benutzt man Meßpunkte, die es ermöglichen, morphologische Eigenschaften des Körpers oder Skeletts in Zahlen zu erfassen und somit zu objektivieren (Abb. 71). Diese Methode bezeichnet man als *Anthropometrie.* Davon abgeleitet hat man auch in der Stomatologie entsprechende Meßverfahren (Photostat-, Fernröntgenaufnahmen, gesockelte Gipsmodelle) ausgearbeitet, so daß man typische und kennzeichnende Merkmale des orofazialen Systems metrisch erfassen kann.

anthropologische Meßpunkte

3.8.1 Anthropologische Meßpunkte

Es gibt zahlreiche Meßpunkte an Weichteilen und am Knochen, von denen in der Kieferorthopädie jedoch nur ein Teil benutzt wird (Abb. 71). Weichteilpunkte sind definierte Stellen auf der Haut, die sich nicht mit den Knochenpunkten decken.

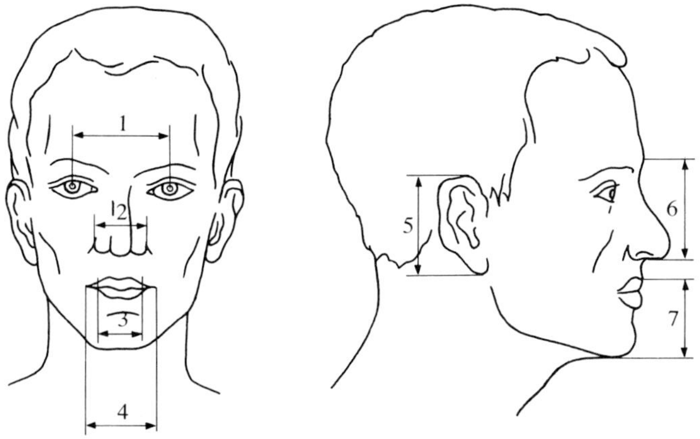

Abb. 71 Mittelwerte in Millimetern. Anthropometrische Meßdaten des Gesichts von einer mitteleuropäischen Population (nach Y. Yordanov 1990)
1 Pupillenabstand 54,4 ♀, 57,9 ♂, 2 Abstand der Nasenflügel (Alare-Alare) 32,2 ♀, 36,2 ♂, 3 Abstand der Spitzen von **3/3** 33,7 ♀, 35,0 ♂, 4 Abstand der Mundwinkel (Cheilion-Cheilion) 49,9 ♀, 53,9 ♂, 5 Ohrhöhe 60,5 ♀, 65,2 ♂, 6 Höhe zwischen Glabella-Subnasale 65,6 ♀, 69,8 ♂, 7 Höhe zwischen Labrale superius-Gnathion 52,9 ♀, 57,4 ♂

• Weichteile

Weichteilpunkte am Kopf und im Gesicht:
1 *Glabella*; am meisten vorspringender Punkt im unteren Teil der Stirn, oberhalb der Nasenwurzel zwischen beiden Augenbrauen
2 *Nasion* (Nasenpunkt); tiefste Stelle zwischen Stirn und Nase an der Nasenwurzel
3 *Orbitale* (Augenpunkt); Punkt am unteren Augenhöhlenrand unter der Pupille des gerade blickenden Auges
4 *Gonion* (Kieferwinkelpunkt); Scheitelpunkt des Unterkieferwinkels
5 *Subnasale* (Unternasenpunkt); Übergang von der Nase zur Oberlippe
6 *Gnathion* (Kinnpunkt); unteres Ende der Kinnrundung in der Gegend des vordersten untersten Punktes des knöchernen Kinns
7 *Cheilion* (Mundwinkelpunkt); Punkt am Mundwinkel
8 *Tragion* (Ohrpunkt); Punkt am oberen Rand des Tragus, wo dieser in die Helix (Abb. 7) übergeht
9 *Trichion*; Punkt an der vorderen Stirnhaargrenze in der Median-Sagittal-Ebene

• Knochen

Knochenpunkte am Schädel und am Unterkiefer:
1 *Glabella*; Stelle am unteren Rand des Stirnbeins zwischen den beiden Arcus superciliares
2 *Nasion*; Schnittpunkt der Median-Sagittal-Ebene mit der Sutura frontonasalis
3 *Orbitale*; tiefster Punkt des unteren Augenhöhlenrandes

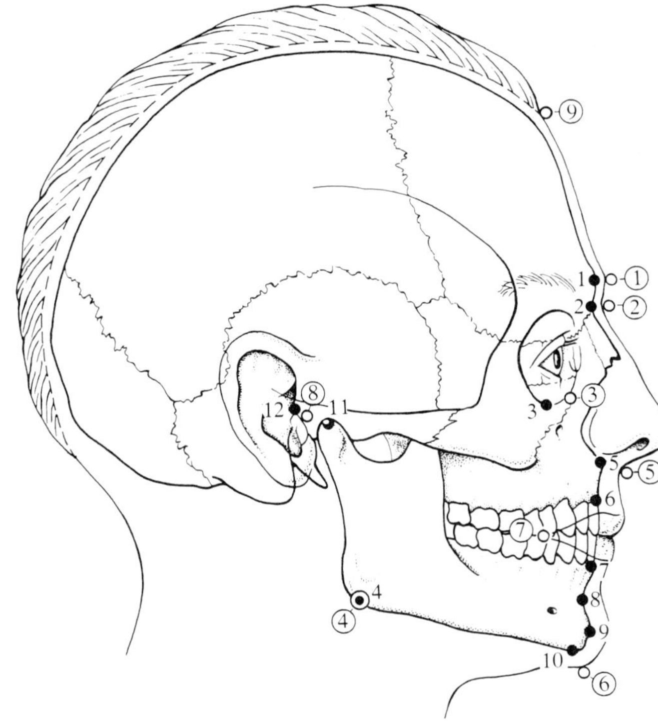

Abb. 72 Die wichtigsten in der Kieferorthopädie gebräuchlichen Bezugspunkte. Die Weichteilpunkte sind durch Kreise, die Knochenpunkte durch schwarze Punkte gekennzeichnet (Bezeichnungen siehe Text)

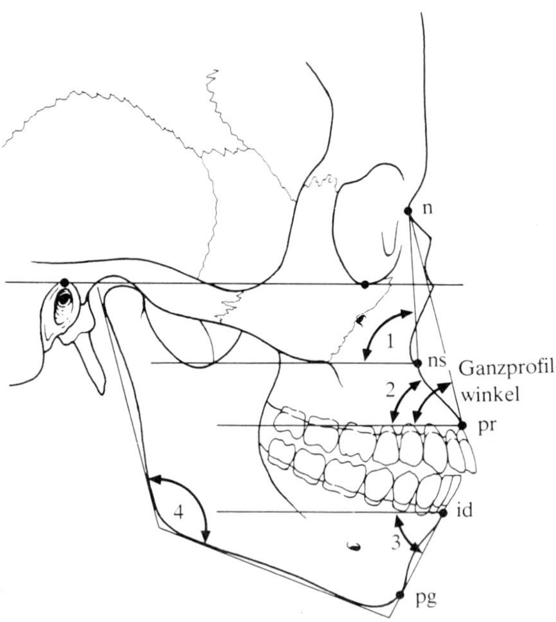

Abb. 73 Profilwinkel am Gesichtsschädel
1 nasaler Profilwinkel, 2 alveolärer Profilwinkel, 3 Unterkieferprofilwinkel, 4 Kieferwinkel

4 *Gonion*; Scheitelpunkt des Unterkieferwinkels
5 *Nasospinale*; tiefster Punkt des unteren Randes der Apertura priformis in der Median-Sagittal-Ebene
6 *Prosthion*; Punkt am Septum interalveolare zwischen den beiden mittleren Schneidezähnen des Oberkiefers
7 *Infradentale*; Punkt am Septum interalveolare zwischen den beiden mittleren Schneidezähnen des Unterkiefers
8 *Supramentale*; Vertiefung oberhalb der Kinnprominenz (entspricht dem B-Punkt der Kieferorthopäden nach *Downs*)
9 *Pogonion*; vorderster Punkt am vorderen Kinnrelief
10 *Gnathion*; Punkt am Unterrand des Unterkiefers, der in der Median-Sagittal-Ebene am meisten nach unten vorragt
11 *Condylion*; vorderer Rand des Caput mandibulae
12 *Porion*; Punkt am oberen Rand des Porus acusticus externus
13 *Staphylion*; Schnittpunkt der Median-Sagittal-Ebene mit der queren Linie, die den tiefsten Ausschnitt des hinteren Gaumenrandes tangiert
14 *Inzisalpunkt*; Kontaktpunkt zwischen den beiden unteren mittleren Schneidezähnen

3.8.2 Profilwinkel und Profillinie

Profilwinkel

Der Ganzprofilwinkel, der von einer das Nasion und Prosthion verbindenden Geraden *(Stirn-Alveolar-Linie)* mit der *Ohr-Augen-Linie* gebildet wird, gibt Auskunft über die Stellung des Oberkiefers. Besonders bedeutungsvoll ist dabei der Abschnitt vom Nasospinale zum Prosthion. Einen Schädel mit vorgeschobenen Kiefern nennt man *prognath,* einen solchen mit gerade gestellten Kiefern *orthognath.* Danach klassifiziert man wie folgt:

hyperprognath	x bis 69,9°
prognath	70,0 bis 79,9°
mesognath	80,0 bis 84,9°
orthognath	85,0 bis 92,9°
hyperorthognath	93,0 bis x°

Betrifft eine Vorverlagerung die ganzen Kiefer, dann spricht man von einer Ganzgesichtsprognathie. Häufig sind aber nur Teile des Kiefers vorgelagert.

Zur metrischen Erfassung der Kieferstellungen kann man die Profillinie des Gesichtes in 3 Abschnitte teilen (Abb. 73).

- Der 1. Abschnitt zwischen *Nasion* (n) und *Nasospinale* (ns) betrifft das Profil des Mittelgesichtes, *nasaler Profilwinkel,*
- der 2. Abschnitt zwischen *Nasospinale* (ns) und *Prosthion* (pr) entspricht dem Alveolarfortsatz des Oberkiefers, *alveolärer Profilwinkel,*
- der 3. Abschnitt zwischen *Infradentale* (id) und *Pogonion* (pg) im Untergesicht, *Unterkieferprofilwinkel.*

Jeder dieser Abschnitte bildet mit Parallelen zur Frankfurter Horizontalen Winkel, welche die Stellung der einzelnen Kieferteile kennzeichnen. Man kann nun weiter differenzieren. Ist der Oberkiefer insgesamt vorgeschoben, dann spricht man von einer *maxillären Prognathie*, und ist der Alveolarfortsatz (2. Abschnitt der Profillinie) vorgeschoben, dann bezeichnet man diese Stellung als *alveoläre Prognathie.*

Aufgaben

1. Erläutern Sie die Bedeutung der Anthropometrie für die Stomatologie!
2. Tragen Sie in Frontal- und Lateralansichten des menschlichen Schädels wichtige anthropologische Meßpunkte und -ebenen ein!
3. Erläutern Sie die Begriffe orthognath, prognath und mesognath!
4. Erfassen Sie mit Hilfe der Abbildungen von Aufgabe 2 die Abschnitte des Mittelgesichtes meßtechnisch! Ordnen Sie den einzelnen Abschnitten die entsprechenden Winkelbezeichnungen zu!

3.9 Bißarten

Als Bißart bezeichnet man das Lageverhältnis des Unterkiefers zum Oberkiefer bei der habituellen Okklusion. Da die Bißart für den Ablauf der Unterkieferbewegung von Bedeutung ist, spielt sie auch für die Konstruktion von Zahnersatz eine wichtige Rolle.

Eugnathie

3.9.1 Eugnathie

Als Eugnathie (eu, gr. = wohlgeformt) bezeichnet man ein ausgeglichenes (Regel-, Norm-) Gebiß in einem wohlgeformten Kausystem, dessen Gewebe sich im Zustand funktioneller Anpassung befindet. Man unterscheidet zwischen der morphologischen und der funktionellen Eugnathie. Letztere setzt allseitig ungehinderten Schleifkontakt bei funktioneller Anpassung voraus, ohne daß das Vorhandensein aller permanenten Zähne erforderlich ist.

Eugnathie darf nicht als Normbegriff verstanden werden. Individuelle Verschiedenheiten, wie Zahnbogenbreite, populationsspezifische Besonderheiten zwischen Europäern, Afrikanern u.a.m., sind möglich, jedoch nicht hinsichtlich der Okklusionsverhältnisse. Zwischen Eugnathie und Dysgnathie bestehen fließende Übergänge. Der Prototyp der Eugnathie ist

• Scherenbiß

der Scherenbiß *(Psalidodontie)*, welcher der beschriebenen Okklusion entspricht. Er wird auch bei Europäern als *Normalbiß* bezeichnet (Abb. 74a). Beim Zusammenbeißen bedecken die oberen Schneidezahnkanten die unteren, und die vestibulären Höcker der oberen Prämolaren und Molaren liegen weiter vestibulär als die unteren. Es entsteht die schneidende Wirkung einer Schere, bei der Unterkieferbewegungen nicht eingeschränkt und

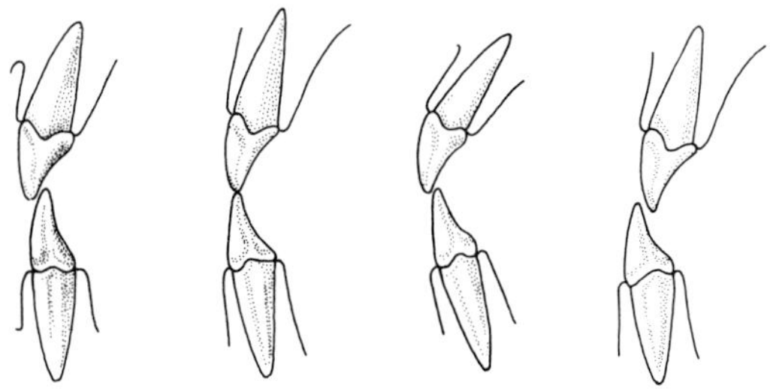

a b c d

Abb. 74 Stellungsmöglichkeiten von oberen und unteren Schneidezähnen
a Überbiß, b Kopf- oder Zangenbiß, c Überbiß bei prognather Zahnstellung, d progene Verzahnung

einen allseitigen Schleifkontakt des Kauflächenkomplexes gewährleisten. Die SPEE-Kurve ist deutlich nachzuweisen.

Kopf- oder Zangenbiß

Der Kopf- oder Zangenbiß *(Labidodontie)* ist eine Übergangsform zur Dysgnathie.
Bei dieser Bißart treffen die Kanten der Schneidezähne wie bei einer Beißzange aufeinander (Abb. 74b). Die oberen Frontzähne und der Alveolarfortsatz haben eine annähernd senkrechte Stellung. In der Gebrauchsperiode kommt es zur verstärkten Abnutzung der Schneidekanten und zu Abrasionen der Höcker im Seitenzahngebiet. Häufig können Diastemenbildungen zwischen den oberen Schneidezähnen beobachtet werden; der Condylus und das Tuberculum articulare sind abgeflacht. Der Kopfbiß wird vorwiegend bei Breitschädeln *(Brachykephalie)* mit breitem Gaumen sowie bei Naturvölkern beobachtet.

3.9.2 Dysgnathien

Dysgnathien

Dysgnathien sind Abweichungen von der Eugnathie, wobei man zwischen primären und sekundären unterscheiden muß.

- primäre

Primäre Dysgnathien, z. B. offener Biß, Protrusion, Deckbiß, Progenie u. a., entstehen während der Kiefer- bzw. Zahnentwicklung und liegen nach Abschluß der Entwicklung vor.
Man zählt zu ihnen Bißarten, bei denen die ungestörte Kieferbewegung eingeschränkt ist. Damit verbunden sind in der Regel Beeinträchtigungen der mastikatorischen, der ästhetisch-physiognomischen und evtl. auch der phonetischen Funktion. Da bei allen dysgnathen Bißarten die Beziehungen der Zahnreihen zueinander gestört sind, kann es in der Gebrauchsperiode auch zu entsprechenden Veränderungen im orofazialen System kommen. Diese können sich in verstärkten Abrasionen der Zähne, in Zahnverlusten als Folge von Überbelastungen von Periodontien sowie in Kiefergelenk- oder Muskelveränderungen dokumentieren.

• sekundäre

Sekundäre Dysgnathien bilden sich erst während der Gebrauchsperiode heraus. Sie können durch Zahnverlust, Abrasion, Zungendruck, Trauma, prothetische Behandlung oder Operation entstehen.

Klassifizierung von Dysgnathien

3.9.2.1 Klassifizierung der Dysgnathien

• nach Angle

Die Klassifizierung der Dysgnathien wird unterschiedlich vorgenommen, je nachdem, ob man Leitsymptome (morphologische oder funktionelle) oder ätiologische Gesichtspunkte zugrunde legt. Bereits im Jahr 1887 hat E. H. Angle eine sehr einfache Einteilung vorgeschlagen, die sich an der Höcker-Fossa-Verzahnung der Seitenzähne orientiert. Der obere 1. Molar gilt dabei als Markierungsmarke. Angle unterscheidet 3 Gruppen (Abb. 75).

Klasse I *(Neutralbiß)*: Der mesiovestibuläre Höcker des oberen 1. Molars greift zwischen die beiden vestibulären Höcker des unteren 1. Molars.

Klasse II *(Distalbiß)*: Verlagerung des Unterkiefers um eine Prämolarenbreite nach distal. $II/_1$ Distalbiß mit Protrusion, $II/_2$ mit Retrusion der oberen Frontzähne.

Klasse III *(Mesialbiß)*: Vorverlagerung des Unterkiefers um eine Prämolarenbreite.

Die Annahme, daß der obere Sechsjahrmolar eine unverrück-

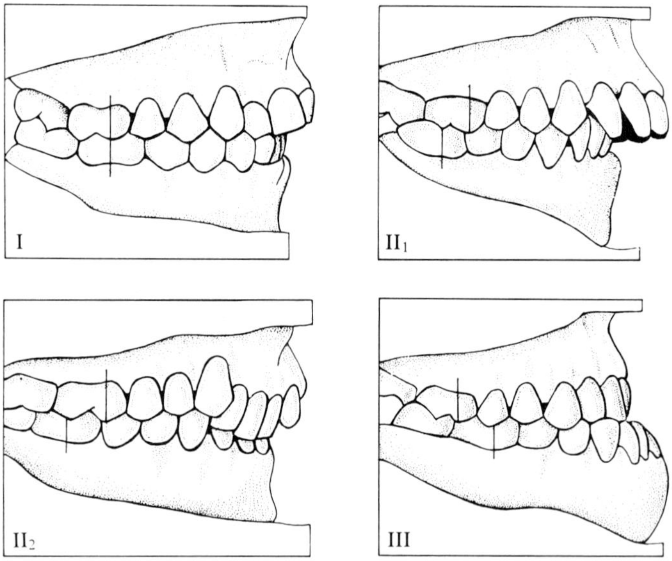

Abb. 75 Einteilung der Gebißanomalien nach E. H. Angle (1887)
Als Bezugspunkt dient der mesiovestibuläre Höcker des oberen 1. Molars
I Neutralbiß, II_1 Distalbiß mit protrudierten Schneidezähnen, II_2 Distalbiß mit invertierten Schneidezähnen, III Mesialbiß

bare Orientierung darstellt, hat sich bei der Angle-Klassifizierung jedoch als falsch erwiesen.
In der deutschsprachigen kieferorthopädischen Literatur unterscheidet man unter Berücksichtigung ursächlicher Faktoren, d. h. ätiologischer und genetischer Gesichtspunkte (nach Reichenbach), 7 Hauptgruppen von Dysgnathien:

1. Schmalkiefer
   a) mit Spitzfront (eng oder lückig)
   b) mit engstehender Front
2. Kreuzbiß
3. Progenie
4. Deckbiß
5. Offener Biß
   a) lutschoffener Biß
   b) echter offener Biß
6. Folgen vorzeitigen Zahnverlustes
7. Sonstige, einfach bedingte Anomalien.

Nach Leitsymptomen geordnet unterscheidet man die sagittalen, vertikalen und transversalen Dysgnathien wie folgt:

sagittale Dysgnathien

Sagittale Dysgnathien

1. Prodontie
   a) koronale
   b) alveoläre
2. Prognathie
   a) maxilläre
   b) alveoläre
3. Progenie
   a) echte
   b) unechte

vertikale Dysgnathien

Vertikale Dysgnathien

1. Tiefer Scherenbiß
2. Deckbiß
3. Offener Biß
   a) dento-alveolär
   b) gnathisch
   oder skelettal

transversale Dysgnathien

Transversale Dysgnathien

1. Kreuzbiß
   a) unilateraler
   b) bilateraler.

3.9.2.2 Leitsymptome der Dysgnathien

Prodontie

Die Prodontie oder *Protrusion* ist eine Vorverlagerung der Schneidezähne. Diese kann durch eine Kippung der Zahnkronen noch vorn, *koronale Protrusion,* oder eine Vorverlagerung des ganzen Zahnes mit dem Zahnfach, *alveoläre Protrusion,* bedingt sein. Zwischen den Schneidezähnen sind meist noch Lükken vorhanden. Die Prodontie wird häufig beim Schmalkiefer mit frontalem Engstand beobachtet (Abb. 76b). Die Kompression des Oberkiefers führt zu einer Verlängerung des Zahnbogens, meist des vorderen Abschnittes. Häufig kann sie noch mit einer Rückverlagerung des Unterkiefers *(mandibuläre Retrusion)* verbunden sein. Die Bewegungsmöglichkeiten des Unterkiefers sind eingeschränkt, die Atmung ist behindert und die Physiognomie negativ beeinträchtigt.

Prognathie

Die Prognathie ist durch den vorgelagerten Oberkiefer gekennzeichnet (Abb. 76a). Ein solcher Zustand entspricht der Angle-

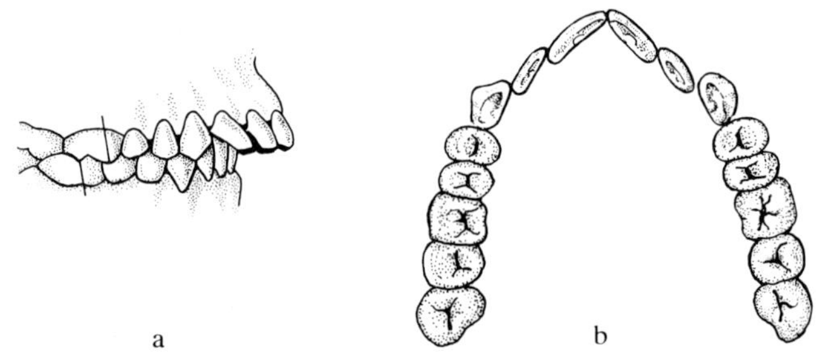

Abb. 76 Prognathie
a von der Seite, b Schmalkiefer mit frontalem Engstand

Klasse II. Sofern der Körper des Oberkiefers vorgeschoben ist, spricht man von der *maxillären Prognathie,* betrifft die Vorverlagerung den Alveolarfortsatz von der *alveolären Prognathie.* Sie ist meist mit einem langen schmalen Gaumen verbunden und wird häufig bei Afrikanern und Australiern beobachtet.

Progenie

Die Progenie, auch *mandibuläre Prodontie* genannt, ist durch eine negative sagittale Stufe der unteren Frontzähne charakterisiert (Abb. 77). Sie entspricht dem Mesialbiß, der ANGLE-Klasse III. Der Unterkiefer erscheint vorgeschoben, und das Kinn springt vor, worauf auch die Bezeichnung Progenie beruht. Die mastikatorische Funktion ist stärker eingeschränkt als bei der Prognathie, weil der Unterkiefer nur wenig zurückgezogen werden kann und somit das Abbeißen erschwert ist.

Bei der *»echten« Progenie* ist der Unterkiefer im Verhältnis zum Oberkiefer vergrößert, und das Kinn steht übermäßig vor. Häufig findet sich ein größerer Unterkieferwinkel (120° ± 10°) (Abb. 77b). Die *»unechte« Progenie* ist dadurch gekennzeichnet, daß der Oberkiefer gegenüber dem Unterkiefer zu klein ist.

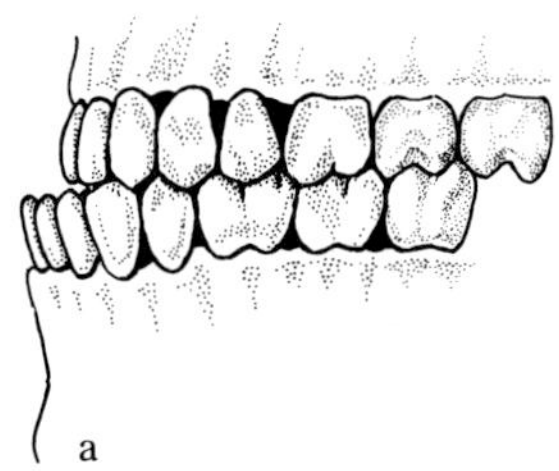

Abb. 77 Progenie
a unechte Progenie
b echte Progenie

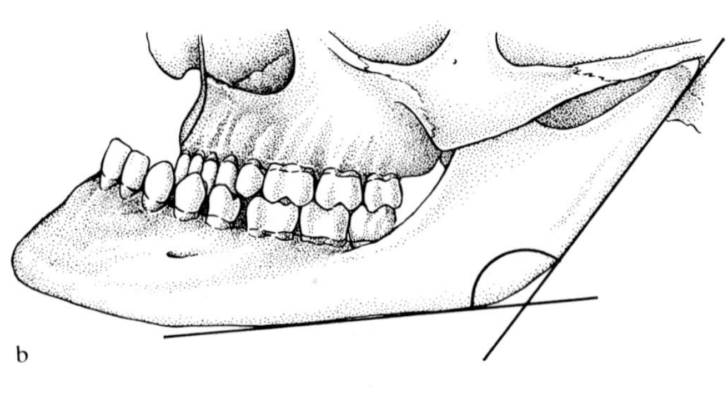

Bei beiden Progenieformen tritt das Mittelgesicht zurück. Die mastikatorische Funktion ist eingeschränkt und die Physiognomie erheblich gestört.

tiefer Scherenbiß

Beim tiefen Scherenbiß bedecken die oberen Schneidezähne die unteren weitgehend (Abb. 78a). In der Vorbißstellung des Unterkiefers klaffen die Seitenzahnreihen.

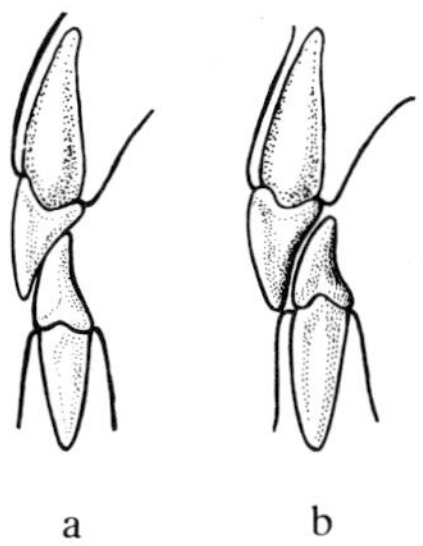

Abb. 78 Stellungsmöglichkeiten oberer und unterer Schneidezähne
a tiefer Überbiß, b Deckbiß (tiefer Biß)

Deckbiß

Der Deckbiß zeigt einen starken Überbiß der oberen Frontzähne über die Kronen der unteren (Abb. 78b). Oft erreichen die oberen Schneidezähne das Zahnfleisch des Unterkiefers, und die unteren Schneidezähne haben oft Kontakt mit der palatinalen Schleimhaut. Meistens sind die Kronen der oberen Schneidezähne lingual geneigt. Die unteren Schneidezähne stehen entweder regelrecht, oder sie sind nach innen gekippt. Die seitlichen Mahlbewegungen sind stärker eingeschränkt. Desgleichen sind die Vorschubbewegungen des Unterkiefers behindert, so daß meist nur ein Hackbiß möglich ist. Das Mittelgesicht ist nach vorn verlagert, und das Untergesicht erscheint vertikal verkürzt.

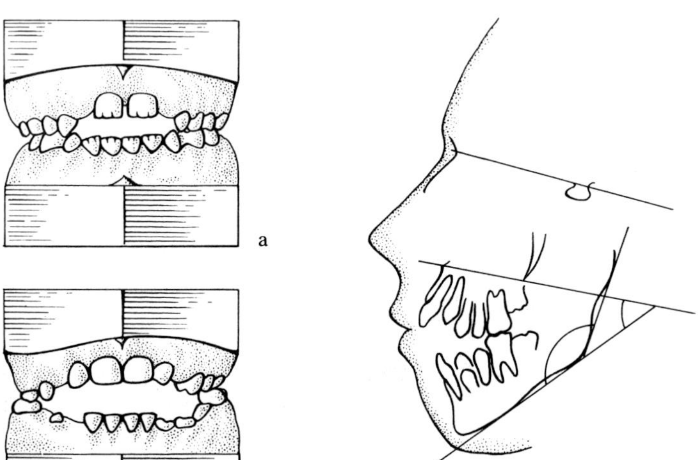

Abb. 79 Offener Biß
a dento-alveolär offener Biß, b gnathisch oder skelettal offener Biß nach Modellen gezeichnet, c Durchzeichnung einer Fernröntgenaufnahme mit gnathisch offenem Biß (Aus U. Klink-Heckmann, E. Bredy 1980)

offener Biß

Beim offenen Biß ist ein Kontakt der Frontzähne beim Zusammenbeißen aufgehoben, wohingegen im Seitenzahngebiet normale Okklusionsverhältnisse vorliegen (Abb. 79). Damit ist die Wirkung der Frontzähne weitgehend ausgeschaltet und die mastikatorische Funktion gestört. Diese Bißart ist meist mit Sprechstörungen bei Lippen- und Zischlauten verbunden und beeinträchtigt die Physiognomie negativ.

Der *dento-alveolär offene Biß* (Abb. 79a) betrifft nur den Alveolarfortsatz. Er wird häufig im Milchgebiß und frühen Wechselgebiß beobachtet und entsteht durch Lutschgewohnheiten oder Einlagerung der Zunge *(zungenoffener Biß)*. Die Schneidezähne, insbesondere die oberen, sind nach außen aufgebogen. Je nach Lutschart kann der offene Biß symmetrisch oder asymmetrisch sein.

Beim *gnathisch* oder *skelettal offenen Biß* (Abb. 79b, c) ist das gesamte Gesichtsskelett betroffen und meist der ganze Gesichtsschädel verformt. Diese Form des offenen Bisses gehört zu den schwersten Dysgnathien. (Abb 79b).

Kreuzbiß

Beim Kreuzbiß kreuzen sich die Zahnreihen (Abb. 88). Er tritt beidseitig und einseitig auf.

Beim *bilateralen Kreuzbiß* kreuzen sich die Zahnreihen meist im Sechsjahrmolarenbereich (s. Abb. 81a). Die vestibulären Höcker des oberen 2. und 3. Molars greifen in die Längsfissur der unteren letzten Molaren ein. Die Kreuzung kann aber auch schon im Prämolarenbereich erfolgen. Durch die allseitige Störung des Schleifkontakts sind meist nur Hackbißbewegungen des Unterkiefers möglich. Diese Bißart kann durch eine symmetrische Kompression des Oberkiefers, seltener durch eine Expansion des Unterkiefers bedingt sein.

Beim *unilateralen* oder einseitigen *Kreuzbiß* erfolgt die Kreuzung meist im Frontzahngebiet (Abb. 81b). Er wird aber auch im Seitenzahngebiet beobachtet, wobei er einzelne, mehrere oder alle Seitenzähne einer Reihe betreffen kann. Diese Bißart kommt seltener vor und kann auch noch mit einer Seitwärtsverschiebung des Unterkiefers zur Kreuzbißseite hin kombiniert sein. Wegen der unregelmäßigen Verzahnung ist sie funktionell sehr beeinträchtigend. Sie kann durch einseitige Kompression des Oberkiefers oder unilaterale Expansion des Unterkiefers bedingt sein.

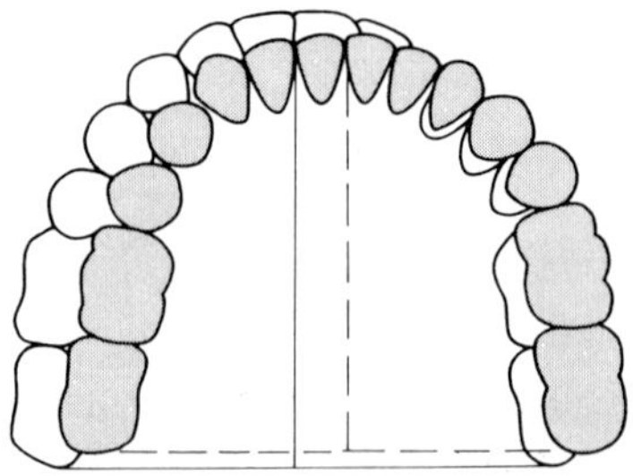

Abb. 80 Parallelverschiebung des Unterkiefers beim Kreuzbiß (aus E. Reichenbach, H. Brückl 1962)

Abb. 81 Kreuzbiß
a Bilateraler Kreuzbiß, b unilateraler Kreuzbiß, c Verzahnung der Frontzähne beim frontalen Kreuzbiß des progenen Formenkreises

Sind Schneidekanten der Frontzähne so miteinander verzahnt, daß sich die oberen und unteren teils im Überbiß, teils in progener Stellung befinden (Abb. 81c), dann ist die Vorschub- und Seitwärtsbewegung des Unterkiefers stark behindert. Meist führt ein ausgeprägter frontaler Engstand zu dieser Situation.

3.9.2.3 Prothetische Versorgung von Dysgnathien

Alle Dysgnathien des Kindes- und Jugendalters gehören in die Hand des Kieferorthopäden. Vor der prothetischen Behandlung einer Dysgnathie sollte immer eine fachspezifische Beeinflussung der Dysgnathien vorgenommen werden, wozu auch die chirurgische Behandlung gehört. Der Prothetik verbleiben dann unbeeinflußbare Restzustände.
Für die prothetische Versorgung von Patienten mit Dysgnathien lassen sich keine festen Regeln aufstellen, weil die Bedingungen doch individuell sehr verschieden sind. Prinzipiell sollte man so vorgehen, daß die vorhandene Dysgnathie unter Berücksichtigung anatomischer und funktioneller Gesichtspunkte zu einem gewissen Grad erhalten bleibt oder abgeschwächt wird.
Eine genormte Anordnung der Kunstzähne bereitet dem Patienten oft erhebliche Anpassungsschwierigkeiten, die er besonders im fortgeschrittenen Alter nicht mehr überwinden kann. Die anatomischen Verhältnisse des orafazialen Systems haben sich im Lauf der Gebrauchsperiode der vorhandenen Dysgnathieform angepaßt.
In der Regel wird empfohlen, primäre Dysgnathien so weit wie möglich zu beseitigen, sekundäre zu vermindern und prothetisch zu stabilisieren. Kindern und Jugendlichen ist dabei der Vorrang zu gewähren, wohingegen Erwachsene im Rahmen der Möglichkeiten behandelt werden sollten. Der Zahnersatz sollte so vorbereitet werden, daß bei seiner Inkorporation die mastikatorischen und phonetischen Funktionen weitgehend gesichert sind.
Im Hinblick auf die Physiognomie sollte der Zahnersatz berücksichtigen, daß das Typische des Gesichtsausdrucks einer Person erhalten bleibt, sofern die statischen Grundforderungen nicht

verletzt werden. Auch hier zeigt sich wieder, wie vorteilhaft eine gute Zusammenarbeit zwischen Zahnarzt und Zahntechniker für den Patienten ist.

Aufgaben

1. Definieren Sie den Begriff Bißart!

2. Stellen Sie in einer Übersicht dysgnathe Bißarten zusammen!

3. Kennzeichnen Sie in Ihrer Übersicht aus Aufgabe 2 die durch Verzahnung bedingten und die durch Kieferdeformitäten bedingten Dysgnathien!

4. Welches Prinzip liegt der Klassifizierung der Gebißanomalien nach Angle zugrunde?

5. Stellen sie für alle Bißarten eine Tabelle nach folgenden Kriterien zusammen:

- Bißart,
- Verhältnis der oberen zu den unteren Zähnen (Überbiß o. ä.),
- Stellung der Frontzähne,
- Verhältnis obere – untere Seitenzähne,
- Stellung der Seitenzähne (Höckerzähne, Abrasionszähne o. ä),
- sagittale Anordnung der Seitenzähne,
- transversale Anordnung der Seitenzähne,
- Form der Kiefer,
- Winkelstellung der Mittelgesichtsabschnitte zur Frankfurter Horizontalen,
- Winkelstellung der Frontzähne zur Frankfurter Horizontalen,
- Schnittpunkt der Orbitasenkrechten mit der Zahnreihe!

6. Erläutern Sie die Hauptunterschiede zwischen einer maxillären und einer alveolären Prognathie!

7. Beschreiben Sie die Folgeerscheinungen unterschiedlicher Progenieformen!

8. Erläutern Sie Ursachen und Arten unterschiedlicher Formen des Kreuzbisses!

9. Begründen Sie die Notwendigkeit einer guten Zusammenarbeit zwischen Zahnarzt und Zahntechniker bei der prothetischen Versorgung dysgnather Restgebisse!

4 Schädel

4.1 Gliederung der Schädelknochen

Man unterscheidet am Schädel den Hirn- und Gesichtsschädel, *Neuro-* und *Viscerocranium* (Abschn. 1.5.1.). Beide Anteile setzen sich aus einem Mosaik von Knochen zusammen, die auf knorpliger Grundlage als Ersatzknochen *(chondrale Ossifikation)* oder aus dem Bindegewebe (Bindegewebsknochen) *(desmale Ossifikation)* entstehen.

Hirn- und Gesichtsschädel

Prinzipiell läßt sich sagen, daß die Knochen der Schädelbasis aus knorplig präformierten Teilen ossifizieren, die sich zum *Chondrocranium* zusammengeschlossen haben (Abb. 82a), und daß die Knochen des Schädeldachs, des Kieferskeletts und der Nasenhöhle durch desmale Ossifikation entstehen. Den bindegewebig vorgebildeten Teil des Schädels nennt man *Desmocranium.* Es gibt aber auch Schädelknochen, die gemischten Ursprungs sind, d. h., die sowohl chondral als auch desmal ossifizieren. Bei der Verknöcherung wird das Chondrocranium völlig aufgebraucht, und nur Reste desselben bleiben als Nasenknorpel erhalten (Abb. 89).

Knorpelschädel

Bindegewebsschädel

In der systematischen Anatomie unterteilt man die Schädelknochen, *Ossicula cranii,* in Knochen des Hirnschädels und Nasenskelettes sowie in Knochen des Gesichtsschädels, *Ossa faciei.* Zu den letztgenannten gehören das Kieferskelett und Zungenbein. Eine weitere Gruppe sind die Gehörknöchelchen, *Ossicula auditus,* die ähnlich wie die Ossa faciei den Kiemenbogenknorpeln entstammen (Abschn. 2.1).

Schädelknochen

Es ergibt sich für die Schädelknochen folgende Gliederung:

Ossa cranii

Hirnschädel

Knochen des Hirnschädels

1. Stirnbein, *Os frontale,* (Abb. 82 bis 84) (desmal)
2. Scheitelbein, *Ossa parietalis,* (Abb. 82, 83) (desmal)
3. Schläfenbein, *Ossa temporalis,* (Abb. 84, 86, 100) (chondral und desmal)
4. Hinterhauptbein, *Os occipitale,* (Abb. 82 bis 85) (chondral und desmal)
5. Keilbein, *Os sphenoidale,* (Abb. 84, 85, 98, 99) (chondral und desmal)

Nasenskelett

Knochen des Nasenskeletts

1. Siebbein, *Os ethmoidale,* (Abb. 84, 87, 89, 90) (chondral)

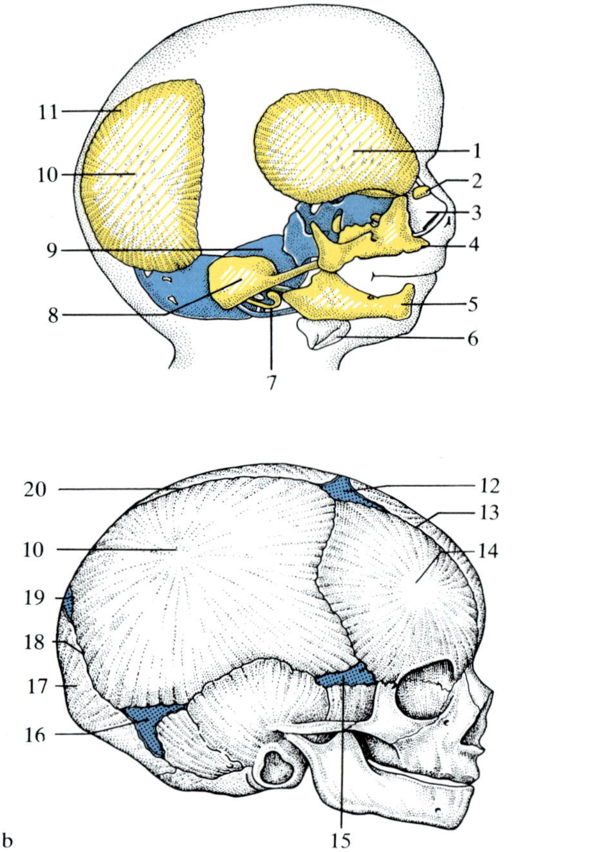

Abb. 82 Schädelentwicklung
a Schädelmodell eines 80 mm langen Feten. Chondrocranium blau, Desmocranium gelb (nach HERTWIG, aus G. H. SCHUMACHER 1984).
b Schädeldach eines Neugeborenen von oben
1 Os frontale, 2 Os nasale, 3 Nasenkapsel, 4 Maxilla, 5 Mandibula, 6 Schildknorpel, *Cartilago thyroidea*, 7 Annulus tympanicus, 8 Squama temporalis, 9 Ohrkapsel, 10 Tuber parietale, 11 Os parietale, 12 große Fontanelle, *Fonticulus anterior*, 13 Sutura frontalis, 14 Tuber frontale, 15 vordere Seitenfontanelle, *Fonticulus sphenoidalis*, 16 hintere Seitenfontanelle, *Fonticulus mastoideus*, 17 Os occipitale, 18 Sutura lambdoidea, 19 kleine Fontanelle, *Fonticulus posterior*, 20 Sutura sagittalis

2. Flugscharbein, *Vomer,* (Abb. 89, 94) (desmal)
3. Tränenbein, *Os lacrimale,* (Abb. 87) (desmal)
4. Nasenbein, *Os nasale,* (Abb. 88, 90) (desmal)
5. Untere Nasenmuschel, *Concha nasalis inferior,* (Abb. 90, 92) (chondral)

Knochen des Kieferskeletts

Ossa faciei

Kieferskelett

1. Oberkiefer, *Maxilla,* (Abb. 88, 95, 96) (desmal)
2. Gaumenbein, *Os palatinum,* (Abb. 93, 97) (desmal)
3. Jochbein, *Os zygomaticum,* (Abb. 86, 88) (desmal)

4. Unterkiefer, *Mandibula,* (Abb. 101 bis 104) (desmal)
5. Zungenbein, *Os hyoideum,* (Abb. 105, 121, 125) (chondral)

Ossicula auditus

Gehörknöchel

1. Hammer, Malleus, (Abb. 12, 127) (chondral)
2. Amboß, *Incus,* (Abb. 12, 127) (chondral)
3. Steigbügel, *Stapes,* Abb. 12, 127) (chondral)

4.2 Hirnschädel, Neurocranium

Der Hirnschädel schließt das Gehirn ein; er besteht aus dem Schädeldach und der Schädelbasis (Abb. 83, 85).

4.2.1 Schädeldach, Calvaria

Knochen des Schädeldachs

Das Schädeldach, *Calvaria,* ist in der Längs- und Querrichtung gewölbt. Es setzt sich aus einem Knochenmosaik zusammen, das von der *Stirnbeinschuppe,* den beiden *Scheitelbeinen* und dem oberen Teil der *Hinterhauptschuppe* gebildet wird.

Die platten Knochen sind durch Schädelnähte, *Suturae,* zu einem einheitlichen Verband zusammengefügt. Dieser wird außen von der Knochenhaut des Schädels *(Pericranium)* und innen von der harten Hirnhaut *(Dura mater encephali)* verstärkt, wodurch das Schädeldach eine gewisse Elastizität erhält.

Beim Neugeborenen ist das Schädeldach in der Aufsicht annähernd fünfeckig. Vorn springen 2 Stirnhöcker, *Tubera frontalia,* seitlich 2 Scheitelhöcker, *Tubera parietalia,* und hinten das Hinterhauptbein vor (Abb. 82, 83). Diese Höcker sind beim Erwachsenenschädel weitgehend abgeflacht.

Schichten des Schädeldachs
- Lamina externa
- Lamina interna

Im Sägeschnitt zeigt die Calvaria 3 Schichten. Außen und innen liegen kompakte Knochenblätter, *Lamina externa* und Lamina interna, und in der Mitte die schwammartige *Diploë.* Wegen ihrer Brüchigkeit bei lokaler Gewalteinwirkung wird die innere Knochenschicht auch Glastafel *(Lamina vitrea)* genannt. Die Diploë enthält Venen, die röntgenologisch als strichförmige Aufhellungen erscheinen und mit Bruchlinien verwechselt werden können.

Schädelnähte

Die Schädelnähte des Schädeldaches sind:

- *Sutura sagittalis,* Pfeilnaht

Sie verläuft in der Mitte von hinten nach vorn und verbindet beide Scheitelbeine miteinander.

- *Sutura lambdoidea,* Lambdanaht

Sie ist die Fortsetzung der obigen nach hinten und verläuft zwischen den Scheitelbeinen und der Hinterhauptschuppe.

- *Sutura coronalis,* Kranznaht

Sie zieht quer über das Schädeldach; sie liegt zwischen den Scheitelbeinen und dem Stirnbein.

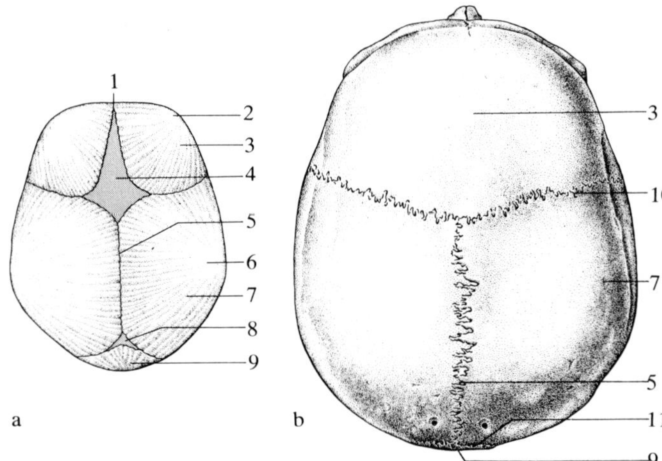

Abb. 83 Schädeldach, *Calvaria*, von oben
a Neugeborener, b Erwachsener
1 Sutura frontalis, 2 Tuber frontale, 3 Os frontale, 4 große Fontanelle, *Fonticulus anterior*, 5 Sutura sagittalis, 6 Tuber parietale, 7 Os parietale, 8 kleine Fontanelle, *Fonticulus posterior*, 9 Os occipitale, 10 Sutura coronalis, 11 Sutura lambdoidea

- *Sutura squamosa,* Schuppennaht

Sie verläuft an der Seite des Schädels und verbindet das Scheitelbein mit dem Schläfenbein.

Fontanellen

Beim Neugeborenen liegen an den Kreuzungsstellen der Suturen Bindegewebsflächen, *Fontanellen.* Sie ermöglichen eine Verschieblichkeit der Schädelknochen gegeneinander beim Durchtritt des kindlichen Kopfes durch das Becken der Mutter unter der Geburt.

- Die *Stirnfontanelle*, auch *große Fontanelle* genannt, liegt zwischen Stirn- und Scheitelbeinen (sie verknöchert bis Ende des 2. Lebensjahrs),
- die *Hinterhauptfontanelle* oder *kleine Fontanelle* findet sich zwischen Scheitelbeinen und Hinterhauptbein (sie verknöchert bis Ende des 1. Lebensjahrs).

Weiterhin gibt es auf jeder Seite *Seitenfontanellen.*

Bis zum Erwachsenenalter besitzen die Schädelnähte noch Wachstumspotenzen, so daß sie für die Ausformung des Schädels eine gewisse Bedeutung haben (Abschn. 4.5.2).

4.2.2 Schädelbasis, Basis cranii

Die Schädelbasis ist ungleich dick und enthält zahlreiche Löcher *(Foramina)*, Kanäle *(Canales)* und Spalten *(Fissurae)*, die dem Durchtritt von Nerven und Gefäßen dienen. Man unterscheidet eine äußere und eine innere Schädelbasis, *Basis cranii externa* und *Basis cranii interna.* Während die innere Schädelbasis den auf ihr ruhenden Teilen des Gehirns angepaßt und rela-

tiv glatt ist, zeigt die Außenseite der Schädelbasis ein sehr vielfältiges, durch die Weichteile des Halses geprägtes Relief.
Die Schädelbasis wird von 4 unpaaren Knochen, dem Stirnbein, *Os frontale*, Siebbein, *Os ethmoidale*, Keilbein, *Os sphenoidale*, Hinterhauptbein, *Os occipitale*, sowie von dem paarigen Schläfenbein, *Os temporale*, gebildet (Abb. 84).

4.2.2.1 Äußere Schädelbasis, Basis cranii externa

äußere Schädelbasis

Die äußere Schädelbasis läßt sich topographisch in 3 Abschnitte gliedern (s. Abb. 94):

• Das vordere Drittel ist durch den knöchernen Gaumen verdeckt.

• Das mittlere Drittel erstreckt sich vom Hinterrand des harten Gaumens bis zum großen Schädelloch, *Foramen magnum*. In diesem Bereich liegt auf jeder Seite die Kiefergelenkgrube, *Fossa mandibularis*.

• Das hintere Drittel liegt hinter dem großen Schädelloch. Die-

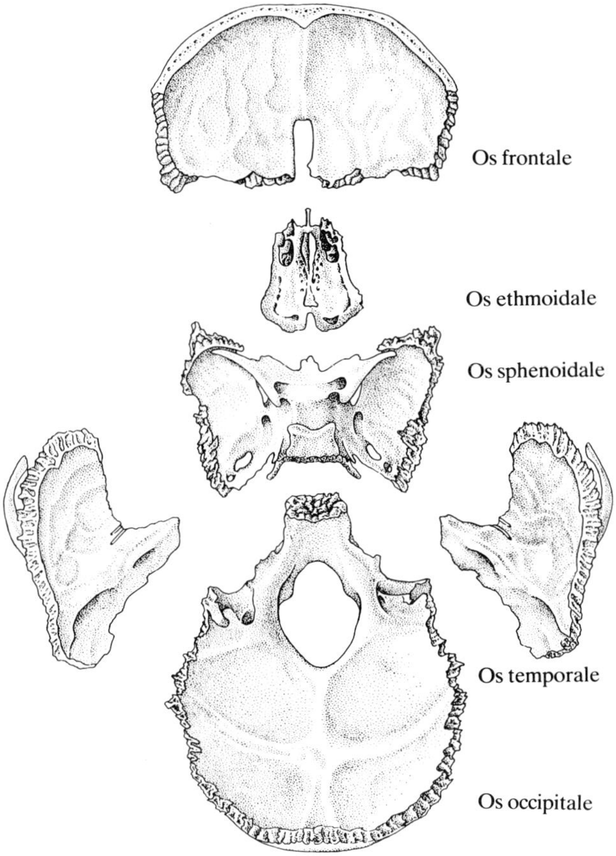

Abb. 84 Knochen der Schädelbasis von innen

ses Drittel entspricht der Außenfläche des Hinterhauptbeins und dient den Nackenmuskeln zum Ursprung.

Die Knochen der Schädelbasis sind durch Knorpelfugen, *Synchondrosen*, Nähte, *Suturen*, oder Knochensubstanz, *Synostosen*, miteinander verbunden.

Knorpelfugen

Die Knorpelfugen des Schädels werden unter dem Sammelbegriff *Synchondroses cranii* zusammengefaßt und sind beim Neugeborenenschädel noch deutlich zu sehen, verschwinden dann aber größtenteils mit fortschreitender Verknöcherung. Sie haben als Wachstumzentren für den Schädel eine große praktische Bedeutung, ähnlich wie die Suturen.

innere Schädelbasis

4.2.2.2 Innere Schädelbasis, Basis cranii interna

Öffnungen der Schädelbasis

Die innere Schädelbasis gliedert sich in eine

- vordere Schädelgrube, *Fossa cranialis anterior,*
- mittlere Schädelgrube, *Fossa cranialis media,*

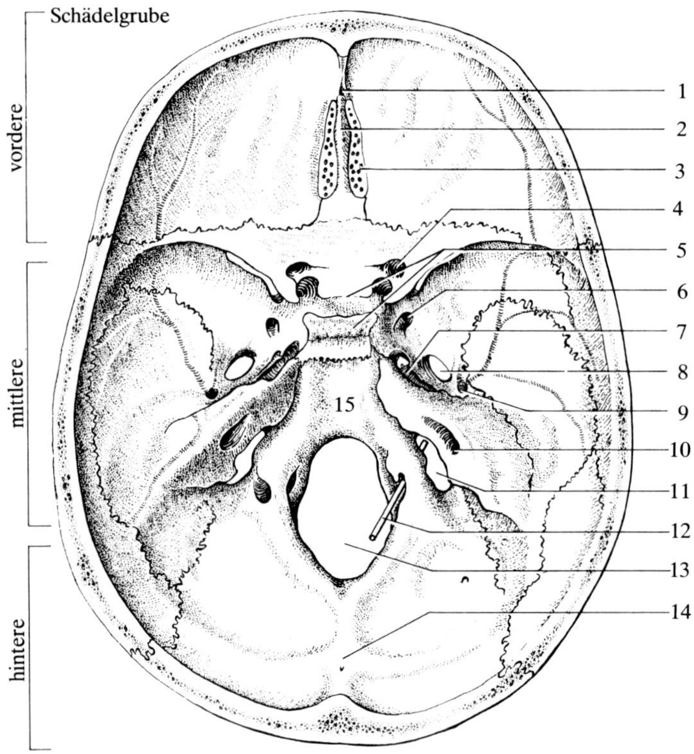

Abb. 85 Innere Schädelbasis
1 Foramen caecum, 2 Crista galli, 3 Lamina cribrosa, 4 Canalis opticus, 5 Sella turcica, 6 Foramen rotundum, 7 Foramen lacerum, 8 Foramen ovale, 9 Foramen spinosum, 10 Porus acusticus internus, 11 Foramen jugulare, 12 Sonde im Canalis hypoglossalis, 13 Foramen magnum, 14 Protuberantia occipitalis interna, 15 Clivus

• hintere Schädelgrube, *Fossa cranialis posterior*,
die zahlreiche Verbindungen zu benachbarten Gebieten besitzen (Abb. 85).

• vordere Schädelgrube

Verbindungen der vorderen Schädelgrube bestehen zur Nasenhöhle.

• das *Foramen caecum* (beim Erwachsenen ein blind endendes Loch) läßt bei Kindern eine Vene hindurchtreten, welche die Blutleiter der harten Hirnhaut mit den Nasenvenen verbindet,
• die *Lamina cribrosa* dient dem Durchtritt der Riechnerven.

• mittlere Schädelgrube

Verbindungen der mittleren Schädelgrube bestehen zur Augenhöhle, Flügelgaumengrube, Felsenbeinpyramide und zur äußeren Schädelbasis.

Zur Augenhöhle *(Orbita)* führen
• der *Canalis opticus* mit dem Sehnerven und der A. ophthalmica,
• die *Fissura orbitalis superior* mit dem N. ophthalmicus (Abb. 99, 171), den Augenmuskelnerven und Augenvenen.

Zur Flügelgaumengrube *(Fossa pterygopalatina)* führt
• das *Foramen rotundum* mit dem N. maxillaris (Abb. 85, 98, 172).

Die Felsenbeinpyramide enthält kleine Öffnungen für den Durchtritt von Zweigen der Hirnnerven VII und IX.

Zur äußeren Schädelbasis führen
• das *Foramen ovale* mit dem N. mandibularis (Abb. 85, 94, 98, 173),
• das *Foramen spinosum* mit der mittleren Hirnhautarterie,
• das *Foramen lacerum,* ein bizarres Loch (das nur am mazerierten Schädel offen ist, sonst von Faserknorpel ausgefüllt wird) mit Zweigen der Hirnnerven VII und IX,
• der *Canalis caroticus* mit der inneren Kopfschlagader *(A. carotis interna).*

• hintere Schädelgrube

Verbindungen der hinteren Schädelgrube bestehen zum Wirbelkanal, Innenohr und zur äußeren Schädelbasis.

Zum Wirbelkanal führt
• das *Foramen magnum* mit verlängertem Mark, Nerven, Arterien und Venen.

Zum Innenohr führt
• das *Porus acusticus internus* mit den Hirnnerven VII und VIII.

Zur äußeren Schädelbasis führen
• das *Foramen jugulare* mit der gleichnamigen Vene und den Hirnnerven IX, X und XI,
• der *Canalis hypoglossalis* mit dem gleichnamigen Hirnnerven XII.

4.2.3 Seitliche Schädelgruben

An der Seitenwand des Schädels befinden sich ebenfalls 3 Gruben (Abb. 86),
• die Schläfengrube, *Fossa temporalis,*

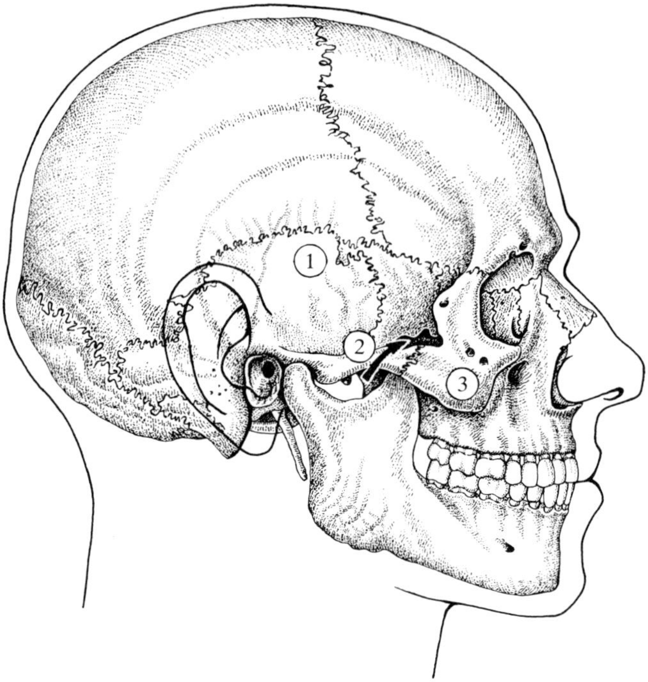

Abb. 86 Schädel von der Seite mit seitlichen Schädelgruben
1 Fossa temporalis, 2 Fossa infratemporalis (Pfeil), 3 Os zygomaticum

- die Unterschläfengrube, *Fossa infratemporalis,*
- die Flügelgaumengrube, *Fossa pterygopalatina.*

Schläfengrube

Die Schläfengrube befindet sich medial vom Jochbogen. Sie wird oben von der *Linea temporalis superior* begrenzt. In ihr liegt der Schläfenmuskel, *M. temporalis,* den man bei Bewegungen des Unterkiefers fühlen kann. Nach unten setzt sie sich in **die Unterschläfengrube** an der Schädelbasis fort. Hier findet man den Wangenfettkörper *(Bichat),* die beiden Flügelmuskeln *(Mm. pterygoidei,* Abb. 120, 121), die Verzweigungsgebiete des 3. Astes

untere Schläfengrube

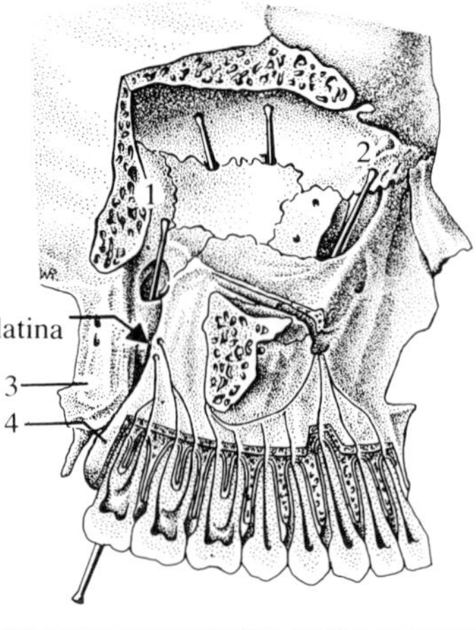

Abb. 87 Flügelgaumengrube nach Entfernen der seitlichen Wand der Augenhöhle
1 Sonde im Foramen sphenopalatinum
2 Sonde im Tränen-Nasen-Kanal *(Ductus nasolacrimalis)*
3 Proc. pterygoideus
4 Tuber maxillae

vom N. trigeminus (Abb. 173) und der A. maxillaris (Abb. 178) sowie den venösen Plexus pterygoideus (Abb. 179). Sie kommuniziert mit der Augenhöhle durch die *Fissura orbitalis inferior,* mit der mittleren Schädelgrube durch das *Foramen ovale* und *Foramen spinosum* sowie medial mit der Flügelgaumengrube.

Flügelgaumengrube

Die Flügelgaumengrube ist ein schmaler Spalt zwischen dem *Tuber maxillae* und dem *Proc. pterygoideus* des Keilbeins (Abb. 87). In ihr liegt das parasympathische *Ganglion pterygopalatinum.* Sie kommuniziert mit der mittleren Schädelgrube durch das *Foramen rotundum,* mit der Schädelbasis durch den *Canalis pterygoideus,* mit der Augenhöhle durch die *Fissura orbitalis inferior,* mit der Nasenhöhle durch das *Foramen sphenopalatinum* und mit der Mundhöhle durch den *Canalis palatinus major.*

Aufgaben

1. Stellen Sie in einer Übersicht die Hirnschädelknochen mit den deutschen und den lateinischen Bezeichnungen zusammen!
2. Tragen sie in eine Schemaskizze des Schädeldaches die Knochen und Suturen ein!
3. Erläutern Sie den Aufbau der äußeren Schädelbasis!
4. Legen Sie die Grenzen der einzelnen Abschnitte der Schädelbasis fest!
5. In welche Abschnitte gliedert man die innere Schädelbasis?
6. Zeigen Sie am Schädel wichtige Verbindungen der inneren Schädelbasis nach außen!
7. Erläutern Sie die Bedeutung der seitlichen Schädelgruben!
8. Erläutern Sie die Lage und die Bedeutung folgender Begriffe:
   - Fossa cranialis anterior,
   - Foramen ovale,
   - Fossa pterygopalatina,
   - Fissura orbitalis inferior,
   - Porus acusticus internus:

4.3 Schädel von vorn

Der Gesichtsschädel wird von einem Mosaik einzelner Knochen gebildet (s. Abb. 5).

Unter dem Stirnbein liegen die Augen- und die Nasenhöhle; der Boden der Nasenhöhle ist gleichzeitig das Dach der Mundhöhle (Abb. 88).

4.3.1 Augen- und Nasenhöhle

Augenhöhle

Die Augenhöhle, *Orbita,* hat die Form einer vierseitigen Pyramide, deren Spitze nach innen medial zeigt. Über der Orbita liegen die vordere Schädelgrube, medial die Siebbeinzellen und unter ihr die Kieferhöhle.

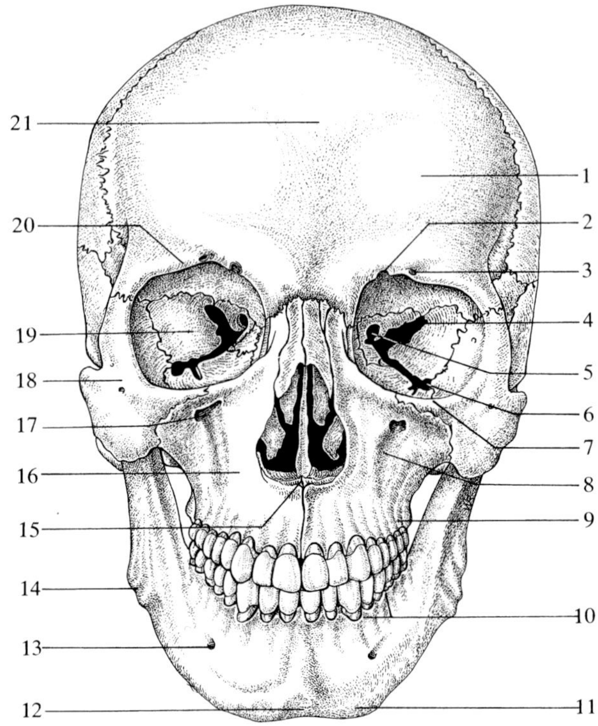

Abb. 88 Schädel von vorn
1 Tuber frontale, 2 Incisura/Foramen frontale, 3 Incisura/Foramen supraorbitalis, 4 Fissura orbitalis superior, 5 Canalis opticus, 6 Fissura orbitalis inferior, 7 Margo infraorbitalis, 8 Fossa canina, 9 Proc. alveolaris, 10 Pars alveolaris, 11 Tuberculum mentale, 12 Protuberantia mentalis, 13 Foramen mentale, 14 Angulus mandibulae, 15 Spina nasalis anterior, 16 Maxilla, 17 Foramen infraorbitale, 18 Os zygomaticum, 19 Ala major des Os sphenoidale, 20 Margo supraorbitalis, 21 Glabella

Nasenhöhle

Die Nasenhöhle, *Cavitas nasi,* wird durch die Nasenscheidewand geteilt. Ihre gemeinsame vordere birnenförmige Öffnung, *Apertura piriformis,* wird beiderseits von Oberkiefer und Nasenbein begrenzt. Am unteren Rand findet man einen dornartigen Fortsatz, *Spina nasalis anterior.* Die hinteren paarigen Nasenöffnungen, *Choanae,* führen in den Nasenrachenraum.

• Scheidewand

Die Nasenscheidewand, *Septum nasi,* besteht aus einem Knorpelteil, der bis zur Nasenspitze reicht, und einem knöchernen Anteil (Ab. 89). Letzterer wird von der *Lamina perpendicularis* des Siebbeins und dem Pflugscharbein, *Vomer,* gebildet.

• Boden

Der Boden der Nasenhöhle entspricht dem knöchernen Gaumen (Abb. 89, 92). Der hintere Knochenrand ist zu der mittelständigen *Spina nasalis posterior* ausgezogen. Neben der Nasenscheidewand beginnt beidseitig der *Canalis incisivus,* der auf der oralen Seite des Gaumens am Foramen incisivum mündet.

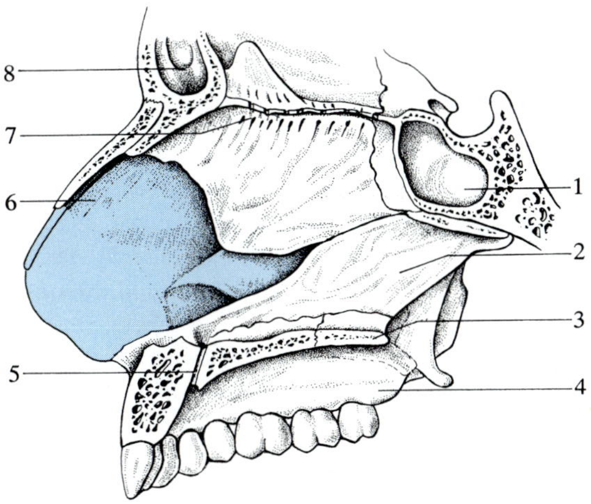

Abb. 89 Nasenscheidewand in seitlicher Ansicht
Der Schnitt liegt links neben dem Septum.
1 Sinus sphenoidalis, 2 Vomer,
3 Lamina horizontalis des Os palatinum,
4 Proc. palatinus der Maxilla, 5 Canalis incisivus,
6 Cartilago septi nasi, 7 Lamina perpendicularis des Os ethmoidale,
8 Sinus frontalis

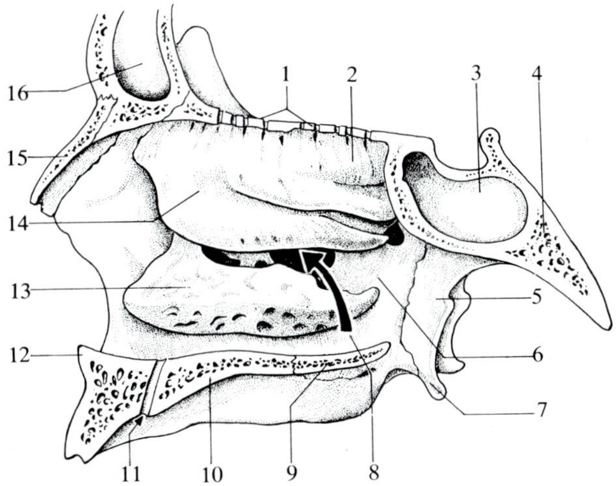

Abb. 90 Knochen der seitlichen Nasenwand.
Der Schnitt liegt in der Medianebene, daher erscheint der harte Gaumen im Vergleich zur Abbildung 89 so dick.
1 Lamina cribrosa des Os sphenoidale, 2 Concha nasalis superior,
3 Sinus sphenoidalis, 4 Corpus des Os sphenoidale,
5 Proc. pterygoideus des Os sphenoidale,
6 Proc. sphenoidalis des Os palatinum, 7 Hamulus pterygoideus,
8 Hiatus maxillaris, 9 Lamina horizontalis des Os palatinum,
10 Proc. palatinus der Maxilla, 11 Canalis incisivus,
12 Spina nasalis anterior, 13 Concha nasalis inferior,
14 Concha nasalis media, 15 Os nasale, 16 Sinus frontalis

• Dach

Das Dach der Nasenhöhle ist relativ schmal. Es wird von der Siebbeinplatte, *Lamina cribrosa*, gebildet, der sich vorn das Stirnbein und das paarige Nasenbein anschließen. Hinten grenzt die Siebbeinplatte an den Keilbeinkörper.

• Seitenwand

Die Seitenwand der Nasenhöhle setzt sich aus mehreren Knochen zusammen (Ab. 90). An ihrer Bildung beteiligen sich der Oberkiefer, *Maxilla*, das Siebbein, *Os ethmoidale*, das Gaumenbein, *Os palatinum*, das Keilbein, *Os sphenoidale*, das Tränenbein, *Os lacrimale*, das Nasenbein, *Os nasale*, und die untere Nasenmuschel, *Concha nasalis inferior*. Die obere und mittlere Nasenmuschel gehören zum Siebbein. Zwischen den 3 Nasenmuscheln, *Concha nasalis superior, media* und *inferior*, liegen der obere, mittlere und untere Nasengang.
Unter dem Keilbeinkörper liegt das *Foramen sphenopalatinum*, welches die Nasenhöhle mit der Flügelgaumengrube verbindet.

Nasennebenhöhlen

4.3.2 Nasennebenhöhlen, Sinus paranasales

Die Nasennebenhöhlen liegen in benachbarten Knochen der Nasenhöhle und enthalten Luft (Abb. 91). Zu ihnen gehören
1. die Kieferhöhle, *Sinus maxillaris*,
2. die Stirnhöhle, *Sinus frontalis*,
3. die Keilbeinhöhle, *Sinus sphenoidalis*,
4. die Siebbeinhöhle, *Sinus ethmoidalis*.

Außerdem gibt es noch pneumatische Räume (gr. *Pneuma* = Luft) in der Umgebung der Paukenhöhle. Diese stehen durch die Ohrtrompete, *Tuba auditiva*, mit dem Nasenrachenraum in Verbindung.
Entzündungen der Nasenschleimhaut können auf die Nasennebenhöhlen übergreifen. Häufig sind die Nasennebenhöhlen auch Sitz infektiöser Herde oder Schlupfwinkel für Bakterien.

• Kieferhöhle

Die Kieferhöhle ist mit etwa 15 cm^3 die größte aller Nasennebenhöhlen. Sie liegt im Oberkiefer (Abb. 91, 92) und ist in der Regel asymmetrisch ausgebildet. Ihre obere Wand ist etwa identisch mit dem Boden der Augenhöhle; die untere Wand grenzt an den Alveolarfortsatz. Durch ihre engen räumlichen Beziehungen zu den Wurzeln der Seitenzähne besteht bei deren Extraktion unter Umständen die Gefahr, daß die Kieferhöhle eröffnet und von der Mundhöhle aus infiziert wird. Ihre Abflußöffnung, *Hiatus semilunaris*, liegt im mittleren Nasengang. Bei entsprechender Indikation punktiert man daher die Kieferhöhle vom unteren Nasengang oder vom Vestibulum her.

• Stirnhöhle

Die Stirnhöhle liegt im Stirnbein und ist sehr variabel ausgebildet. Sie kann sehr klein oder extrem groß sein. Durch ein knöchernes Septum wird sie zweigeteilt. Sie mündet im mittleren Nasengang.

• Siebbeinhöhle

Die Siebbeinhöhle wird von der Gesamtheit der Siebbeinzellen, *Cellulae ethmoidales*, gebildet (Abb. 91). Diese etwa erbsengroßen

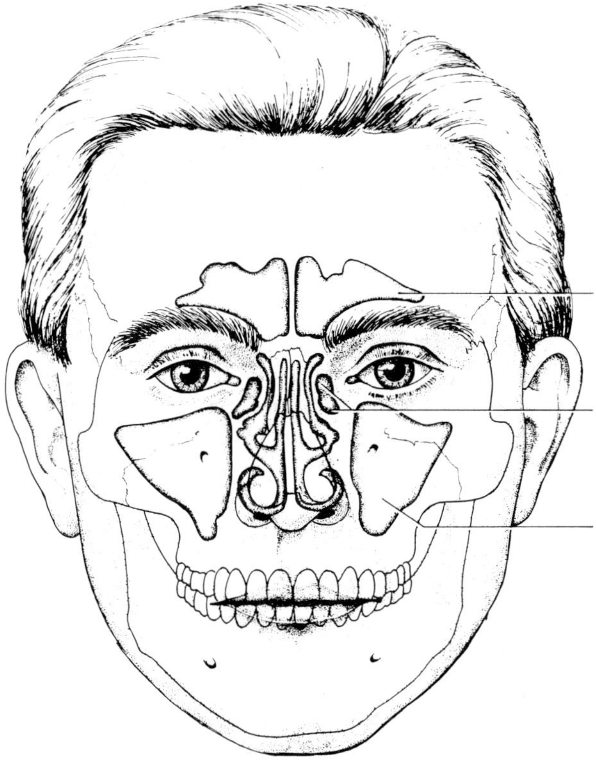

Abb. 91 Nasenhöhle und Nasennebenhöhlen in frontaler Projektion
1 Sinus frontalis, 2 Cellulae ethmoidales, 3 Sinus maxillaris

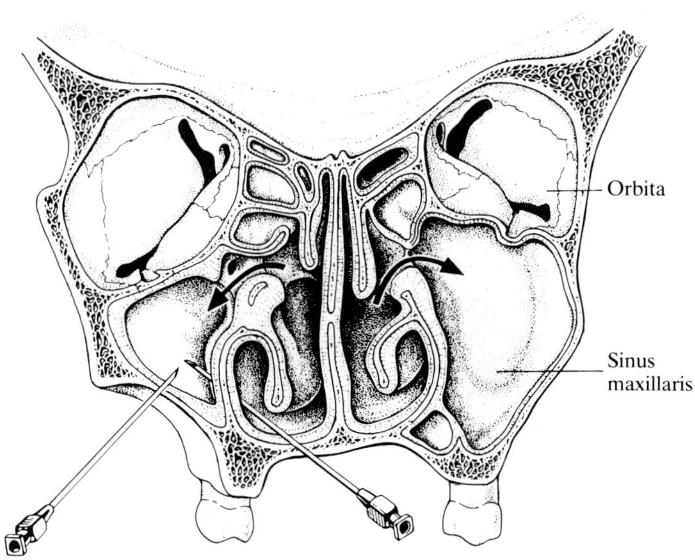

Abb. 92 Topographie der Kieferhöhle im Frontalabschnitt (beachte die Asymmetrie). Die Pfeile zeigen die Abflußöffnung, *Hiatus semilunaris,* beiderseits und die Kanülen die günstigsten Stellen zur Punktion

Räume liegen im Siebbeinlabyrinth. Man unterteilt sie in 3 Gruppen, vordere, mittlere und hintere Siebbeinzellen. Eine blasenartige unter der mittleren Nasenmuschel vortretende Siebbeinzelle ist die *Bulla ethmoidalis.* Die vorderen und mittleren Siebbeinzellen münden in den mittleren Nasengang und die hinteren in den oberen Nasengang.

• Keilbeinhöhle

Die Keilbeinhöhle liegt im Keilbeinkörper. Eine Trennwand teilt sie in 2 asymmetrische Hälften. Ihre Öffnung führt jederseits in den oberen Nasengang.

Gaumen

4.3.3 Knöcherne Begrenzung der Mundhöhle

Die Mundhöhle wird oben vom knöchernen Gaumen, seitlich und vorn vom Alveolarfortsatz des Oberkiefers sowie vom Unterkiefer begrenzt. Der Mundboden wird von Muskeln gebildet (Abb. 123 bis 125).

• Knochen

Der knöcherne Gaumen, *Palatum osseum,* setzt sich aus mehreren Knochen zusammen. Diese sind vorn der Zwischenkiefer, *Os incisivum,* im mittleren Drittel der Gaumenfortsatz des Oberkiefers, *Proc. palatinus,* und im hinteren Drittel die horizontale Platte des Gaumenbeins, *Lamina horizontalis.*

• Knochennähte

Vorn ist der Gaumen am dicksten, hinten wird er dünner. Eine mittelständige Naht, *Sutura palatina mediana,* die hinten in der *Spina nasalis posterior* endet, verbindet die Knochen beider Seiten und eine quer verlaufende Naht, *Sutura palatina transversa,* verbindet die Oberkiefer und Gaumenbeine miteinander (Abb. 93, 94).

• Öffnungen

Bei Kindern und zu etwa 50 % bei Erwachsenen kann man noch eine *Sutura incisiva* finden, die zwischen dem Eckzahn und dem seitlichen Schneidezahn zum Foramen incisivum zieht. Sie ist

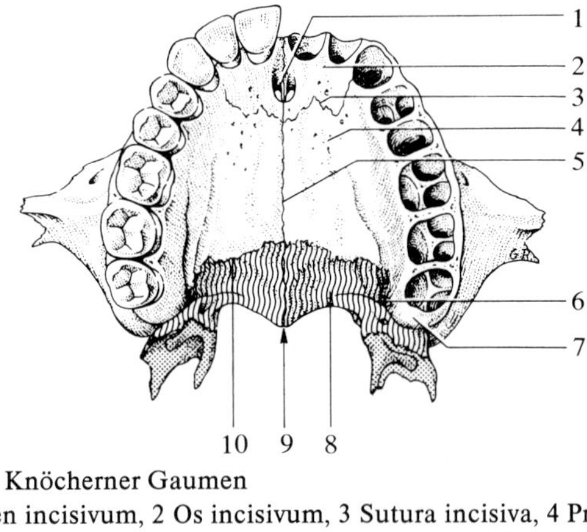

Abb. 93 Knöcherner Gaumen
1 Foramen incisivum, 2 Os incisivum, 3 Sutura incisiva, 4 Proc. palatinus der Maxilla, 5 Sutura palatina mediana, 6 Foramen palatinum majus, 7 Tuber maxillae, 8 Lamina horizontalis des Os palatinum, 9 Spina nasalis posterior, 10 Sutura palatina transversa

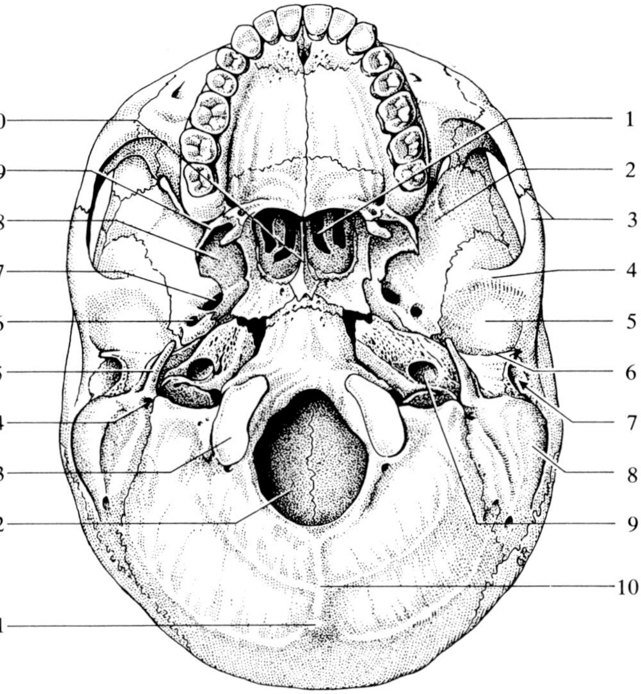

Abb. 94 Äußere Schädelbasis
1 Choana, 2 Fossa infratemporalis, 3 Arcus zygomaticus, 4 Tuberculum articulare, 5 Fossa mandibularis, 6 Fissura petrotympanica, 7 Porus acusticus, 8 Proc. mastoideus, 9 Foramen caroticum externum, 10 Crista occipitalis externa, 11 Protuberantia occipitalis externa, 12 Foramen magnum, 13 Condylus occipitalis, 14 Foramen stylomastoideum, 15 Proc. styloideus, 16 Foramen spinosum, 17 Foramen ovale, 18 Fossa pterygoidea, 19 Proc. pterygoideus, 20 Vomer

die ursprüngliche Grenze des selbständig angelegten Zwischenkiefers. Das *Foramen incisivum* liegt hinter den mittleren Schneidezähnen (Injektionsstelle für die Lokalanästhesie). Hier mündet der paarige *Canalis incisivus*, der von der Nasenseite her den Gaumen durchsetzt und die gleichnamigen Nerven und Gefäße enthält. Am distalen äußeren Ende des knöchernen Gaumens findet man das *Foramen palatinum majus* (Injektionsstelle für die Lokalanästhesie) und die *Foramina palatina minora.* Durch diese Öffnungen gelangen die Nerven und Gefäße zur Gaumenschleimhaut.

- Dimensionen

Die Form des Gaumens kann in der Längen-, Breiten- und Höhenausdehnung variieren. Eine Verringerung der Gaumenbreite geht häufig mit einer stärkeren Wölbung des Gaumens einher; der breite Gaumen ist meist flacher.

Kinder haben in der Regel einen flacheren Gaumen als Erwachsene. Der hohe Gaumen findet sich besonderns bei langgesichtigen Schädeln. Durch kieferorthopädische Maßnahmen kann die Form des Gaumens verändert werden.

Aufgaben

1. Zählen Sie die Schädelknochen auf, die die Augenhöhle und die Nasenhöle umschließen!
2. Beschreiben Sie den Aufbau
   - der seitlichen Nasenhöhlenwand,
   - der Nasenscheidewand,
   - des Palatum osseum!
3. Erläutern Sie den Begriff Nasennebenhöhlen!
4. Beschreiben Sie die Lage und die Bedeutung der Kieferhöhle!
5. Zeichnen Sie den knöchernen Gaumen in der Aufsicht, einschließlich der Suturen und der Foramina! Beschriften Sie Ihre Zeichnung!

4.4 Knochen des orofazialen Systems

In der Einführung (Abschn. 1.6.) wurde bereits auf die Schwierigkeit einer klaren Abgrenzung der Strukturen des orofazialen Systems hingewiesen.
Das gilt auch für die Schädelknochen. Keinesfalls darf man annehmen, daß die Gesichtsschädelknochen mit denen des orofazialen Systems identisch sind. Da sich das orofaziale System aus funktionsbezogenen Strukturen zusammensetzt, sind an seiner Bildung auch Knochen des Hirnschädels beteiligt. Von diesen seien nachfolgend die wichtigsten beschrieben.

Oberkiefer

4.4.1 Oberkiefer, Maxilla

Der Oberkiefer bildet die knöcherne Grundlage des Mittelgesichtes.
Er besteht aus einem Körper und 4 Fortsätzen.
Der Körper, *Corpus maxillae*, enthält die Kieferhöhle. Man unterscheidet an ihm 4 Flächen.

- Vorderfläche

Die Vorderfläche, *Facies anterior,* wird von den Weichteilen des Gesichtes bedeckt (Abb. 88, 95). Hier findet sich das *Foramen infraorbitale* (Druckpunkt des 2. Trigeminusastes und Injektionsstelle für die Lokalanästhesie). Darunter liegt als flache Delle die *Fossa canina.* Sie ist ein wichtiger Orientierungspunkt bei der operativen Eröffnung der Kieferhöhle. Der mediale Rand wird von der *Incisura nasalis* gebildet. Sie zeigt unten einen kleinen Knochensporn, *Spina nasalis anterior.*

- Nasenfläche

Die Nasenfläche, *Facies nasalis,* (Abb. 96) bildet einen Teil der seitlichen Nasenwand.
Hier findet sich die Öffnung der Kieferhöhle, *Hiatus maxillaris.* Davor liegt eine senkrecht verlaufende Furche, *Sulcus lacrimalis,* die den Tränennasengang aufnimmt.

- Augenhöhlenfläche

Die Augenhöhlenfläche, *Facies orbitalis,* bildet den größten Teil des Bodens der Orbita. Sie endet vorn am unteren Rand der

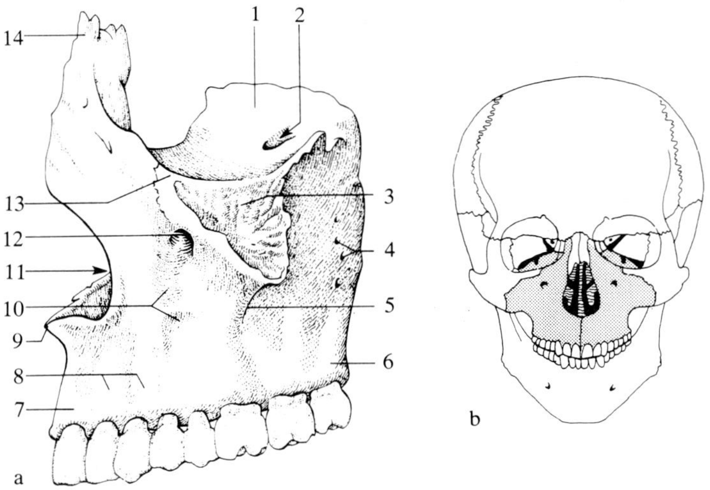

Abb. 95 Oberkiefer. a Oberkiefer von vorn seitlich, b Topographie
1 Facies orbitalis, 2 Canalis infraorbitalis, 3 Proc. zygomaticus, 4 Foramina alveolaria, 5 Crista zygomaticoalveolaris, 6 Tuber maxillae, 7 Proc. alveolaris, 8 Juga alveolaris, 9 Spina nasalis anterior, 10 Fossa canina, 11 Incisura nasalis, 12 Foramen infraorbitale, 13 Margo infraorbitalis, 14 Proc. frontalis

Augenhöhle, *Margo infraorbitalis*, dessen tiefste Stelle der Orbitapunkt, *Orbitale*, (Abb. 72) ist. Im hinteren Drittel beginnt eine Furche, die in den *Canalis infraorbitalis* führt.

Die Unterschläfenfläche, *Facies infratemporalis*, wird vom *Tuber maxillae* gebildet. Es wird zur Retention totaler Prothesen genutzt. Mehrere kleine Öffnungen, *Foramina alveolaria*, und feine Kanälchen dienen hier dem Durchtritt von Nerven und Gefäßen. Hinten läuft eine Halbrinne, der *Sulcus palatinus major*, abwärts. Sie wird durch die entsprechende Furche des Gaumenbeins zum *Canalis palatinus major* ergänzt, durch den der N. palatinus major und die A. palatina descendens abwärts ziehen.

• untere Schläfenfläche

Der Stirnfortsatz, *Proc. frontalis,* verbindet den Oberkiefer mit dem Stirn-, Nasen- und Tränenbein.

• Stirnfortsatz

Der Jochbeinfortsatz, *Proc. zygomaticus,* verbindet den Oberkiefer mit dem Jochbein. Von ihm zieht eine Kante zum Alveolarfortsatz *(Crista zygomaticoalveolaris)*, die als Aussparungsstelle für die obere Prothesenbasis bedeutungsvoll ist.

• Jochbeinfortsatz

Der Gaumenfortsatz, *Proc. palatinus*, ist eine horizontale Platte (Abb. 96). Die Gaumenfortsätze beider Seiten bilden die vorderen zwei Drittel des knöchernen Gaumens. Bei Jugendlichen findet sich noch ein Zwischenkieferknochen, *Os incisivum* (von J. W. von Goethe entdeckt), der die oberen Schneidezähne trägt. Von der Nasenseite her tritt der paarige *Canalis incisivus* in den Gaumenfortsatz ein. Der Kanal beider Oberkiefer mündet auf der oralen Seite dicht hinter den mittleren Schneidezähnen im *Foramen incisivum.*

• Gaumenfortsatz

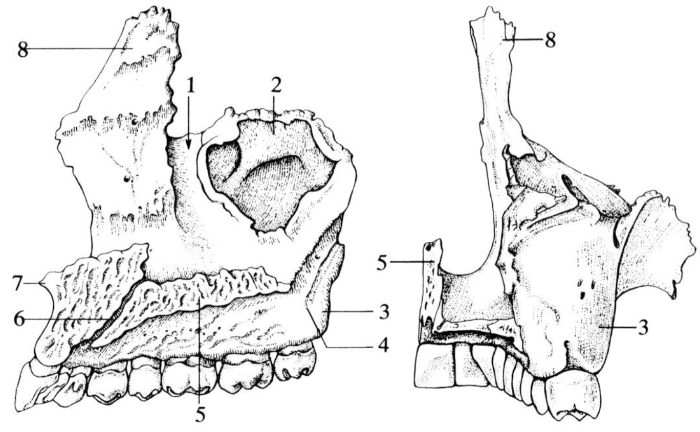

Abb. 96 Oberkiefer. a Rechter Oberkiefer von medial, b von dorsal
1 Sulcus lacrimalis, 2 Hiatus maxillaris, 3 Tuber maxillae, 4 Sulcus palatinus major, 5 Proc. palatinus, 6 Canalis incisivus, 7 Spina nasalis anterior, 8 Proc. frontalis

• Alveolarfortsatz

Der Alveolarfortsatz, *Proc alveolaris,* trägt die Zähne. In ihm befinden sich die Zahnfächer, *Alveoli dentales,* welche die Wurzeln der oberen Zähne aufnehmen (Abb. 93 bis 96). Die Wand des Zahnfachs wird *Os alveolare* genannt. Zwischen den Zahnfächern sind die Knochenkämme, *Septa interalveolaria*; die Alveolen mehrwurzeliger Zähne werden durch *Septa interradicularia* getrennt. An der Außenfläche des Alveolarfortsatzes wölben sich die Zahnfächer als *Juga alveolaria* vor.

Gaumenbein

4.4.2 Gaumenbein, Os palatinum

Das Gaumenbein besteht aus 2 dünnen, annähernd senkrecht zueinander stehenden Knochenplatten (Abb. 97),
- der Vertikalplatte, *Lamina perpendicularis,*
- der Horizontalplatte, *Lamina horizontalis.*

• Vertikalplatte

Die Vertikalplatte bildet einen Teil der seitlichen Nasenwand (Abb. 90, 97). Sie besitzt eine der Nase zugekehrte Fläche, *Facies nasalis,* und eine Seitenfläche, *Facies maxillaris.* Letztere begrenzt einen Teil der Flügelgaumengrube. An ihrem oberen Rand befindet sich ein tiefer Einschnitt, *Incisura sphenopalatina,* welche die vertikale Platte in 2 Fortsätze teilt. Der hintere *Proc. sphenoidalis* verbindet sich mit der Unterfläche des Keilbeinkörpers, wodurch der Einschnitt zum *Foramen sphenopalatinum* geschlossen wird. Durch dieses Loch kommunizieren Flügelgaumengrube und Nasenhöhle miteinander. Der vorn gelegene *Proc. orbitalis* erstreckt sich bis zum Boden der Augenhöhle.
Die Lamina perpendicularis legt sich der Facies nasalis des Oberkiefers an und verbindet sich mit dem Flügelfortsatz des

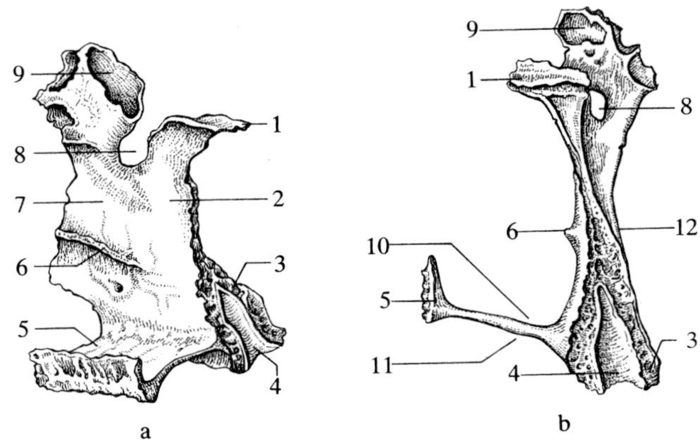

Abb. 97 Gaumenbein
a von nasal, b von hinten
1 Proc. sphenoidalis, 2 Facies nasalis, 3 Proc. pyramidalis, 4 Sulcus palatinus major, 5 Lamina horizontalis, 6 Crista conchalis, 7 Lamina perpendicularis, 8 Incisura sphenopalatina, 9 Proc. orbitalis, 10 Facies maxillaris, 11 Facies palatina, 12 Facies nasalis

Keilbeins. An der dem Oberkiefer anliegenden Fläche befindet sich eine Rinne, *Sulcus palatinus major*, die zusammen mit der gleichnamigen Furche des Oberkiefers den *Canalis palatinus major* einschließt. Oben mündet dieser Kanal in die Flügelgaumengrube.

• Horizontalplatte

Die Horizontalplatte bildet den hinteren Abschnitt des knöchernen Gaumens. Sie besitzt eine nasale und eine orale Fläche, *Facies nasalis* und *Facies palatina.* Hinter dem Weisheitszahn springt der Pyramidenfortsatz, *Proc. pyramidalis*, vor. In ihm befinden sich 2 bis 3 kleine Öffnungen, *Foramina palatina minora.*

Keilbein

4.4.3 Keilbein, Os sphenoidale

Das Keilbein wird wegen seiner Ähnlichkeit mit einem fliegenden Insekt auch Wespenbein genannt. Es besteht aus einem unpaaren Körper und 3 paarigen Fortsätzen (Abb. 84, 98, 99),

- dem kleineren Keilbeinflügel, *Ala minor*,
- dem größeren Keilbeinflügel, *Ala major*,
- dem Flügelfortsatz, *Proc. pterygoideus.*

Funktionell hat das Keilbein eine wichtige Bedeutung für die Verteilung des Kaudruckes. So wird z. B. ein Teil des Druckes der Schneide- und Eckzähne über die Nasenscheidewand und das Siebbein auf das Keilbein übertragen; der Flügelfortsatz nimmt z. T. den Druck der hinteren Mahlzähne und der große Keilbeinflügel z. T. den des Jochbeinpfeilers auf.

• Keilbeinkörper

Der Keilbeinkörper, *Corpus ossis sphenoidalis*, ist mit dem Hinterhauptbein zum *Clivus* verbunden. An der oberen Fläche liegt der Türkensattel, *Sella turcica*, (Abb. 85, 98), der die Hypophyse

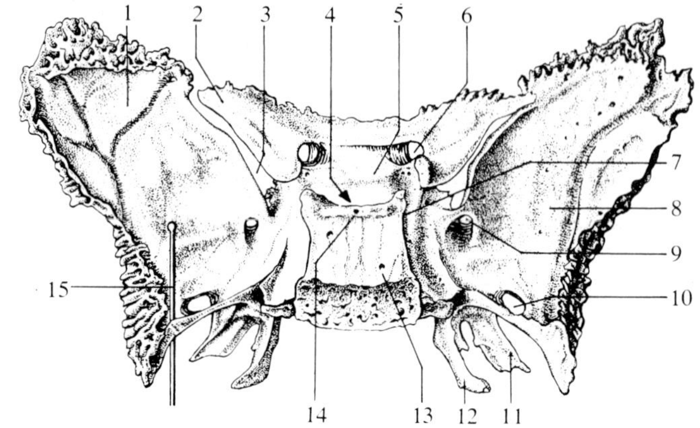

Abb. 98 Keilbein von oben
1 Ala major, 2 Ala minor, 3 Fissura orbitalis superior, 4 Sella turcica, 5 Tuberculum sellae, 6 Canalis opticus, 7 Sulcus caroticus, 8 Facies cerebralis, 9 Foramen rotundum, 10 Foramen ovale, 11 Lamina lateralis, 12 Lamina medialis, 13 Corpus, 14 Dorsum sellae, 15 Sonde im Foramen spinosum

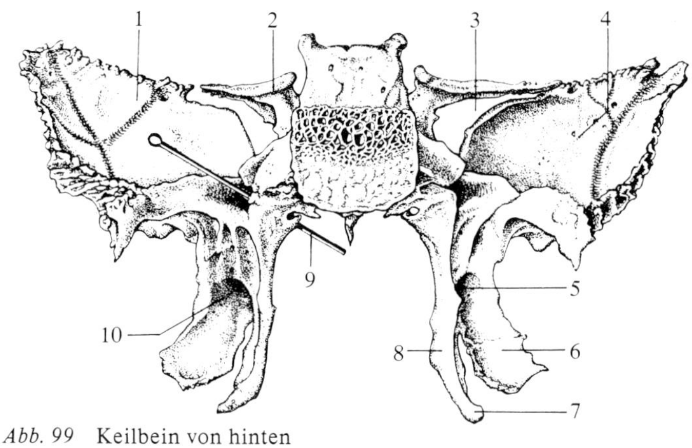

Abb. 99 Keilbein von hinten
1 Ala major, 2 Ala minor, 3 Fissura orbitalis superior, 4 Facies cerebralis, 5 Proc. pterygoideus, 6 Lamina lateralis, 7 Hamulus pterygoideus, 8 Lamina medialis, 9 Sonde im Canalis pterygoideus, 10 Fossa pterygoidea

aufnimmt. Er wird vorn vom Sattelknopf, *Tuberculum sellae*, und hinten von der Sattellehne, *Dorsum sellae*, begrenzt. Am seitlichen Abhang des Keilbeinkörpers liegt eine flache Furche, *Sulcus caroticus*, die der Lage der inneren Kopfschlagader entspricht. Im Inneren des Keilbeinkörpers befindet sich die Keilbeinhöhle, *Sinus sphenoidalis* (Abb. 88, 89, 154). Sie ist paarig angelegt.

• kleinerer Keilbeinflügel

Der kleinere Keilbeinflügel schließt an seiner Wurzel den in die Augenhöhle führenden *Canalis opticus* ein. Sein vorderer Rand ist mit dem Stirnbein und dem Siebbein verbunden.

Der größere Keilbeinflügel entspringt seitlich vom Keilbeinkörper. Er besitzt 4 Flächen, die der Schädelhöhle zugekehrte *Facies cerebralis*, die nach außen zeigende *Facies temporalis*, die zum Oberkiefer gerichtete *Facies maxillaris* und die zur Augenhöhlenwand weisende *Facies orbitalis*. Zwischen dem größeren und dem kleineren Keilbeinflügel liegt der obere Augenhöhlenspalt, *Fissura orbitalis superior*.

• größerer Keilbeinflügel

Im größeren Keilbeinflügel befinden sich 3 Löcher, das nach vorn gerichtete runde Loch, *Foramen rotundum*, seitlich dahinter das ovale Loch, *Foramen ovale*, und hinten das *Foramen spinosum*.

Der Flügelfortsatz entspringt an der unteren Seite des Keilbeinkörpers (Abb. 99). Er besteht aus 2 Blättern, einer *Lamina medialis* und einer *Lamina lateralis*. Zwischen beiden liegt eine Vertiefung, *Fossa pterygoidea*, aus welcher der mediale Flügelmuskel entspringt. Unten endet die mediale Lamelle mit einem hakenförmigen Fortsatz, *Hamulus pterygoideus*, um den die Sehne des M. tensor veli palatini medial abbiegt (Abb. 149).

• Flügelfortsatz

An der Basis des Flügelfortsatzes zieht der *Canalis pterygoideus* in sagittaler Richtung nach vorn in die Flügelgaumengrube.

Aufgaben

1. Stellen Sie die Knochen des Gesichtsschädels mit den deutschen und den lateinischen Bezeichnungen zusammen!
2. Beschreiben Sie den Aufbau und die Bedeutung des Oberkiefers!
3. Erläutern Sie die Lage und die Bedeutung folgender Besonderheiten:
   - Foramen incisivum,
   - Foramen infraorbitale,
   - Spina nasalis anterior,
   - Crista zygomaticoalveolaris,
   - Tuber maxillae.
4. Stellen Sie an einer Skizze den Teil des Os palatinum dar, der am Aufbau des Palatum osseum beteiligt ist!
5. Erläutern Sie die Form, die Teile und die Bedeutung des Keilbeins!
6. Zeigen Sie am Schädel bedeutungsvolle Flächen des großen Keilbeinflügels!
7. Beschreiben Sie die Lage und die Bedeutung der Fossa pterygoidea!

4.4.4 Schläfenbein, Os temporale

Schläfenbein

Das Schläfenbein bildet einen Teil der Schädelbasis und der seitlichen Schädelwand. Es besteht aus

- der Schläfenbeinschuppe, *Pars squamosa*,
- dem Paukenteil, *Pars tympanica*,
- dem Felsenbein, *Pars petrosa*.

Die Schläfenbeinschuppe ist eine annähernd halbkreisförmige Platte (Abb. 100a), die vorn an den größeren Keilbeinflügel grenzt. Ihre Außenfläche, *Facies temporalis*, wird größtenteils vom Schläfenmuskel überlagert. Vom basalen Teil springt der

• Schläfenbeinschuppe

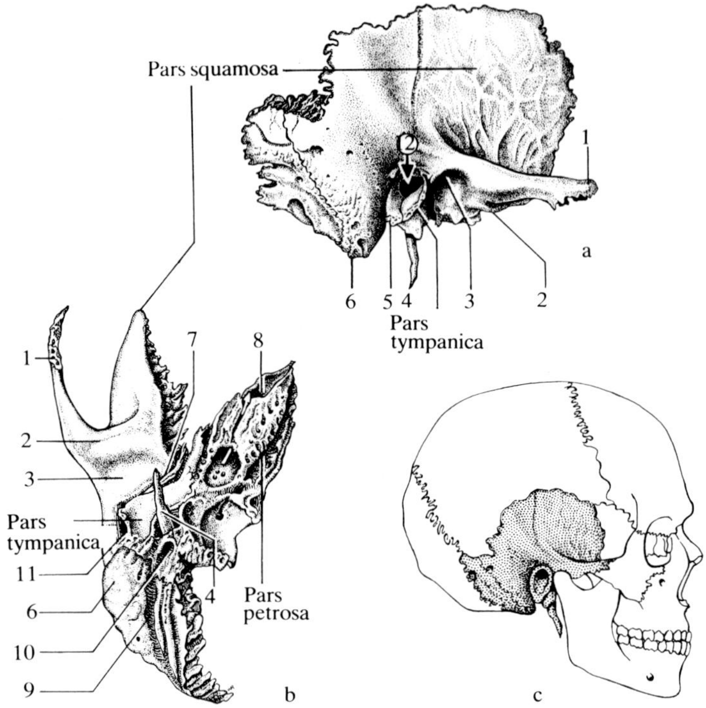

Abb. 100 Schläfenbein
a von lateral, b von unten, c im Schädel
1 Proc. zygomaticus, 2 Tuberculum articulare, 3 Fossa mandibularis, 4 Proc. styloideus, 5 Annulus tympanicus, 6 Proc. mastoideus, 7 Fissura petrotympanica, 8 Canalis caroticus, 9 Incisura mastoidea, 10 Foramen stylomastoideum, 11 Porus acusticus externus

Jochbogenfortsatz, *Proc. zygomaticus*, nach vorn vor und bildet den hinteren Teil des Jochbogens.
An der Unterfläche liegt die Kiefergelenkpfanne, *Fossa mandibularis*, die vorn durch den walzenförmigen Gelenkhöcker, *Tuberculum articulare*, begrenzt wird.
Ihre Gelenkfläche, *Facies articularis*, wird bis zum Gelenkhöcker von Faserknorpel überzogen.

- Paukenteil

Der Paukenteil legt sich von unten her der Pars petrosa und der Pars squamosa an. Beim Neugeborenen besteht er nur aus einem oben offenen Ring, *Annulus tympanicus*, in dem das Trommelfell eingespannt ist. Nach der Geburt bildet sich aus dem Annulus tympanicus eine Knochenrinne, die den medialen Abschnitt des äußeren Gehörgangs einfaßt. Sie wird durch die Pars squamosa zum äußeren Gehörgang, *Meatus acusticus externus*, geschlossen.

- Felsenbein

Das Felsenbein zeigt an seiner Außenfläche den Warzenfortsatz, *Proc. mastoideus*, (Abb. 100b), den man hinter dem Ohr tasten kann. Im Warzenfortsatz befinden sich mit Luft gefüllte Räume, die *Cellulae mastoideae*, die mit der Paukenhöhle in Verbindung stehen.

Den innen vom Warzenfortsatz gelegenen Teil des Felsenbeins, einschließlich der Pars tympanica, nennt man *Felsenbeinpyramide.* Sie enthält die Paukenhöhle und das Innenohr. An der Pyramidenspitze mündet der Kanal der inneren Kopfschlagader, *Canalis caroticus.* Der Doppelkanal, *Canalis musculotubarius,* führt von der Pyramidenspitze in die Paukenhöhle. In ihm liegen die Ohrtrompete, *Tuba auditiva,* und der Spanner des Trommelfells, *M. tensor tympani.*

Die untere Pyramidenfläche bildet den Boden der Paukenhöhle. Hier findet sich ein langer griffelartiger Fortsatz, *Proc. styloideus,* an dessen Wurzel der Fazialiskanal am *Foramen stylomastoideum* mündet. Die Vorderfläche zeigt eine flache Mulde, *Impressio trigemini,* welche das Ganglion trigeminale aufnimmt. An der Hinterfläche liegt die Öffnung des inneren Gehörgangs, *Porus acusticus internus,* durch welche der Hör- und Gleichgewichtsnerv zusammen mit dem N. facialis hindurchtreten. Im Felsenbein verläuft der N. facialis in einem eigenen Kanal.

4.4.5 Unterkiefer, Mandibula

Unterkiefer

Der Unterkiefer trägt die unteren Zähne und ist durch die Kiefergelenke beweglich mit dem Schädel verbunden. Da er die knöcherne Grundlage für das untere Prothesenlager bildet, ist die Kenntnis seiner Strukturen auch für die Prothetik von großer Wichtigkeit. Bis zum 1. Lebensjahr besteht er noch aus 2 Hälften. Diese sind im Bereich des Kinns durch die *Symphysis mandibulae* bindegewebig vereint; später verknöchert die Symphyse.

Man unterscheidet am Unterkiefer

- den Unterkieferkörper, *Corpus mandibulae,*
- den (paarigen) Unterkieferast, *Ramus mandibulae,* (Abb. 101 bis 104).

Der Unterkieferkörper wird in eine Unterkieferbasis, *Basis mandibulae,* und einen zahntragenden Alveolarteil, *Pars alveolaris,* unterteilt.

- Unterkieferbasis

Die Unterkieferbasis zeigt am Kinnvorsprung, *Protuberantia mentalis,* ein dreieckiges Feld, dessen Basis am ventralen Mandibularrand beiderseits einen flachen Höcker, *Tuberculum mentale,* trägt. Ventral zwischen dem 1. und 2. Prämolaren liegt das *Foramen mentale,* wo der Unterkieferkanal mündet. Es ist die Austrittsöffnung von N. und A. mentalis (Druckpunkt des 3. Trigeminusastes und Injektionsstelle für die Lokalanästhesie). An der Außenfläche läuft seitlich von den Molaren eine schräge Knochenleiste, *Linea obliqua,* aus als Fortsetzung der Vorderkante des Ramus auf den Körper.

Die Innenseite besitzt in der Kinngegend einen kleinen Knochensporn, *Spina mentalis,* an dem der M. genioglossus und der M. geniohyoideus entspringen. Seitlich davon liegt über der Ba-

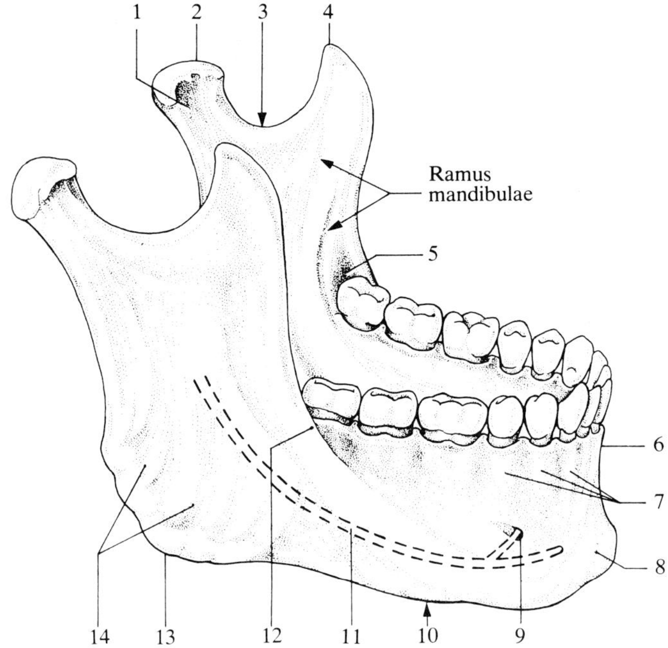

Abb. 101 Unterkiefer schräg von der Seite
1 Fovea pterygoidea, 2 Caput mandibulae, 3 Incisura mandibulae, 4 Proc. coronoideus, 5 Trigonum retromolare, 6 Pars alveolaris, 7 Juga alveolaria, 8 Protuberantia mentalis, 9 Foramen mentale, 10 Basis mandibulae, 11 Canalis mandibulae, 12 Linea obliqua, 13 Angulus mandibulae, 14 Tuberositas masseterica

sis ein paariges, flaches Grübchen, *Fossa digastrica,* für den Ansatz des vorderen Bauches des M. digastricus. Die schräg verlaufende Linie, *Linea mylohyoidea,* dient dem Mundbodenmuskel *(M. mylohyoideus)* zum Ursprung. Über dieser Linie befindet sich vorn eine flache Grube, *Fovea sublingualis,* für die Unterzungenspeicheldrüse *(Gl. sublingualis)* und darunter hinten eine Vertiefung, *Fovea submandibularis,* für die Unterkieferspeicheldrüse *(Gl. submandibularis).*

• Alveolarteil

Der Alveolarteil nimmt die Zahnwurzeln auf. Sein bogenförmiger freier Rand, *Arcus alveolaris,* folgt nicht ganz der Krümmung des Basalbogens; die hinteren Enden sind stärker nach innen eingezogen. Die Pars alveolaris wird durch radiär gestellte Knochenkämme, *Septa interalveolaria,* in Zahnfächer, *Alveoli dentales,* unterteilt. Im Gebiet der zweiwurzeligen Mahlzähne sind die Alveolen noch durch *Septa interradicularia* gekammert. Die Alveolenwand wird auch hier *Os alveolare* genannt. Auf der Außenfläche findet man ähnlich wie am Oberkiefer Vorwölbungen, *Juga alveolaria,* die den Zahnfächern entsprechen (Abb. 103).

• Unterkieferast

Der Unterkieferast beginnt am Kieferwinkel, *Angulus mandibulae,* (Abb. 101). An seiner Außenseite befindet sich eine Rauhigkeit, *Tuberositas masseterica,* für den Ansatz des M. masseter und

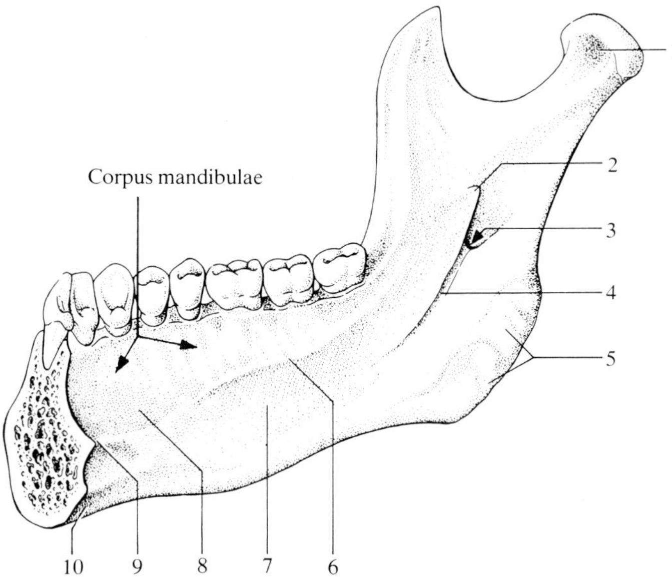

Abb. 102 Unterkieferhälfte von innen
1 Fovea pterygoidea, 2 Lingula, 3 Foramen mandibulae, 4 Sulcus mylohyoideus, 5 Tuberositas pterygoidea, 6 Linea mylohyoidea, 7 Fovea submandibularis, 8 Fovea sublingualis, 9 Spina mentalis, 10 Fossa digastrica

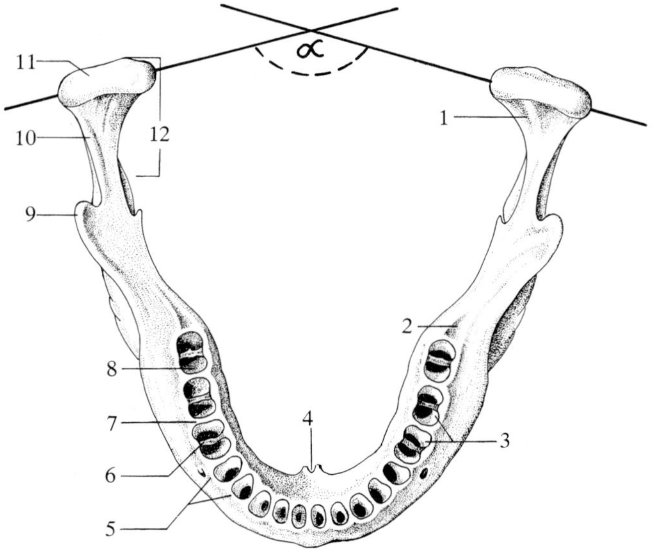

Abb. 103 Unterkiefer ohne Zähne von oben
1 Fovea pterygoidea, 2 Trigonum retromolare, 3 Os alveolare, 4 Spina mentalis, 5 Arcus alveolaris, 6 Septum interradiculare, 7 Septum interalveolare, 8 Alveolus dentalis, 9 Proc. coronoideus, 10 Collum mandibulae, 11 Caput mandibulae, 12 Proc. condylaris

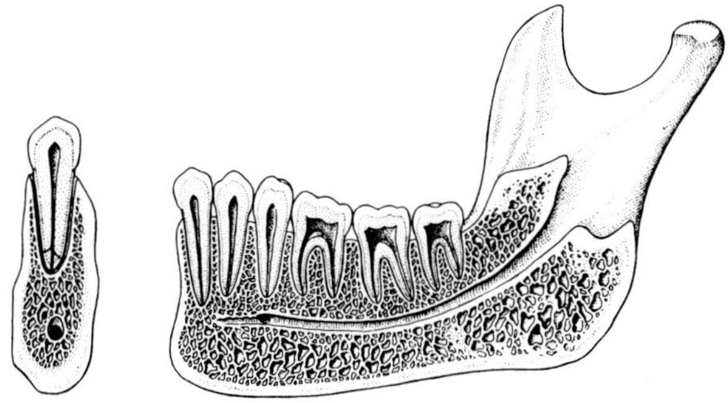

Abb. 104 Unterkiefer im Quer- und Längsschnitt
Beachte die Beziehungen des Unterkieferkanals zu den Zahnwurzeln

an der Innenseite die *Tuberositas pterygoidea* für den des medialen Flügelmuskels (Abb. 102, 120). Das obere Ende des Ramus mandibulae wird durch einen halbkreisförmigen Einschnitt, *Incisura mandibulae*, in den Kronen- und Gelenkfortsatz, *Proc. coronoideus* und *Proc. condylaris*, geteilt. Ersterer dient dem Schläfenmuskel als Ansatz. Sein vorderer Rand läuft in Fortsetzung des Ramus mandibulae in der *Linea obliqua* aus.

- Gelenkfortsatz
- Kronenfortsatz
- Gelenkkopf
- Gelenkhals

Der Proc. condylaris trägt den Gelenkkopf des Unterkiefers, *Caput mandibulae.* Dieser hat die Form einer bohnenförmigen Walze, die durch den schlanken Hals, *Collum mandibulae*, mit dem Kieferast verbunden ist. Die Längsachsen beider Gelenkköpfe treffen sich in einem nach vorn offenen Winkel (Abb. 103). Vorn innen am Hals ist ein Grübchen, *Fovea pterygoidea*, in dem der untere Teil des seitlichen Flügelmuskels ansetzt.

- Foramen mandibulae

An der Innenfläche liegt als Eingang zum Unterkieferkanal das *Foramen mandibulae* (Abb. 102) (Injektionsstelle für die Lokalanästhesie). Von seinem unteren scharfen Rand springt ein Knochenstachel, *Lingula mandibulae*, vor.
Unter dem Foramen beginnt eine Furche, *Sulcus mylohyoideus.* Hinter dem 3. Molaren befindet sich ein dreieckiges Feld, *Trigonum retromolare.*

• Unterkieferkanal

Der Unterkieferkanal, *Canalis mandibulae*, enthält N. und A. alveolaris inferior für die Versorgung der unteren Zähne (Abb. 104). Er öffnet sich am Foramen mentale, wo er Nerven und Gefäße zum Kinn abgibt, und läuft dann vorn unter den Schneidezähnen aus. Beim Greisenkiefer liegt der Unterkieferkanal näher unter der Mundschleimhaut, weil der Alveolarkamm atrophiert ist (Abb. 162).

Zungenbein

4.4.6 Zungenbein, Os hyoideum

Das Zungenbein ist eine hufeisenförmige, hinten offene Knochenspange, die sich im Winkel zwischen Mundboden und vorderer Halsregion tasten läßt.

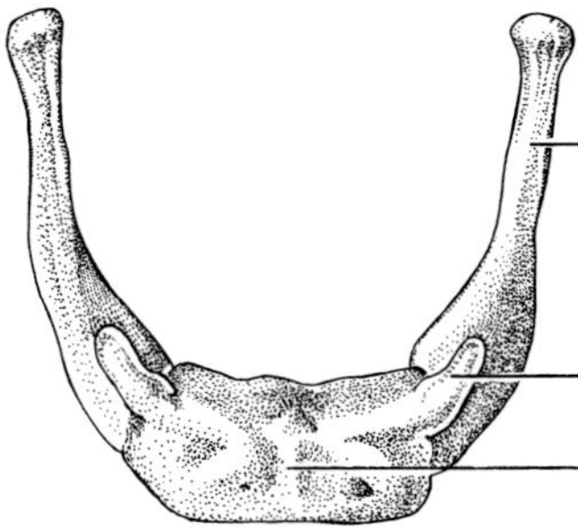

Abb. 105 Zungenbein
1 Cornu majus
2 Cornu minus
3 Corpus

Der mittlere Teil wird vom Zungenbeinkörper gebildet (Abb. 105). Von diesem entspringen beiderseits ein großes Zungenbeinhorn, *Cornu majus*, nach hinten und ein kleines Zungenbeinhorn, *Cornu minus*, nach oben.
Das Zungenbein dient den Zungenbeinmuskeln (Abb. 123 bis 126) zum Ursprung bzw. zum Ansatz und spielt somit eine wichtige Rolle für die Kieferöffnung und den Schluckvorgang. Außerdem ist an ihm der Kehlkopf aufgehängt, dessen Auf- und Abwärtsbewegungen man beim Schlucken beobachten kann.

Aufgaben

1. Beschreiben Sie am Schädel bzw. an entsprechenden Abbildungen den Aufbau des Schläfenbeins und die Lage seiner Hauptteile!
2. Erläutern Sie Form, Lage und Bedeutung der Fossa mandibularis und des Tuberculum articulare!
3. Kennzeichnen Sie in entsprechenden Ansichten des Schädels von basal und von lateral die Fossa mandibularis!
4. Tragen Sie in eine Skizze des Unterkiefers – getrennt nach Innen- und Außenseite – wichtige anatomische Daten ein!
5. Stellen Sie in einer Übersicht wichtige Muskelursprungs- bzw. Muskelansatzstellen am Unterkiefer zusammen!
6. Skizzieren Sie in einer Aufsicht den Alveolarteil des Unterkiefers. Beschriften Sie die dargestellten Besonderheiten!
7. Beschreiben Sie Aufbau und Besonderheiten des Proc. condylaris!
8. Erläutern Sie Verlauf und Bedeutung des Canalis mandibulae!
9. Welche Veränderungen erleidet die Pars alveolaris nach Zahnverlust?
10. Beschreiben Sie Form, Lage und Bedeutung des Os hyoideum!

4.5 Kraniofaziales Wachstum

4.5.1 Proportionsveränderungen des Schädels nach der Geburt

Die Proportionen des Schädels werden durch das Verhältnis des Hirnschädels zum Gesichtsschädel bestimmt.

Schädel des Neugeborenen

Der Hirnschädel des Neugeborenen ist gegenüber dem Gesichtsschädel verhältnismäßig groß. Die Augenhöhlen sind rela-

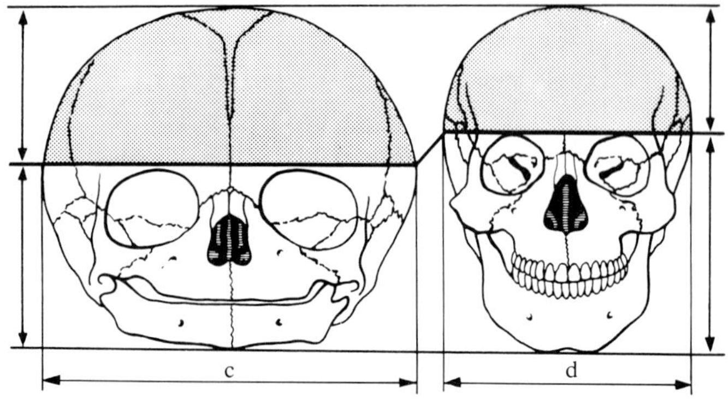

Abb. 106 Proportionsunterschiede zwischen den Schädeln eines Neugeborenen und eines Erwachsenen
a Hirnschädel, b Gesichtsschädel, c Schädelbreite beim Neugeborenen, d Schädelbreite beim Erwachsenen

tiv weit und die Kiefer noch wenig entfaltet, so daß das Neugeborenengesicht breit aussieht (Abb. 106).

Proportionsverschiebungen des Schädels

Im 1. Lebensjahr, insbesondere in der 1. Hälfte, ist die Wachstumszunahme des Schädels am größten. Mit der Entwicklung des Gebisses und der späteren Ausbildung des Stirnhirns verlängert sich die Schädelbasis, hauptsächlich deren vorderer Teil. Die Wachstumsintensität läßt nach dem Durchbruch des 1. Molars nach, steigert sich aber wieder mit dem Durchbruch des 2. Molars um das 12. Lebensjahr. Danach verringert sie sich bis zum Erwachsenenalter.
Die Umproportionierung des Gesichtsschädels beruht besonders auf der Form- und der Größenveränderung des Ober- und des Unterkiefers. Diese stehen wiederum im engen Zusammenhang mit den Dentitionen.
Die Höhenzunahme des Oberkiefers folgt der Ausbildung der Kieferhöhle und des Alveolarfortsatzes. Damit ändert sich auch die Form des Gaumens. Seine Wölbung verstärkt sich; desgleichen wird er länger und breiter.
Der Unterkiefer des Neugeborenen ist mit einer halbkreisförmigen Rinne vergleichbar, in der die Zahnkeime liegen. Durch die Ausbildung des Alveolarteils und Verstärkung der Basis erhöht sich der Körper des Unterkiefers. Während des Wachstums kommt es besonders zu einer Längenzunahme des Unterkieferastes. Diese ist notwendig, um die Höhendifferenz der Kiefer nach dem Durchbruch der Zähne auszugleichen. Gleichzeitig verändert sich auch der Unterkieferwinkel. Während er beim Neugeborenen noch relativ groß ist, verringert er sich beim Erwachsenen. Durch diese Verkleinerung wird der Unterkiefer gegen Verbiegungen widerstandsfähiger.
Im Greisenalter vergrößert sich der Unterkieferwinkel wieder, was als Beweis der Anpassungsfähigkeit dieser Strukturen zu werten ist.

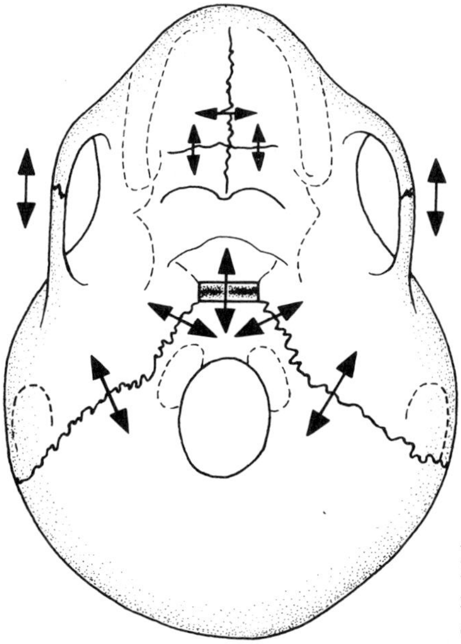

Abb. 107 Zentren des kraniofazialen Wachstums mit Suturen und Synchondrosen der Schädelbasis

4.5.2 Zentrum des kraniofazialen Wachstums

kraniofaziales Wachstum

Zentren und Zonen des kraniofazialen Wachstums sind der Knorpel, die Suturen und das Periost. Daher unterscheidet man

- das Knorpelwachstum (Wachstumszentrum),
- das suturale Wachstum (Wachstumszone),
- das periostale Wachstum (Wachstumszone).

• Knorpelwachstum

Das Knorpelwachstum des Schädels geht von den *Synchondrosen* (Abb. 107) und dem *knorpeligen Nasenseptum* aus (s. Abb. 89). Die Wirkung der Synchondrosen ist mit der des Epiphysenknorpels vergleichbar, dessen Wachstum so lange anhält, bis der Knorpel aufgebraucht ist (s. Lehrbuch der Histologie). Dabei vermindern sich die Wachstumsaktivitäten bis zum Erwachsenenalter.

Als Wachstumszentren am Unterkiefer wirken im 1. Lebensjahr der *Symphysenknorpel* und bis zum Erwachsenenalter der *Gelenkknorpel.*

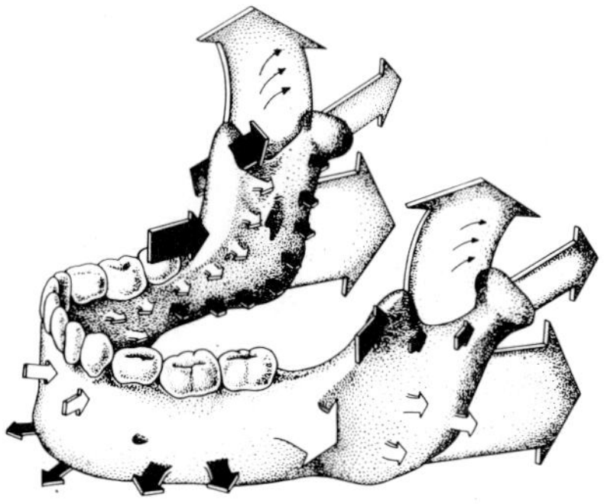

Abb. 108 Modellierung des Unterkiefers durch periostales Wachstum. Die Pfeile kennzeichnen Gebiete des Knochenanbaus und Knochenabbaus

• suturales Wachstum

Das suturale Wachstum ist mit dem periostalen Wachstum vergleichbar, nur mit dem Unterschied, daß der Knochenanbau an den Knochenrändern erfolgt.

• periostales Wachstum

Das periostale Wachstum beruht auf der Anlagerung von Knochen durch das Periost und hält bis ins hohe Alter an. Da der Anbau neuer Knochensubstanz mit ständigen Knochenresorptionen an anderen Stellen einhergeht, wirkt das periostale Wachstum modellierend auf den Schädel und den Unterkiefer (Abb. 108).

4.5.3 Wachstum des Gesichtsschädels und des Unterkiefers

Das postnatale Wachstum des Gesichtsschädels ist durch allgemeine Vergrößerung und Proportionsverschiebungen gekennzeichnet.

Wachstum des Obergesichts

Das Obergesicht verlagert sich nach oben vorn, das Mittel- und das Untergesicht nach vorn unten (Abb. 109). Durch die Verbindung mit dem Hirnschädel ist das Wachstumstempo des Obergesichtes anfangs am schnellsten; mit dem 12. Lebensjahr wird es eingestellt. Mittel- und Untergesicht wachsen langsamer; nach dem Durchbruch der 3. Molaren (ab 18. Lebensjahr) vergrößern sich beide nicht mehr. Durch Knochenappositionen an der äußeren Oberfläche und Resorptionen in den Augenhöhlen, der Nasenhöhle, den Nasennebenhöhlen und der Mundhöhle kommt es zur Vergrößerung der Gesichtstiefe.

Wachstum des Mittelgesichts

Die Entfaltung der Nasenregion fördert das vertikale Wachstum des Mittelgesichtes. Unterbleibt die Nasenatmung, dann kommt es durch den Ausfall funktioneller Impulse zur Wachstumshemmung des Mittelgesichtes. Ein weiteres vertikales Wachstum des Mittelgesichtes erfolgt mit der Ausbildung des Alveolarfortsat-

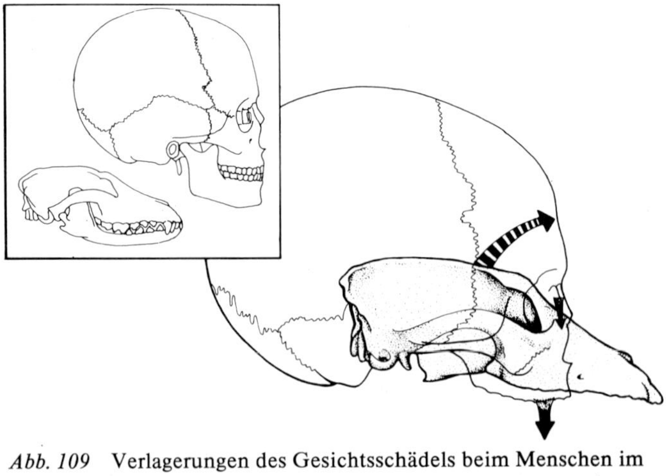

Abb. 109 Verlagerungen des Gesichtsschädels beim Menschen im Vergleich zum Hundeschädel

zes und beim Durchbruch der Zähne. Periostale Apposition am Tuber maxillae führt zur Verlängerung nach hinten und zur Raumgebung für den 2. und 3. Molaren.
Die Vergrößerung des Gaumens erfolgt durch Wachstum in den Suturen und des Alveolarfortsatzes.

Wachstum des Unterkiefers

Das Unterkieferwachstum geht hauptsächlich vom Gelenkknorpel aus; die Modellierung erfolgt jedoch im wesentlichen durch periostales Wachstum.
Störfaktoren, die den Gelenkknorpel betreffen, können die Wachstumspotenzen erheblich beeinflussen. Eine Überproduktion des Wachstumshormons stimuliert das Unterkieferwachstum und führt zur Verlängerung des Unterkiefers.
Zerlegt man den Unterkiefer in Funktionseinheiten, so zeigt sich, daß jede ihr eigenes Wachstumsmuster besitzt. Hauptsächliche Stimuli sind für den Alveolarteil die Zähne, für den Proc. coronoideus die Zugwirkung des M. temporalis, für den Kieferwinkel der M. masseter und M. pterygoideus medialis und für den Proc. condylaris die Wirkung des Kiefergelenkes.

4.5.4 Skeletodentale Wachstumsanalysen

Zur quantitativen Erfassung von Wachstumsprozessen des Gesichtsschädels bedient man sich der Biometrie, wobei es verschiedene Methoden gibt (s. Lehrbuch der Kieferorthopädie).

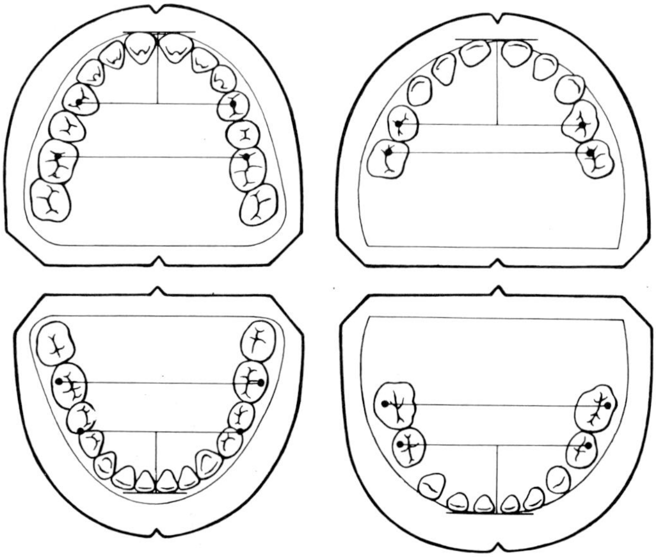

a b

Abb. 110 Vermessen kieferorthopädischer Modelle; vordere und hintere Zahnbogenbreite (Erklärungen im Text)
a Permanentes Gebiß, b Milchgebiß

Vermessung kieferorthopädischer Modelle

Durch Vermessen kieferorthopädischer Modelle, z. B. Bestimmung der Zahnbogenbreite und -länge, kann man transversale und sagittale Abweichungen ermitteln (Abb. 110).

Die *vordere Zahnbogenbreite* des Oberkiefers wird beim permanenten Gebiß von der Mitte der Fissur des 1. Prämolars beider Seiten gemessen. Im Milchzahngebiß wählt man die tiefste Stelle der Fissur des 1. Milchmolars.

Die *hintere Zahnbogenbreite* des Oberkiefers wird beim permanenten Gebiß von der vorderen Hauptfissur des 1. Molars und im Milchgebiß am vorderen Kreuzungspunkt der H-Fissur der 2. Milchmolaren bestimmt.

Für den Unterkiefer sind die Meßstellen im Dauergebiß der Kontaktpunkt der Prämolaren und im Milchgebiß der vestibulodistale Höcker des 1. Milchmolars sowie der mesiovestibuläre Höcker des 2. Milchmolars. Die erhaltenen Meßwerte werden mit Variabilitätsbereichen aus Mittelwerttabellen verglichen, unter Beachtung der Geschlechtsspezifität.

Analyse des Profilphotos

Die Analyse des Profilphotos *(Photostatverfahren)* gibt eine Vorstellung über die Beziehungen des Gebisses zum Gesicht und Schädel. Das Prinzip des Profilphotos besteht darin, Aufnahmen in gleicher Größe und unter gleichen Bedingungen herzustellen, die eine exakte Vergleichsuntersuchung gestatten.

Fernröntgenanalyse

Die Fernröntgenanalyse (FRA) ist heute so weit entwickelt, daß sie das Mittel der Wahl darstellt. An Hand von Fernrönt-

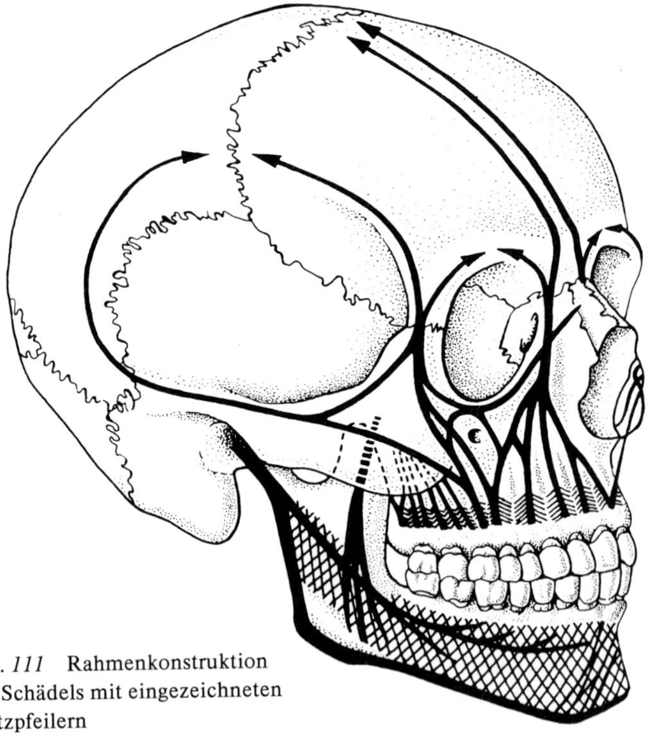

Abb. 111 Rahmenkonstruktion des Schädels mit eingezeichneten Stützpfeilern

genaufnahmen, die bei einem Kind in bestimmten Abständen angefertigt werden, lassen sich individuelle Wachstumsmuster ermitteln.

4.6 Funktionelle Strukturen des Schädels

funktionelle Schädelstrukturen

Die funktionellen Strukturen des Schädels entsprechen den allgemein gültigen Gesetzen vom biologischen Verhalten des Knochens. An Stellen größerer Beanspruchung ist er verstärkt; an den mechanisch weniger oder nicht belasteten Stellen ist er verdünnt oder fehlt ganz, z. B. im Gebiet der Nasennebenhöhlen. Dieses Bauprinzip bezeichnet man als *Rahmenkonstruktion.* Durch Strebepfeiler und ihre Verbindungen entstehen Umgehungskonstruktionen an der Nasen- und Augenhöhle (Abb. 111).

• Rahmenkonstruktion

Zur Aufnahme des Kaudruckes bilden die Knochenbälkchen über den Alveolen *Druckkegel.* Diese Druckkegel vereinigen sich zum *Basalbogen* des Oberkiefers, von dem dann die Druckübertragung auf die Schädelkapsel erfolgt. Die Übertragung geschieht auf jeder Seite durch 3 Kaudruckpfeiler, den *Stirnnasen-, Jochbein-* und *Flügelfortsatzpfeiler.*

• Stirnnasenpfeiler

Der Stirnnasenpfeiler entspringt über den Schneidezähnen und dem Eckzahn. Er zieht zwischen der Nasen- und der Kieferhöhle über den Oberkiefer zum Stirnbein. Hier bildet der obere Orbitarand ein starkes Widerlager, das bei Affen und phylogenetisch frühen Menschengruppen mit kräftigen Kauwerkzeugen besonders stark hervortritt.

• Jochbeinpfeiler

Der Jochbeinpfeiler beginnt etwa über dem 1. Molaren und läuft in der Außenwand der Kieferhöhle zum Jochbein. Hier teilt er sich in 2 Schenkel; der eine geht über den Jochbogen zum Schläfenbein, der andere über den äußeren Orbitarand zum Stirnbein. Beide vereinigen sich in der Schläfenlinie.

• Flügelfortsatzpfeiler

Der Flügelfortsatzpfeiler entspringt über den Alveolen der hinteren Molaren und läuft mit dem Proc. pterygoideus zum Keilbeinkörper. Mit dem Jochbeinpfeiler vereinigt er sich am Tuberculum articulare in einer Knochenverstärkung vor der Fossa mandibularis. Die Stützpfeiler beider Seiten sind ebenso wie der Alveolarfortsatz durch die Gewölbekonstruktion des harten Gaumens verbunden.

Außer der Belastung durch den Kaudruck wird die Rahmenkonstruktion des Schädels auch durch die Zugwirkung der Kau-, Nacken- und Halsmuskeln sowie durch die Ansatzstellen der harten Hirnhaut geprägt. Mitbestimmend für diese Konstruktion ist schließlich noch das Eigengewicht des Kopfes.

Aufgaben

1. Erläutern Sie wesentliche Proportionsverschiebungen des menschlichen Schädels im Lauf der individuellen Entwicklung!

2. Erklären Sie die Zentren des kraniofazialen Wachstums!
3. Beschreiben Sie die Formveränderungen des Obergesichtes!
4. Erläutern Sie den Begiff skeletodentale Wachstumsanalyse!
5. Schildern Sie das Prinzip wichtiger Methoden der skeletodentalen Wachstumsanalyse!
6. Tragen Sie in entsprechende Gipsmodelle die Meßpunkte ein, die zur Ermittlung der Zahnbogenbreite verwendet werden.
Ermitteln Sie – falls mehrere Modelle zur Verfügung stehen – die Durchschnittswerte!
7. Begründen Sie die Rahmenkonstruktion des Schädels im Hinblick auf den Zusammenhang von Form und Funktion!
8. Zeichnen Sie in entsprechenden Skizzen die Pfeiler ein, die den Kaudruck vom Gesichts- auf den Hirnschädel übertragen!

5 Muskeln des orofazialen Systems

5.1 Gesichtsmuskeln, Mm. faciales

Gruppierung der Gesichtsmuskeln

Die Gesichtsmuskeln gruppieren sich um Mund- und Nasenöffnungen, Lidspalten und das äußere Ohr. Außerdem finden sie sich am Schädeldach, wo sie unter dem Sammelbegriff *M. epicranius* zusammengefaßt werden, und als Hautmuskel am Hals, *Platysma*, (Abb. 112).
Die Muskeln in der Umgebung des Mundes sind zu einem *zirkulären* und einem *radiären System* angeordnet, das sich am Mundwinkel in einem Muskelknoten, *Modiolus*, vernetzt. Topographisch unterscheidet man eine oberflächliche und eine tiefe Schicht.
Alle mimischen Muskeln werden vom *N. facialis* innerviert.

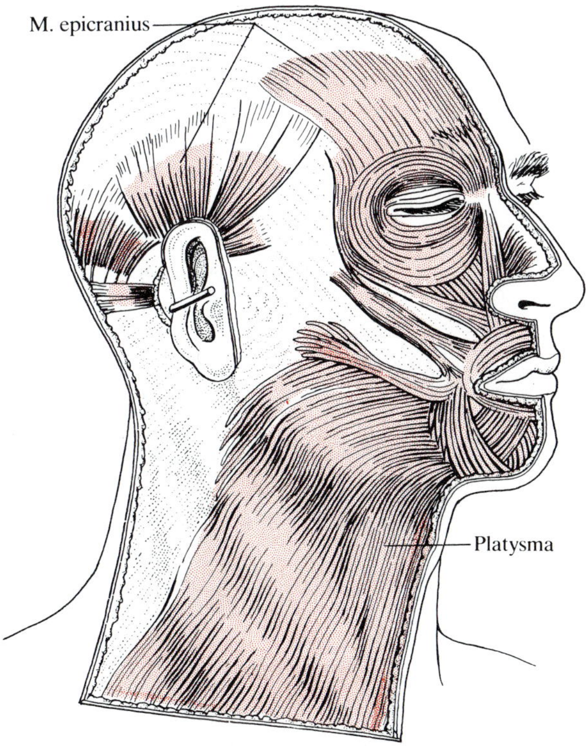

Abb. 112 Übersicht über die mimische Muskulatur

zirkuläres orales Muskelsystem

5.1.1 Zirkuläres orales Muskelsystem

Das zirkuläre orale Muskelsystem besteht aus

- dem Ringmuskel des Mundes, *M. orbicularis oris,*
- dem Wangenmuskeln, *M. buccinator.*

• Ringmuskel des Mundes

Der M. orbicularis oris gehört zur oberflächlichen Schicht des zirkulären oralen Systems (Abb. 113) und bildet die muskulöse Grundlage der Lippen (Abschn. 6.2). Er gliedert sich in eine *Pars labialis,* die mit parallel zur Mundspalte verlaufenden Fasern durch die Lippen zieht, und eine *Pars marginalis,* die unter dem Lippenrot liegt. Letztere ist nach außen gekrempelt, wodurch das Lippenrot meist etwas vorgewulstet wird. Der Muskel entspringt vom hinteren Rand des Nasenloches *(Origo nasalis)* sowie von den Alveolarfortsätzen des Ober- und des Unterkiefers im Schneidezahnbereich *(Origo maxillaris* und *Origo mandibularis).* Seine Fasern strahlen seitlich in den *Modiolus* ein (Abb. 113 bis 115).

Die Funktion des M. orbicularis oris besteht darin, den Mund zu verschließen und die Lippen als Greiforgan zu benutzen. Außerdem wirkt er prothetisch stabilisierend und randabdichtend. Im Zusammenspiel mit den in den Modiolus einstrahlenden anderen Muskeln verformt der M. orbicularis oris die Mundspalte und die Lippen.

• Wangenmuskel

Der M. buccinator gehört zur tiefen Schicht des zirkulären oralen Systems (Abb. 114); er bildet die muskulöse Grundlage der Wangen (Abschn. 6.2). Er entspringt von der Außenfläche der Alveolarfortsätze des Ober- und des Unterkiefers in Höhe der 2. Molaren, vom Proc. pyramidalis des Gaumenbeins und von der *Raphe pterygomandibularis.* Letztere spannt sich in vertikaler

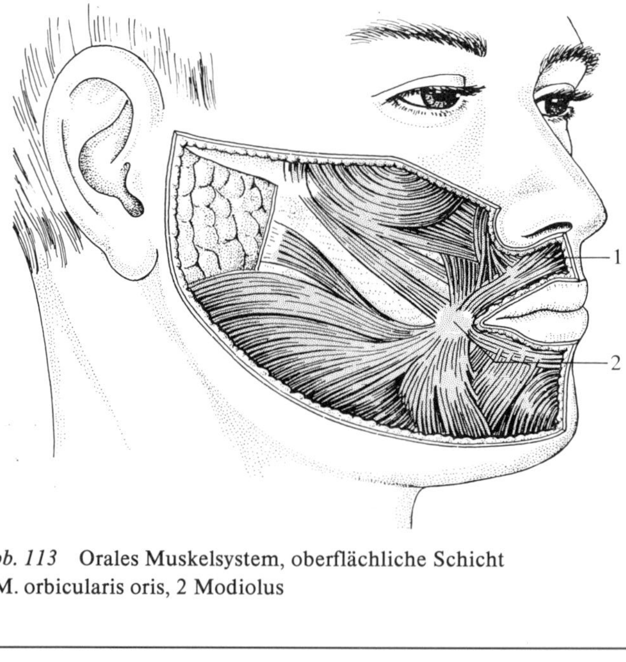

Abb. 113 Orales Muskelsystem, oberflächliche Schicht
1 M. orbicularis oris, 2 Modiolus

Richtung zwischen dem Hamulus pterygoideus und dem Unterkiefer aus; sie trennt den M. buccinator vom oberen Schlundschnürer. Die Muskelfasern ziehen konvergierend zum Mundwinkel, wo sie sich im *Modiolus* mit den Fasern des M. orbicularis oris verflechten.
Bei aufgeblasenen Wangen wird der Muskel gedehnt (Trompetermuskel). Er zieht den Mundwinkel zur Seite, verbreitert damit die Mundspalte und übt einen Druck auf den Vorhof aus, der die Speisen zwischen den Zahnreihen befördert. Zwischen ihm und dem M. masseter liegt als Gleitschicht der Wangenfettpfropf *(Bichat)*. Zusammen mit dem M. orbicularis oris bildet der Wangenmuskel eine Schleife, die das Vestibulum oris umgreift (Abb. 169).

5.1.2 Radiäres orales Muskelsystem

radiäres orales Muskelsystem

Dieses Muskelsystem bildet zusammen mit der zirkulären Muskulatur eine Schlinge, welche die Wangen und die Lippen bei ihrer Kontraktion oral bewegt (Abb. 114, 115, 169). Zu diesem System gehören folgende Muskeln:

- Heber der Oberlippe und des Nasenflügels

1. **Der M. levator labii superioris alaeque nasi,** Heber der Oberlippe und des Nasenflügels. Er entspringt von der Maxilla und strahlt in den Nasenflügel und in die Oberlippe ein.

- Heber der Oberlippe

2. **Der M. levator labii superioris,** Heber der Oberlippe, kommt vom Oberkiefer und zieht zur Oberlippe.

- kleiner Jochmuskel

3. **Der M. zygomaticus minor,** kleiner Jochmuskel, läuft vom Jochbein zur Nasenlippenfurche, die er vertieft.

- großer Jochmuskel

4. **Der M. zygomaticus major,** großer Jochmuskel, zieht vom

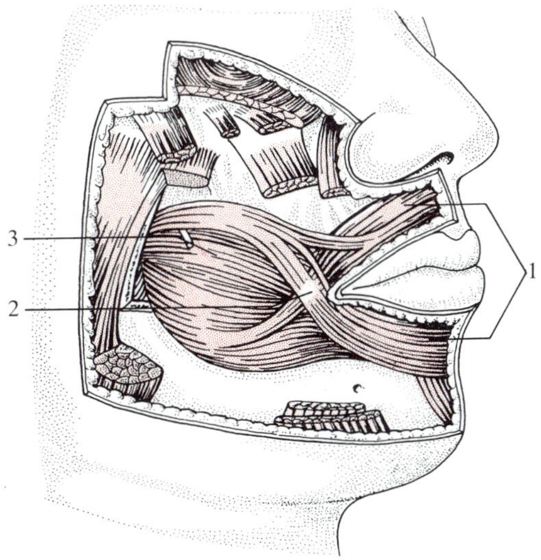

Abb. 114 Zirkuläres orales Muskelsystem, tiefe Schicht
1 M. orbicularis oris, 2 Modiolus, 3 M. buccinator

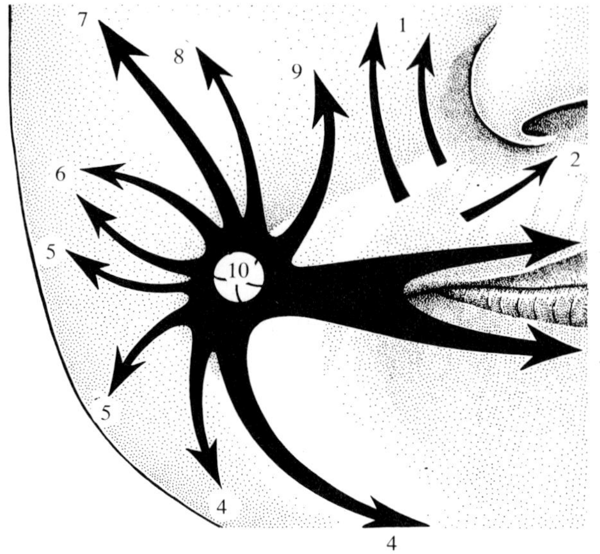

Abb. 115 Schema des zirkulären und radiären oralen Muskelsystems
1 M. levator labii superioris alaeque nasi, 2 M. levator labii superioris,
3 M. orbicularis oris, 4 M. depressor anguli oris, 5 M. risorius,
6 M. buccinator, 7 M. zygomaticus major, 8 M. zygomaticus minor,
9 M. levator anguli oris, 10 Modiolus

Jochbein zum Mundwinkel und zur Haut der Unterlippe. Er hebt den Mundwinkel und zieht ihn nach außen.

- Heber des Mundwinkels

5. **Der M. levator anguli oris,** Heber des Mundwinkels (*M. caninus,* Eckzahnmuskel), entspringt von der Fossa canina des Oberkiefers und läuft zum Mundwinkel. Ein Teil seiner Fasern vereinigt sich mit denen des M. depressor anguli oris und denen des Platysma.

- Lachmuskel

6. **Der M. risorius,** Lachmuskel, zieht als schwaches Muskelbündel von der Wangenhaut zum Mundwinkel.
Er verbreitert den Mundwinkel und erzeugt die »Grübchen« in der Wange.

- Herabzieher des Mundwinkels

7. **Der M. depressor anguli oris** (früher *M. triangularis*), Herabzieher des Mundwinkels, entspringt von der Basis des Unterkieferrandes und inseriert am Mundwinkel. Er zieht den Mundwinkel abwärts und flacht den Bogen der Nasolabialfurche ab.

- Herabzieher der Unterlippe

8. **Der M. depressor labii inferioris,** Herabzieher der Unterlippe, läuft vom Unterkiefer zur Unterlippe. Er zieht die Unterlippe nach unten lateral (Ausdruck der Trauer).

- querer Kinnmuskel

9. **Der M. transversus menti,** querer Kinnmuskel, verbindet unter dem Kinn den M. depressor anguli oris beider Seiten.

- Kinnmuskel

10. **Der M. mentalis,** Kinnmuskel, zieht vom Alveolarteil des Unterkiefers schräg nach unten medial zur Haut des Kinns. Er hebt die Kinnhaut zum »Kinngrübchen«. Zusammen mit dem M. orbicularis oris stülpt er die Unterlippe vor (Schnute oder Flunsch).

11. **Das Platysma,** Hautmuskel des Halses, ist eine dünne Muskelplatte im vorderen und seitlichen Halsbereich (s. Abb. 112). Oben reicht es bis zum Mundwinkel, wo es mit der oberflächlichen Schicht der Gesichtsmuskulatur verflochten ist. Durch seine Verbindung mit den Muskeln in der Umgebung des Mundes nimmt das Platysma auch Einfluß auf die Verformung der Mundspalte. Unten strahlt es über das Schlüsselbein auf die oberfläche Brustfaszie aus.

- Hautmuskel des Halses

5.1.3 Muskeln um Nase und Augenlider

Muskeln um Nase und Augenlider

Die Muskeln in der Umgebung der Nase (Abb. 116) sind:

1. **Der M. nasalis,** Nasenmuskel, ist der Sammelbegriff für die *Pars transversa* und *Pars alaris.* Er entspringt vom Oberkiefer. Die Pars transversa endet mit breiter Sehne am Nasenrücken und komprimiert die Nasenöffnung. Die Pars alaris umgeht die Ränder der Nasenöffnung und wirkt auf diese erweiternd.
2. **Der M. depressor septi,** Senker des Nasenseptums, zieht vom Oberkiefer zum knorpeligen Teil der Nasenscheidewand. Er senkt die Nasenspitze.
3. **Der M. procerus,** Herabzieher der Stirnglatze, kommt von der Nasenwurzel und strahlt zur Haut der Stirn aus. Er zieht die

- Nasenmuskel
- Senker des Nasenseptums
- Herabzieher der Stirnglatze

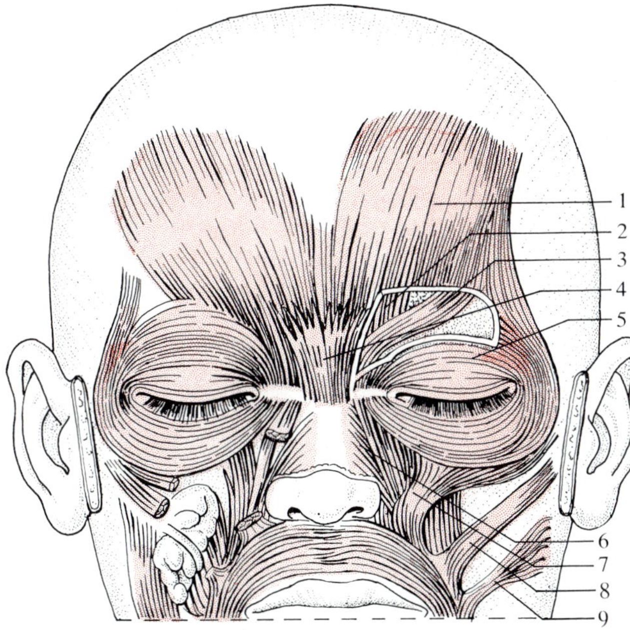

Abb. 116 Muskeln um Nase und Augenlider
1 Venter frontalis des M. occipitofrontalis, 2 M. depressor supercilii, 3 M. corrugator supercilii, 4 M. procerus, 5 M. orbicularis oculi, 6 M. nasalis, 7 M. levator labii superioris alaeque nasi, 8 M. zygomaticus major, 9 M. risorius

• Ringmuskel des Auges

• Stirnglatzenrunzler

• Herabzieher der Augenbrauen

Physiognomie

• Lachen

Stirnhaut abwärts und erzeugt Querfalten auf der Nasenwurzel. Die Muskeln in der Umgebung des Auges (Abb. 116) sind:

1. **Der M. orbicularis oculi,** Ringmuskel des Auges, besteht aus 3 Teilen. Die *Pars palpebralis* ist sehr feinfaserig und liegt unter der dünnen fettlosen Haut des Augenlids. Ihr schließt sich die *Pars orbitalis* an, die mit gröberen Fasern die Augenlider in einem weiteren Bogen, etwa wie ein Brillenrand das Auge, umkreist. Die *Pars lacrimalis* bildet mit ihren Fasern an den Tränenkanälchen ein Spiralsystem, das den Abfluß der Tränenflüssigkeit regelt.

2. **Der M. corrugator supercilii,** Stirnglatzenrunzler, wird vom M. orbicularis oculi bedeckt. Er entspringt am Stirnbein oberhalb der Nasenwurzel und zieht schräg nach oben zur Haut der Augenbraue. Er erzeugt eine senkrechte Falte auf der Stirn.

3. **Der M. depressor supercilii,** Herabzieher der Augenbrauen, liegt medial vom vorhergenannten und strahlt in die Haut der Augenbraue ein. Er zieht die Augenbraue nach unten und medial.

5.1.4 Physiognomische Funktionen der Gesichtsmuskeln

Die Gesichtsmuskeln spielen nicht nur beim Kauvorgang eine wichtige Rolle, sondern haben auch eine große Bedeutung als *Ausdrucksorgan.* Darüber hinaus sind ihre Funktionen teilweise für die Retention von Zahnersatz von praktischem Interesse (Abschn. 8.1.8).

Ihre ästhetische physiognomische Funktion beruht darauf, daß sie die Gesichtshaut bewegen und Furchen, Falten oder Grübchen verursachen können. Ständige Wiederholungen eines bestimmten Mienenspiels geben dem Gesicht Züge, die Rückschlüsse auf den Charakter eines Menschen ziehen lassen *(Physiognomie).* Gefühle, wie Lust, Unlust, Liebe, Haß, Freude, Leid, stehen ebenso wie Affekte in engen Wechselbeziehungen zum Mienenspiel des Menschen. Hierzu einige Beispiele (Abb. 117):

Beim Lachen werden die Lidspalten durch den M. orbicularis oculi verkleinert; am äußeren Augenwinkel entstehen dabei ra-

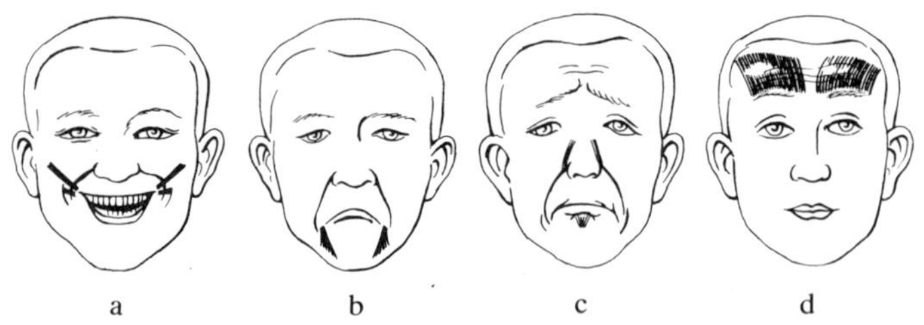

Abb. 117 Physiognomische Wirkungen der mimischen Muskeln
a Lachen, b depressive Stimmung, c Weinen, d Erstaunen

diäre Fältchen. Die Jochbogenmuskeln verbreitern die Mundspalte, heben die Mundwinkel und bewirken einen S-bogenförmigen Verlauf der Nasolabialfurche. Der M. risorius erzeugt in der Wange das Lachgrübchen.

• Depression

Bei depressiver Stimmung ist die mimische Muskulatur der unteren Gesichtshälfte schlaff. Die Mundwinkel hängen herab, und das Gesicht wird lang.

• Weinen

Beim Weinen zieht der M. corrugator supercilii die Augenbrauen zusammen, der Mundwinkel wird durch den M. depressor anguli oris herabgezogen und die Nasolabialfurche senkrecht gestellt.

• Erstaunen

Bei Aufmerksamkeit, Erstaunen, Überraschung graben sich Querfalten in die Stirn, und die Augenbrauen werden gehoben. Der Gesichtsausdruck wird aber nicht nur durch Bewegungen, sondern auch durch die Spannung der Gesichtshaut geprägt. Bei körperlicher und geistiger Ruhe sind die Muskeln entspannt, aber nicht schlaff, und das Antlitz erscheint glatt. Bei Ermüdung kommt es zur Erschlaffung der Muskeln.

Aufgaben

1. Ordnen Sie die bekannten mimischen Muskeln in Gruppen ein!
2. Stellen Sie in einer Übersicht die Muskeln des zirkulär-oralen und des radiär-oralen Muskelsystems zusammen!
3. Tragen Sie in eine Skizze des äußeren Mundes wichtige mimische Muskeln unter Berücksichtigung von Ursprung und Ansatz ein!
4. Stellen Sie mimische Muskeln mit antagonistischer Wirkung zusammen!
5. Beweisen Sie an Strichskizzen eines Gesichtes die physiognomische Wirkung der mimischen Muskeln!
6. Beschreiben Sie den Verlauf und die Bedeutung wichtiger mimischer Muskeln in der Umgebung von Nase und Auge!

5.2 Muskeln für die Unterkieferbewegung

Zu den Muskeln, die den Unterkiefer bewegen, zählen die sog. Schließer und Öffner. Die Kieferschließer, die den Unterkiefer an den Oberkiefer heranführen, sind die *Kaumuskeln*; sie werden auch *Kieferadduktoren* genannt. Die Kieferöffner *(Abduktoren)* gehören den oberen und den unteren Zungenbeinmuskeln sowie einigen Hals- und Nackenmuskeln an.

5.2.1 Kaumuskeln, Mm. masticatores (Kieferschließer)

Kaumuskeln

Allen Kaumuskeln der Wirbeltiere und des Menschen ist gemeinsam, daß sie vom N. trigeminus innerviert werden und daß sie die Kiefer schließen. Im Hinblick auf diese Funktion werden

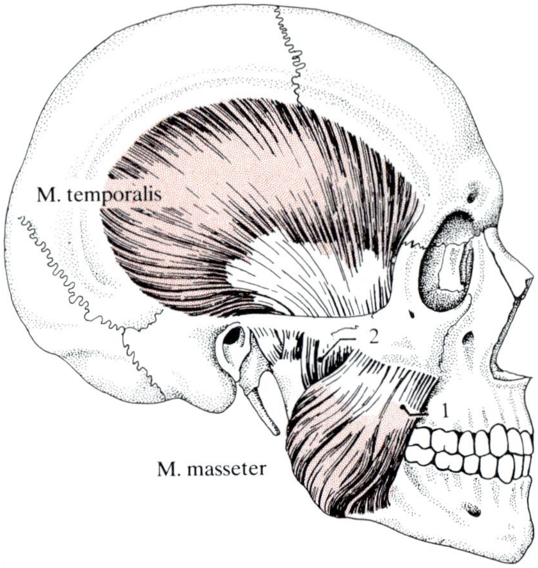

Abb. 118 Schädel mit Kaumuskeln von der Seite
1 Pars superficialis, 2 Pars profunda des M. masseter

sie auch Kieferschließer oder Kieferadduktoren genannt. Man unterscheidet

- den großen Kaumuskel, *M. masseter,*
- den Schläfenmuskel, *M. temporalis,*
- den medialen Flügelmuskel, *M. pterygoideus medialis,*
- den seitlichen Flügelmuskel, *M. pterygoideus lateralis.*

• großer Kaumuskel

Der M. masseter liegt an der Außenseite des aufsteigenden Unterkieferastes zwischen Jochbogen und Unterkieferwinkel (Abb. 118). Er gliedert sich in einen oberflächlichen und einen tiefen Teil.

Der oberflächliche Teil, *Pars superficialis,* entspringt von den vorderen zwei Dritteln des Jochbogens und inseriert an der Seitenfläche des Unterkieferastes bis hinunter zur *Tuberositas masseterica* am Kieferwinkel. Der tiefe Teil, *Pars profunda,* entspringt vom hinteren Drittel des Jochbogens und zieht zur Außenfläche des Unterkieferastes.

• Schläfenmuskel

Der M. temporalis entspringt fächerförmig von der Seitenwand des Hirnschädels *(Planum temporale)* sowie von der Innenseite der Schläfenfaszie *(Fascia temporalis).* Sein Ansatz erfolgt mittels einer flächenhaften Sehne am Proc. coronoideus (Abb. 119).

• medialer Flügelmuskel

Der M. pterygoideus medialis befindet sich an der medialen Seite des Unterkiefers etwa spiegelbildähnlich zum M. masseter (Abb. 120). Er entspringt vom Flügelfortsatz des Keilbeins und z. T. noch vom Tuber maxillae. Der Muskel zieht schräg nach unten hinten außen und inseriert an der Innenseite des Kieferastes bis hinunter zur Tuberositas pterygoidea am Kieferwinkel.

• seitlicher Flügelmuskel

Der M. pterygoideus lateralis verläuft annähernd horizontal an der Schädelbasis. Auf Grund seines Verlaufs übt er weniger eine

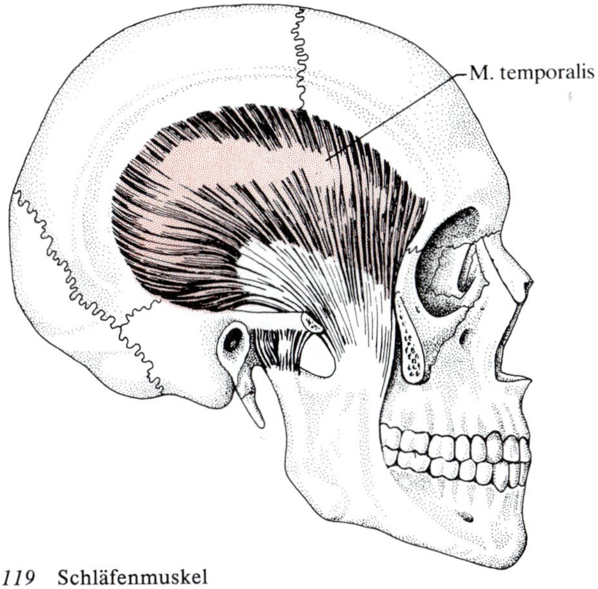

Abb. 119 Schläfenmuskel
nach Entfernen des Jochbogens

adduzierende als viel mehr eine protrahierende Wirkung auf den Unterkiefer aus und wirkt so bei der Kieferöffnung mit (Abschn. 5.3). Er entspringt mit 2 Köpfen, der obere von der Unterfläche des großen Keilbeinflügels, der untere von der Lateralfläche des Flügelfortsatzes. Vor dem Ansatz vereinigen sich beide Köpfe und inserieren an der Gelenkkapsel, am Discus articularis des Kiefergelenkes sowie in der Fovea pterygoidea des Proc. condylaris (Abb. 101, 102, 121).

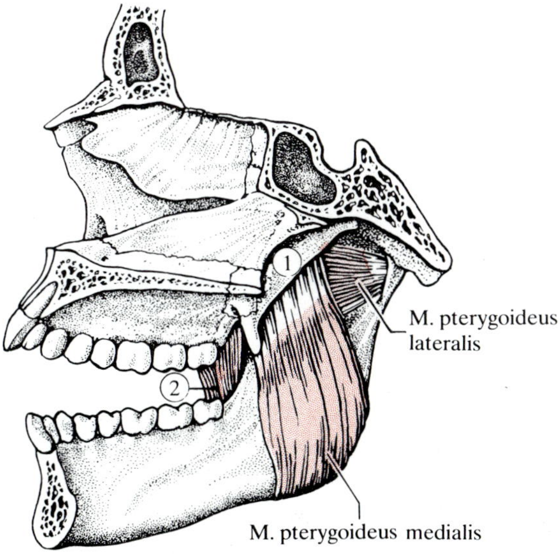

Abb. 120 Flügelmuskel von medial
1 Lamina medialis des Proc. pterygoideus, 2 M. masseter

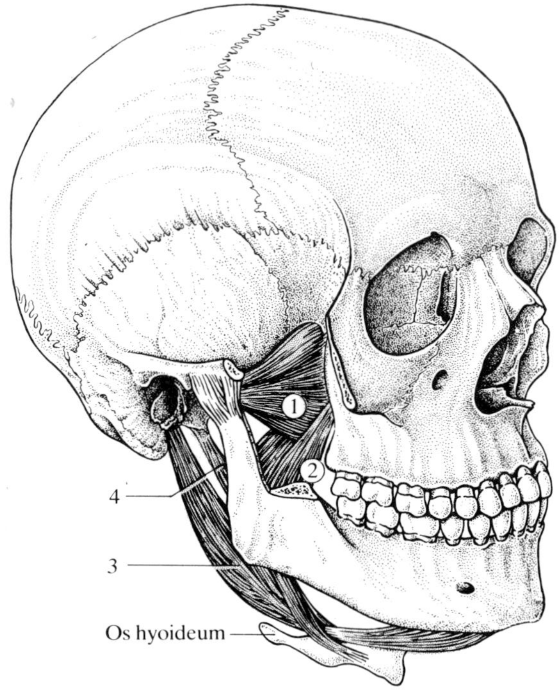

Abb. 121 Flügelmuskeln nach partieller Resektion des Unterkiefers und suprahyale Muskeln
1 M. pterygoideus lateralis, 2 M. pterygoideus medialis, 3 M. digastricus, 4 M. stylohyoideus

5.2.2 Funktionelle Strukturen der Kaumuskeln

Alle Kaumuskeln sind gefiederte Muskeln, d. h., daß ihre Muskelfaserbündel nicht parallel vom Ursprung zum Ansatz ziehen, sondern in einem bestimmten Winkel an eingeschalteten Sehnen ansetzen.
Durch diese Fiederungsstruktur wird eine stärkere Kraftentfaltung der Muskeln erreicht (s. Lehrbuch der allgemeinen Anatomie).
Da die Zugrichtungen der Kaumuskeln nicht senkrecht zur Kauebene verlaufen, sondern von dieser in 2 Ebenen abweichen, wirken sie nicht nur adduzierend, sondern entfalten außerdem noch Horizontalzugkomponenten.
Der M. masseter und M. pterygoideus medialis weichen in seitlicher Projektion von der auf die Kaufläche gefällten Vertikalen schräg nach unten hinten ab. Aus dieser Zugrichtung ergeben sich für beide Muskeln eine *Adduktions-* und eine *Protrusionskomponente.* Bei frontaler Projektion zeigen die Muskeln eine laterale bzw. eine mediale Abweichung von der Vertikalen. Daraus resultiert dann außerdem noch eine *Latero-* bzw. *Mediotrusionskomponente* (Abb. 122). Der M. temporalis liegt

größtenteils hinter dem Kiefergelenk, so daß er eine *Adduktions-* und eine *Retrusionskomponente* entfaltet.
Der M. pterygoideus lateralis verläuft größtenteils horizontal von vorn medial nach hinten lateral. Er besitzt somit eine *Protrusions-* und eine *Mediotrusionskomponente.* Da bei der Protrusion der Condylus am Tuberculum articulare abwärts gleitet, wirkt dieser Muskel auch noch abduzierend, d. h. öffnend auf den Unterkiefer. Außerdem zieht sein oberer Kopf den Discus mit der Kiefergelenkkapsel nach vorn. Elektromyographische Untersuchungen zeigen, daß schon an einfachsten Unterkieferbewegungen immer mehrere Muskeln beteiligt sind.
Aus den Zugrichtungen der Kaumuskeln ergeben sich folgende Wirkungen (Abb. 122):

Komponenten der Kaumuskeln

M. masseter	Adduktion, Protrusion, Laterotrusion
M. temporalis	Adduktion, Retrusion
M. pterygoideus medialis	Adduktion, Protrusion, Mediotrusion
M. pterygoideus lateralis	Protrusion, Mediotrusion, Abduktion.

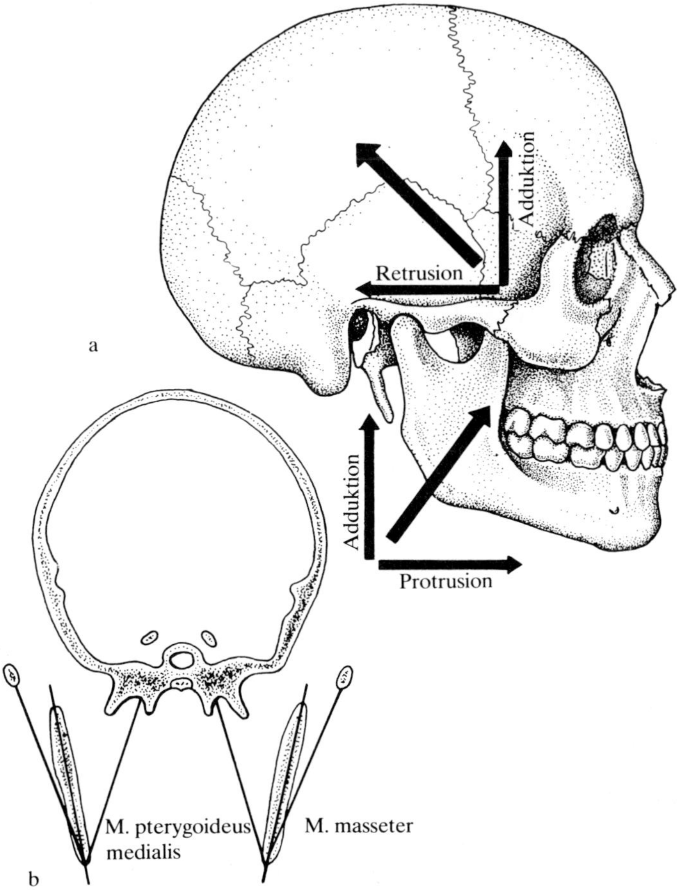

Abb. 122 Zugrichtungen der Kaumuskeln
a in seitlicher Projektion, b in frontaler Projektion

5.2.3 Kaukraft, Kaudruck und Kauleistung

Eine Vorstellung von der beim Menschen erzeugten Kaukraft und dem auf den Zähnen lastenden Kaudruck spielt für die Dimensionierung und Werkstoffauswahl bei der Herstellung prothetischen Ersatzes eine entscheidende Rolle.

Kaukraft

Die Kaukraft wird von den Kieferschließern erzeugt und ist die gesamte Kraft, die von diesen Muskeln gebildet werden kann.

Kaudruck

Kaudruck ist der Anteil der Kaukraft, der beim Zusammenpressen der Zähne auf 1 cm^2 der Zahnfläche entfällt.

Die mögliche Kraftentfaltung aller Kaumuskeln wurde an Leichen älterer Individuen mit Restgebissen und zahnlosen Kiefern mit durchschnittlich 2 000 N errechnet (Schumacher, 1961). Dabei liegt die Kaukraft der Männer um etwa 500 N höher als die der Frauen. Bei jüngeren Menschen mit vollbezahnten Kiefern ist die Kraftentfaltung größer. Zerlegt man die errechnete Kaukraft in ihre Komponenten, so ergeben sich für die Adduktionskraft 1 560 N, Protrusionskraft 550 N, Laterotrusionskraft 530 N und Retrusionskraft 220 N.

Der die Zahnreihen treffende Kaudruck ist bei den einzelnen Zahngruppen verschieden. Stellt man sich den Unterkiefer als einarmigen Hebel vor, so muß der Kaudruck im Bereich der Molaren am größten und bei den Schneidezähnen am kleinsten sein. Meßwerte am Lebenden fallen individuell sehr verschieden aus. Als Richtwerte können gelten, daß der Kaudruck bei den Schneidezähnen etwa 300 N, bei den Prämolaren etwa 500 N und bei den Molaren etwa 800 N beträgt.

An Prothesen hat man die Kaudruckwerte für bestimmte Nahrungsmittel getestet. Für die Zerkleinerung von Schweinefleisch werden bis 200 N, für zähes Rindfleisch bis 400 N, für Zuckerwerk bis 550 N und für trockene Brotrinde mehr als 1 000 N benötigt.

Kauleistung

Die Kauleistung ist nicht nur von der Erzeugung des Kaudrukkes abhängig. Durch die Gestaltung des Kauflächenreliefs wird die Kaukraft in Form von Scherkräften wirksam. Außerdem sorgt die Einspeichelung noch für das Aufweichen der Nahrung. Für die Nahrungszerkleinerung sind schließlich auch die Anzahl der Kaubewegungen und die Kauzeit von Bedeutung.

Aufgaben

1. Stellen Sie in einer Übersicht die Adduktoren mit den deutschen und den lateinischen Bezeichnungen zusammen!
2. Begründen Sie, warum die Bezeichung »Kaumuskeln« nicht korrekt ist!
3. Tragen Sie in Strichskizzen des Unterkiefers (Lateral-, Frontal-, Horizontalschnitt) unter Kennzeichnung von Ursprung und Ansatz die Adduktoren ein!
4. Leiten Sie aus den in Aufgabe 3 dargestellten Verlaufsrichtungen der Adduktoren deren Funktion ab!
5. Beschreiben Sie die funktionellen Strukturen der Adduktoren!

6. Stellen Sie in einer Übersicht Ursprung und Ansatz der Adduktoren zusammen!
7. Begründen Sie solche Faktoren, welche die Kauleistung beeinflussen!
8. Erklären Sie den Unterschied zwischen Kaukraft und Kaudruck!

5.3 Kieferöffner

An der Kieferöffnung sind mehrere Muskelgruppen beteiligt, von denen die Zungenbeinmuskeln den Hauptanteil bilden. Grundsätzlich unterscheidet man *direkte* und *indirekte Kieferöffner.* Als direkte Kieferöffner wirken der M. pterygoideus lateralis (Abb. 120, 121) und die meisten oberen Zungenbeinmuskeln (Abb. 121, 123 bis 125). Indirekte Kieferöffner sind hauptsächlich die unteren Zungenbeinmuskeln, die teilweise von den oberen Zungenbeinmuskeln, vom seitlichen Halswender sowie von den Nackenmuskeln unterstützt werden.

5.3.1 Obere Zungenbeinmuskeln

obere Zungenbeinmuskeln

Die oberen Zungenbeinmuskeln, *Mm. suprahyoidei,* liegen oberhalb des Zungenbeins (Abb. 121, 123 bis 125); sie bilden gleichzeitig das Verspannungsgefüge des Mundbodens. Zu ihnen gehören

- der Kieferzungenbeinmuskel, *M. mylohyoideus,*
- der Kinnzungenbeinmuskel, *M. geniohyoideus,*
- der zweibäuchige Muskel, *M. digastricus,*
- der Griffelfortsatzzungenbeinmuskel, *M. stylohyoideus.*

• Kieferzungenbeinmuskel

Der *M. mylohyoideus* ist der eigentliche Mundbodenmuskel und wird auch Zwerchfell des Mundes, *Diaphragma oris,* genannt (Abb. 123, 124). Er entspringt von der Innenseite des Unterkieferkörpers entlang der Linea mylohyoidea (s. Abb. 102). Der Muskelursprung ist individuell sehr verschieden. Da der Muskel

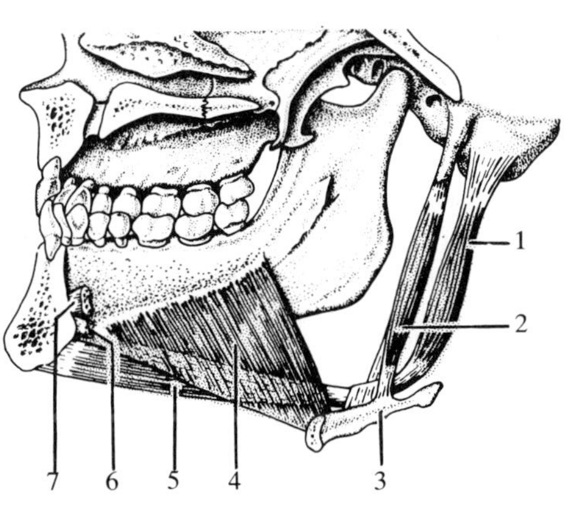

Abb. 123 Rechte Kieferhälften mit oberen Zungenbeinmuskeln von medial
1 Venter posterior des M. digastricus
2 M. stylohyoideus
3 Os hyoideum
4 M. mylohyoideus
5 Venter anterior des M. digastricus
6 M. geniohyoideus
7 M. genioglossus

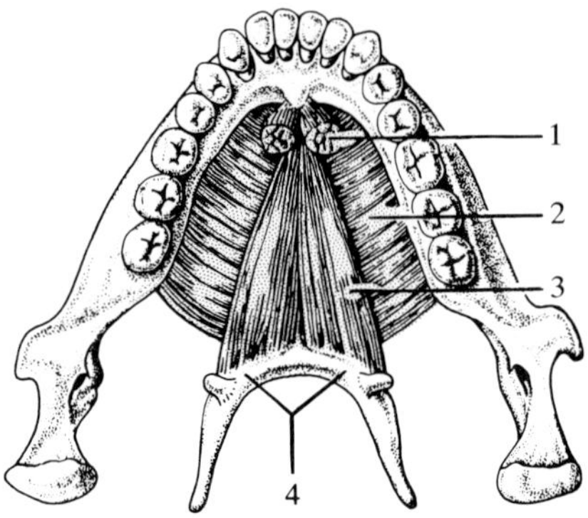

Abb. 124 Obere Zungenbeinmuskeln von oben
1 M. genioglossus
2 M. mylohyoideus
3 M. geniohyoideus
4 Os hyoideum

den Mundboden beim Schlucken hebt, ist sein Ursprung für die Extension des unteren lingualen Prothesenrandes von Bedeutung. Die Muskelfasern beider Seiten vereinigen sich in einem medianen Bindegewebsstreifen, *Raphe mylohyoidea*, der innen am Kinn und am Zungenbein befestigt ist. Er ist ein direkter Kieferöffner.

- Kinnzungenbeinmuskel

Der *M. geniohyoideus* befindet sich auf dem vorhergenannten Muskel (Abb. 124). Seinen Ursprung nimmt er von der Spina mentalis an der Innenseite des Kinns (s. Abb. 102, 103) und setzt am Zungenbeinkörper an. Er zählt zu den direkten Kieferöffnern.

- zweibäuchiger Muskel

Der *M. digastricus* besitzt 2 Bäuche (Abb. 121, 123, 125). Sein vorderer Bauch, *Venter anterior*, entspringt von der Fossa digastrica (s. Abb. 102) des Unterkiefers; sein hinterer, *Venter posterior*, von der Incisura mastoidea (s. Abb. 94, 100b). Beide Muskelbäuche sind durch eine starke Zwischensehne verbunden, die mittels einer Sehnenschlaufe am Zungenbein fixiert ist. Nur der vordere Bauch des M. digastricus ist ein direkter, der hintere Bauch dagegen ein indirekter Kieferöffner.

- Griffelfortsatzzungenbeinmuskel

Der *M. stylohyoideus* zieht vom Proc. styloideus zum Zungenbeinkörper und großen Zungenbeinhorn (Abb. 121, 123, 125). Kurz vor seinem Ansatz spaltet er sich und umfaßt die Zwischensehne des M. digastricus. Er ist ein indirekter Kieferöffner.

Funktion

Die Funktion der oberen Zungenbeinmuskeln besteht nicht nur in der Mundöffnung, sondern auch in der Hebung des Mundbodens beim Kauen, Schlucken und Sprechen.

- Mundöffnung

Zur *Mundöffnung* wird das Zungenbein durch die unteren Zungenbeinmuskeln sowie durch den hinteren Bauch des M. digastricus und den M. stylohyoideus festgestellt. Unter diesen Voraussetzungen bewirkt die Kontraktion der oberen Zungenbeinmuskeln eine Senkung des Unterkiefers. Unterstützt wird die Mundöffnung durch den M. pterygoideus lateralis, der den Kiefergelenkkopf nach vorn unten zieht. Fördernd wirkt dabei auch die Schwerkraft des Unterkiefers.

- Hebung des Mundbodens

Die *Hebung des Mundbodens* beim Schlucken setzt die Lagefixierung des Unterkiefers durch Kontraktion der Kaumuskeln voraus. Die oberen Zungenbeinmuskeln ziehen nun das Zungenbein mit dem Kehlkopf nach oben, so daß die Zunge gegen den harten Gaumen gepreßt wird.

5.3.2 Untere Zungenbeinmuskeln

untere Zungenbeinmuskeln

Die unteren Zungenbeinmuskeln, *Mm. infrahyoidei*, liegen unterhalb des Zungenbeins (Abb. 125) und sind ausnahmslos indirekte Kieferöffner. Sie werden von 4 Muskelpaaren gebildet, deren Bezeichnungen sich aus dem Ursprung und dem Ansatz ableiten. Diese sind

- der Brustzungenbeinmuskel, *M. sternohyoideus*,
- der Brustbeinschildknorpelmuskel, *M. sternothyroideus*,
- der Schildknorpelzungenbeinmuskel, *M thyrohyoideus*,
- der Schulterzungenbeinmuskel, *M. omohyoideus.*

Ihre Funktionen bestehen darin, das Zungenbein nach unten zu ziehen oder zu fixieren. Das festgestellte Zungenbein bildet die Voraussetzung für die mundöffnende Wirkung der oberen Zun-

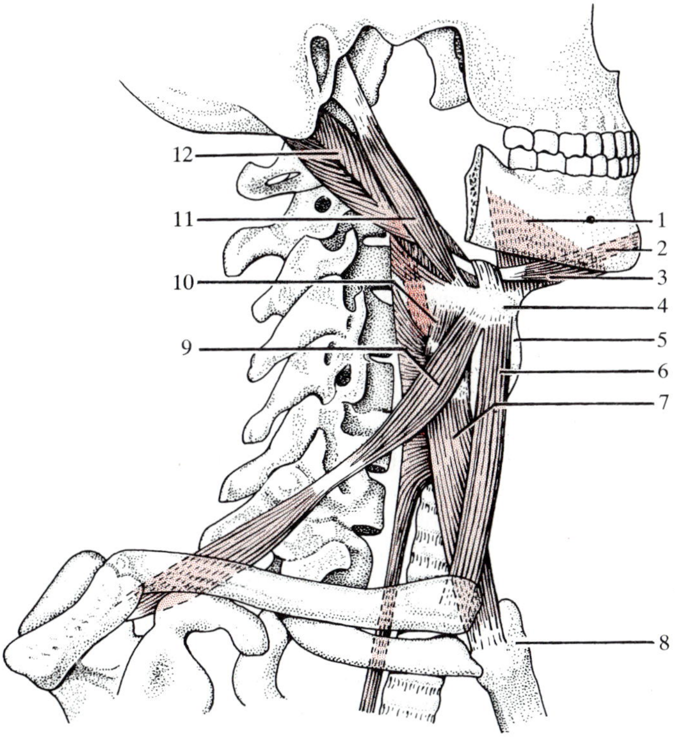

Abb. 125 Obere und untere Zungenbeinmuskeln
1 M. mylohyoideus, 2 M. geniohyoideus, 3 Venter anterior des M. digastricus, 4 Os hyoideum, 5 Larynx, 6 M. sternohyoideus, 7. M. sternothyroideus, 8 Sternum, 9 M. omohyoideus, 10 M. thyrohyoideus, 11 M. stylohyoideus, 12 Venter posterior des M. digastricus

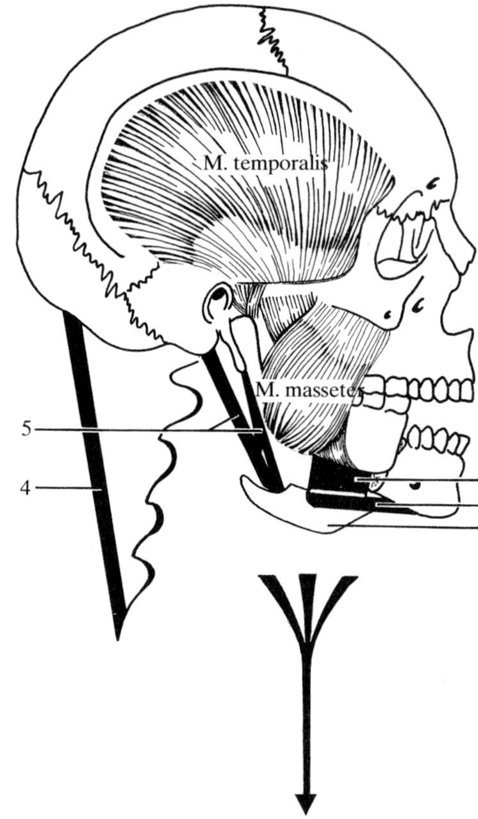

Abb. 126 Zusammenspiel von Kieferöffnern und Kieferschließern bei einem Unterkieferbruch
1 M. mylohyoideus, 2 Venter anterior des M. digastricus und M. geniohyoideus, 3 Os hyoideum, 4 Nackenmuskeln, 5 Venter posterior des M. digastricus und M. stylohyoideus

genbeinmuskeln. Die unteren Zungenbeinmuskeln sind außerdem am Schluckakt beteiligt (Abb. 126).

Der Kopfwender, *M. sternocleidomastoideus,* ist ein oberflächlicher Halsmuskel. Er entspringt vom Brust- und Schlüsselbein und inseriert am Warzenfortsatz der Schädelbasis. Bei beidseitiger Wirkung zieht er das Hinterhaupt nach unten, hebt das Kinn und führt den Kopf nach vorn. Erfolgt die Kontraktion einseitig, dann dreht er den Kopf zur Gegenseite und hebt das Kinn. Wird die Bewegung bei etwas geöffnetem Mund schnell ausgeführt, dann wirkt das Trägheitsmoment des Unterkiefers öffnend auf den Mund.

Kieferöffnung

Die Nackenmuskeln bewegen den Kopf gegen die Wirbelsäule. Ihre Mitwirkung bei der Kieferöffnung erfolgt indirekt dadurch, indem sie den Kopf nach hinten ziehen. Bei der ruckartigen Nackenbeuge wirkt das Trägheitsmoment des Unterkiefers öffnend auf den Mund (Abb. 126).

Aufgaben

1. Stellen Sie in einer Übersicht die supra- und die infrahyoidalen Muskeln zusammen!
2. Erläutern Sie den Ursprung, den Verlauf und die Bedeutung des M. mylohyoideus!
3. Erläutern Sie an Hand von Skizzen das Wechselspiel der supra- und der infrahyoidalen Muskeln bei der Abduktion des Unterkiefers und beim Schluckvorgang!
4. Welche Bedeutung haben die Adduktoren des Unterkiefers für den Schluckvorgang?
5. Zeichnen Sie in einen Frontalschnitt durch den Unterkiefer in Höhe der 1. Molaren den M. mylohyoideus, die Mm. geniohyoidei und die Mm. digastrici ein!

5.4 Begriffsbestimmungen zur funktionellen Gebißanalyse

funktionelle Gebißanalyse

Für die Funktionsanalyse gibt es international gültige Definitionen, von denen nachfolgend beispielhaft einige genannt sein sollen.

- Protrusionsbewegung

Als Protrusionsbewegung bezeichnet man die Vorschubbewegung des Unterkiefers, bei der sich beide Kondylen gleichzeitig nach vorn und nach unten bewegen.

- Laterotrusionsbewegung

Die Laterotrusionsbewegung ist die Seitwärtsbewegung des Unterkiefers, wobei sich seine Medianebene nach lateral verlagert.

- Laterotrusionsseite

Laterotrusionsseite (auch *Arbeitsseite* oder *Rotationsseite*) nennt man die Seite des Unterkiefers, die sich bei der Seitwärtsbewegung von der Medianebene wegbewegt.

- Mediotrusionsseite

Mediotrusionsseite (auch *Nichtarbeits-*, *Leerlauf-* oder *Balanceseite*) ist die Seite des Unterkiefers, die sich bei der Seitwärtsbewegung zur Medianebene hin bewegt.

- balancierte Okklusion

Balancierte Okklusion nennt man die Kontakte, die während aller Bewegungen des Unterkiefers auf der Laterotrusions- und Mediotrusionsseite gleichmäßig auftreten.

- Kondylenbahn

Als Kondylenbahn bezeichnet man die Bahn, die ein bestimmter Punkt des Condylus während der Bewegung durchläuft.

- Inzisalführung

Die Inzisalführung oder sagittale Schneidezahnführung ist die durch das Gleiten der unteren Schneidezähne an den oberen Schneidezähnen bedingte Führung des Unterkiefers bei der Protrusion und bei der Lateralbewegung.

5.5 Kiefergelenk, Articulatio temporomandibularis

Aus stammesgeschichtlicher Sicht ist das Kiefergelenk der Säugetiere und des Menschen erst sekundär entstanden. Bei primitiven Wirbeltieren artikulieren der dorsale und der ventrale Teil

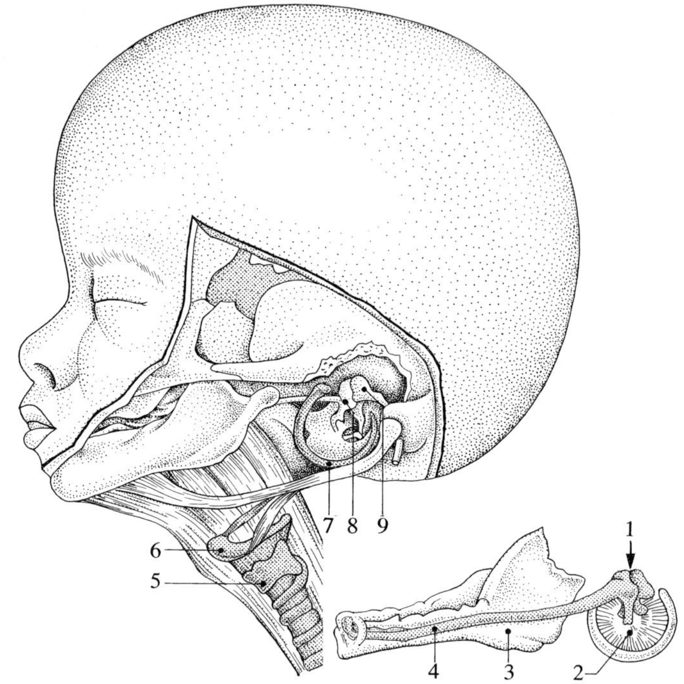

Abb. 127 Kiefergelenk eines menschlichen Feten, daneben unten rechts Unterkiefer von medial und Hammer-Amboß-Gelenk
1 Hammer-Amboß-Gelenk, 2 Membrana tympani, 3 Mandibula, 4 MECKEL-Knorpel, 5 Cartilago thyroidea, 6 Os hyoideum, 7 Annulus tympanicus, 8 Malleus, 9 Incus

primäres Kiefergelenk

des 1. Kiemenbogens im *primären Kiefergelenk* miteinander. Durch Abgliederung der Gelenkteile entstehen dann die beiden Gehörknöchel Hammer und Amboß, wodurch das Kiefergelenk der Amphibien und Reptilien zum Hammer-Amboß-Gelenk wird. Das Kiefergelenk der Säugetiere und des Menschen entsteht neu durch Anlagerung des Unterkieferknochens an das Schläfenbein (Abb. 127), so daß man es auch als *sekundäres Kiefergelenk* bezeichnet.

sekundäres Kiefergelenk

Verschiebungen der Zahnreihen gegeneinander sind an die Beweglichkeit des Unterkiefers in den Kiefergelenken gebunden. Im Kiefergelenk artikulieren Schläfenbein und Unterkiefer miteinander. Eine Gelenkscheibe, *Discus articularis*, teilt es in einen oberen und einen unteren Spalt, so daß jedes Kiefergelenk aus 2 Teilgelenken besteht.

Kiefergelenkstrukturen

5.5.1 Bau des Kiefergelenkes

Im Kiefergelenk artikulieren das Caput mandibulae (s. Abb. 101 bis 103) und die Fossa mandibularis des Schläfenbeins (Abb. 94, 100, 129a) miteinander.

Die Kiefergelenkpfanne, *Fossa mandibularis,* liegt an der Unterfläche der Schläfenbeinschuppe und ist entsprechend der Position der Unterkieferköpfe etwas schräg gestellt. Sie wird vorn vom Gelenkhöcker, *Tuberculum articulare,* begrenzt. Der Knochen der Gelenkgrube ist dünn, was darauf hindeutet, daß hier die Belastungen durch den Gelenkkopf nur gering sind. Die hintere Wand des Gelenkhöckers ist schräg geneigt (im Mittel 35°, gemessen zur Okklusionsebene). Bei tiefem frontalem Überbiß ist sie steiler. Im Sagittalschnitt zeigt die Gelenkpfanne eine S-förmige Gelenkbahn. Bei Okklusionsstörungen, z.B. nach Stützzonenverlust, werden häufig deformierende Veränderungen der Gelenkflächen und der Gelenkbahnkrümmung beobachtet. Nur der vordere Teil der Gelenkpfanne ist überknorpelt, der Knorpelüberzug reicht bis zur Fissura petrotympanica (s. Abb. 94, 100).

• Kiefergelenkpfanne

Der Unterkieferkopf, *Caput mandibulae,* befindet sich am Ende des Gelenkfortsatzes und wird *Condylus* genannt. Er ist etwas nach vorn geneigt. Seine Gelenkfläche ist überknorpelt, wobei die hintere Seite des Gelenkkopfes, die nicht zu den artikulierenden Flächen gehört, keinen Knorpelüberzug besitzt. Er ist walzen- bis ellipsenförmig, wobei er jedoch starke individuelle Abweichungen zeigt. Die Längsachsen beider Unterkieferköpfe schneiden sich in einem stumpfen Winkel am vorderen Rand des großen Hinterhauptloches (Abb. 128). Nur selten sind die Gelenkköpfe in bezug auf ihre Form und Stellung spiegelbildlich (s. Abb. 103). Häufig werden Asymmetrien der Achsenstellungen beobachtet, was für eine bevorzugte einseitige Belastung beim Kauen spricht.

• Unterkieferkopf

Die Gelenkscheibe, *Discus articularis,* kurz *Discus* genannt, sitzt dem Unterkieferkopf kappenartig auf und unterteilt den Gelenkraum in einen oberen und einen unteren Spalt. Ihre Grund-

• Gelenkscheibe

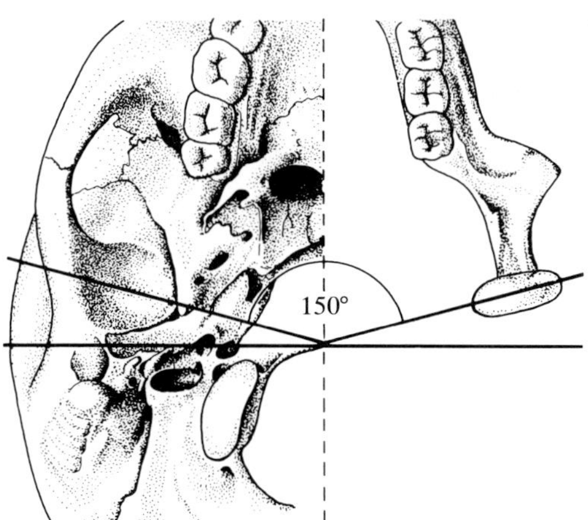

Abb. 128 Stellung der Achsen des Condylus und der Pfanne des Kiefergelenks

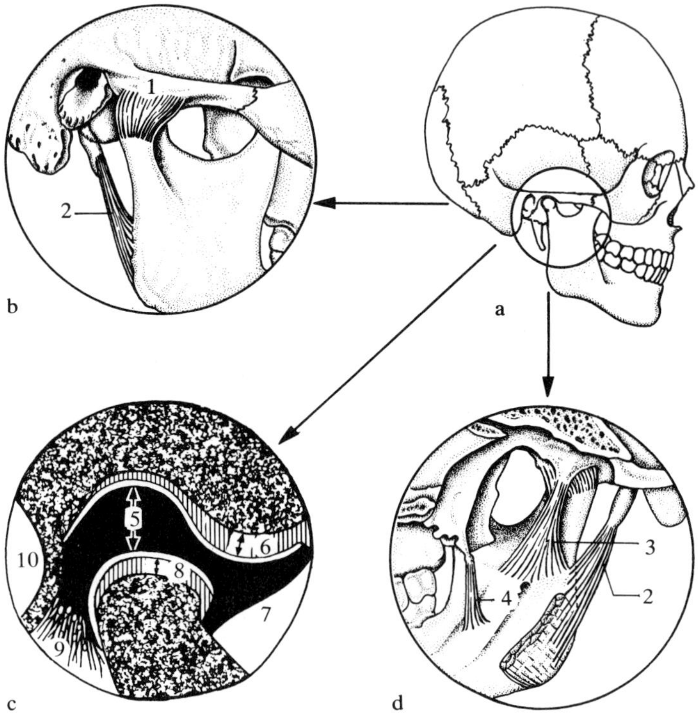

Abb. 129 Kiefergelenk
a Topographie, b Bänder des Kiefergelenks von lateral, c Kiefergelenk im Sagittalschnitt, schematisiert, d Bänder des Kiefergelenks von medial
1 Lig. laterale, 2 Lig. stylomandibulare, 3 Lig. sphenomandibulare, 4 Raphe pterygomandibularis, 5 Discus articularis, 6 Gelenkknorpel am Tuberculum, 7 vordere Kapselwand, 8 Knorpel am Condylus, 9 hintere Kapselwand, 10 äußerer Gehörgang

form kann als ovoid bezeichnet werden, wobei der quere Durchmesser größer ist als der Längsdurchmesser. In der Mitte ist der Discus am dünnsten (1 bis 2 mm), hinten und vorn etwas dicker (3 bis 4 mm) (Abb. 129c). Er besteht aus Faserknorpel und ist mit der Gelenkkapsel verwachsen, nur hinten geht er in ein bindegewebiges Polster über, vorn medial strahlen Sehnen des M. pterygoideus lateralis (s. Abb. 120, 121) in den Discus ein. Mit der Bewegung des Condylus verschiebt sich der Discus und gleicht die Größenunterschiede zwischen Gelenkpfanne und Condylus aus.

Das Kiefergelenk besitzt eine sehr große Anpassungsfähigkeit. Bei Veränderungen des funktionellen Gleichgewichtes, z. B. nach Zahnverlusten, werden Umbauten beobachtet. Außerdem ist der Gelenkknorpel ein Wachstumszentrum des Unterkiefers (Abschn. 4.5.3).

• Kiefergelenkkapsel

Die Kiefergelenkkapsel, *Capsula articularis,* ist relativ weit, so daß der Gelenkkopf genügend Spielraum für seine Bewegungen hat. Sie sorgt für den luftdichten Abschluß des Gelenkes und

produziert die Gelenkschmiere, welche die Gleitfähigkeit des Condylus und des Discus erhöht. Seitlich wird die Gelenkkapsel vom *Lig. laterale* verstärkt, das von der Jochbogenwurzel zum Unterkieferhals zieht (Abb. 129b).
Auf der medialen Seite gibt es 2 weitere Bänder, die jedoch keine räumlichen Beziehungen zur Gelenkkapsel haben. Das *Lig. sphenomandibulare* zieht vom großen Keilbeinflügel zur Lingula mandibulae und das *Lig. stylomandibulare* vom Proc. styloideus zum hinteren Rand des Ramus mandibulae (Abb. 129b, d). Beide hemmen die Öffnungs- und Protrusionsbewegungen des Unterkiefers.

5.5.2 Funktionen des Kiefergelenkes

Die Kieferbewegungen dienen nicht nur der Nahrungszerkleinerung, sondern erfolgen auch beim Sprechen, Singen, Gähnen u. a. m. Ihre Führungselemente sind die Kiefergelenke und Zähne, die in engen Wechselbeziehungen zueinander stehen.
Bei der habituellen Interkuspidation liegt der Condylus in der retralen und kranialsten Lage in der Fossa mandibularis. Der Kaudruck wird im wesentlichen von den Zähnen aufgefangen und auf den Hirnschädel weitergeleitet (s. Abb. 111). Im oberen Teilgelenk werden vorwiegend Gleitbewegungen und im unteren Rotationsbewegungen ausgeführt.

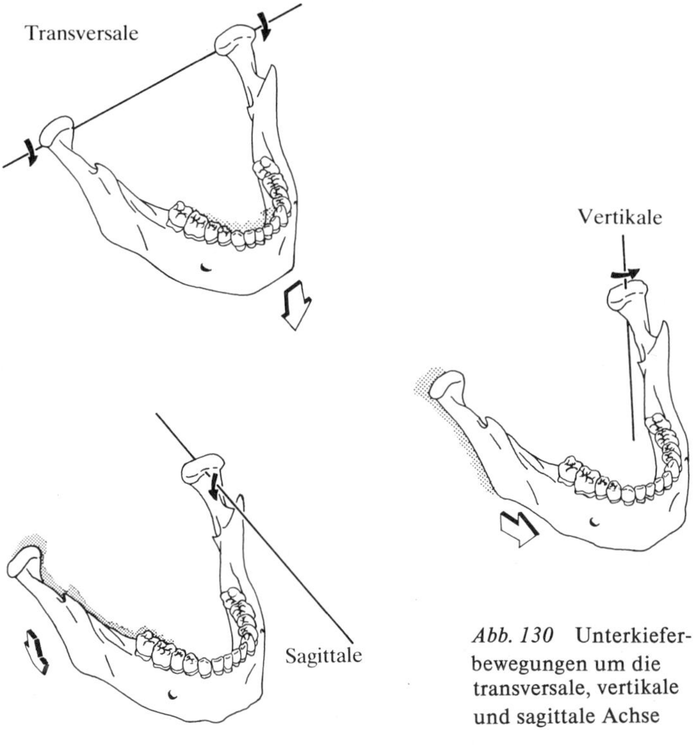

Abb. 130 Unterkieferbewegungen um die transversale, vertikale und sagittale Achse

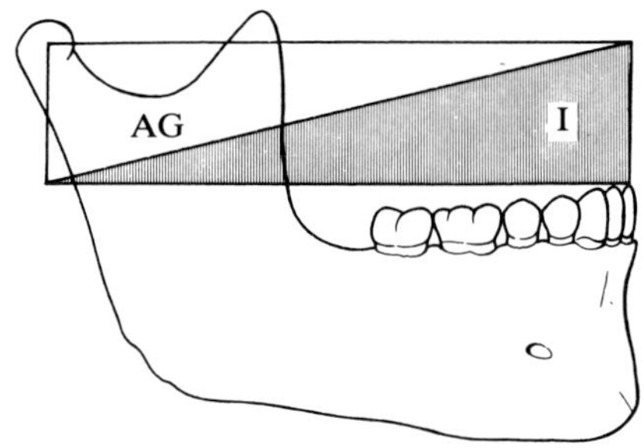

Abb. 131 Kiefergelenk- (AG) und Inzisalführung (I)
Je weiter vorn ein Zahn steht, desto geringer ist der Einfluß des Kiefergelenks, aber um so größer der Einfluß der Inzisalführung
(H. T. Shillingburg, S. Hobo, L. D. Whitsett 1977)

Bewegungsachsen des Unterkiefers

Die Kiefergelenke ermöglichen komplizierte im Raum ablaufende Bewegungen um vertikale, transversale und sagittale Achsen (Abb. 130), die nur z. T. durch die Kondylen oder andere Teile des UK laufen und im Gegensatz zu anderen Gelenken »wandernde« Achsen sind. Teilweise sind sie auch außerhalb des Knochens zu finden und ändern mit jeder Unterkieferposition ihre Stellung. Diese Achsen stehen auch nicht streng senkrecht aufeinander, sondern verlaufen als Resultierende von Hauptachsenrichtungen meist schräg im Raum. Selbst beim Vergleich von rechter und linker Seite treten auf Grund vorliegender Asymmetrien im Organismus unterschiedliche Achsenlagen auf. Weiterhin muß beachtet werden, daß die funktionellen UK-Bewegungen nie reine Rotationen, Translationen usw. darstellen, sondern immer als Kombinationen mehrerer Grundbewegungen aufzufassen sind.
Artikulatoren sind Hilfsmittel, um die Bewegungsabläufe des Unterkiefers zu simulieren. Die starre Führung dieser Apparate sowie das Fehlen einer Gelenkscheibe lassen es nicht zu, die Vielseitigkeit der Gelenkmobilität darzustellen. Alle Bewegungsformen unterliegen einer großen Individualität, die etwa mit der Gangart oder der Handschrift eines Menschen vergleichbar ist.
Während Kiefergelenke durch restaurative Maßnahmen primär nicht verändert werden können, ist dies jedoch bei den Zähnen möglich. Durch Einschleifen oder Wiederherstellung der Kauflächen kann der Zahnarzt oder Zahntechniker hier aktiv eingreifen. Die Wirksamkeit eines Zahnes als Führungsgröße ist abhängig von seiner topographischen Lage. Während ein vorderer Zahn mehr dem Einfluß der Inzisalführung unterliegt, bestehen bei Molaren größere Abhängigkeiten zur Kondylenbahn (Abb. 131).
Ziel aller restaurativen Maßnahmen muß es sein, Übereinstimmung zwischen Kauflächen und Kiefergelenken zu erreichen. Diese Übereinstimmung bildet die Grundlage für ein funktio-

nelles Optimum, in dem das neuromuskuläre System mit geringstem Energieaufwand arbeitet und die Periodontien den minimalsten Belastungen ausgesetzt sind.

5.5.2.1 Öffnungs- und Schließbewegung

Bewegungen des Unterkiefers

Öffnungs- und Schließbewegungen des Unterkiefers sind Scharnierbewegungen mit gleitender Achse; man kann sie auch als kombinierte Dreh-Gleit-Bewegung bezeichnen.

- Öffnungsbewegung

Die Öffnungsbewegung läuft in 2 Phasen ab (Abb. 132). Im unteren Gelenkspalt werden die Kondylen gedreht und im oberen zusammen mit dem Discus am Tuberculum articulare nach vorn und nach unten gezogen. Den Weg, den die Kondylen bei der Protrusion zurücklegen, nennt man *sagittale Kondylenbahn* (Abb. 133). Die Neigung dieser Bahn zur Okklusionsebene ist starken individuellen Schwankungen unterworfen; sie kann 5 bis 55° betragen.

- Schließbewegung

Bei der Schließbewegung gleiten die Kondylen am Tuberculum articulare nach hinten oben, wobei sie sich gleichzeitig um die Scharnierachse wieder zurückdrehen. Der Discus wird dabei in seine ursprüngliche Lage zurückgeführt.

5.5.2.2 Protrusionsbewegung des Unterkiefers

Protrusionsbewegung

Die Gleitbewegung beim Vorziehen des Unterkiefers *(Protrusion)* ist relativ klein und läuft in 2 Phasen ab. Als Führungselemente dienen dabei nicht nur die Kondylenbahn, sondern auch die *Inzisalführung*. Der Winkel, den die lingualen Flächen mit der Okklusionsebene bilden *(Inzisalführungswinkel)*, liegt zwischen 50 und 80°.

- Kondylenbahn
- Inzisalführung

Zum Überwinden des Überbisses der Frontzähne und der Höker-Fossa-Verzahnung im Seitenzahngebiet erfolgt zuerst eine

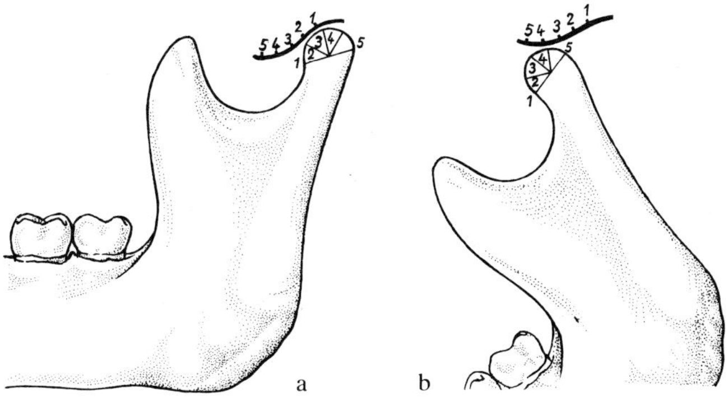

Abb. 132 Dreh- und Gleitbewegung des Condylus
a Position des Condylus bei der habituellen Interkuspidation,
b bei geöffnetem Mund

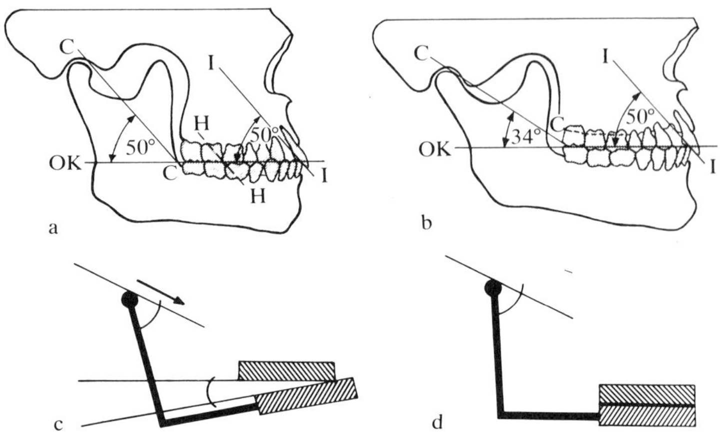

Abb. 133 Protrusionsbewegung
a Führungselemente bei gleichem, b bei ungleichem Kondylenbahn- und Inzisalführungswinkel. C-C Kondylenbahn, I-I Inzisalbahn, H-H Höckerbahn, OK Okklusionsebene (nach H. Schröder 1961).
c Christensen-Phänomen schematisch (nach K. Lehmann 1979)

- Rotationsbewegung

leichte Rotationsbewegung um die Scharnierachse. Nachdem die oberen Schneidekanten erreicht sind, werden bei weiterem Vorschub des Unterkiefers die unteren Schneidezähne wieder gehoben, und es kommt zu einer Rückdrehung der Kondylen. Nur in den seltensten Fällen sind Gelenkbahnneigung und Inzisalführungswinkel gleich. Weichen beide voneinander ab (z. B. Abb. 133), dann ist die Vorschubbewegung nur durch Einschaltung einer Rotation im unteren Gelenk möglich, wodurch die Bewegung der 1. Phase eine kombinierte Bewegung wird.
Stellt man sich die Kauebene als plane Fläche vor, wie z. B. an Bißwällen bei zahnlosen Patienten konstruiert werden kann, so entsteht durch die Vorschubbewegung nach vorn unten ein Klaffen der Bißwallflächen im Seitenzahngebiet. Diese Erscheinung bezeichnet man als *sagittales* Christensen-*Phänomen* (Abb. 133 c). Der klaffende Spalt ist um so breiter, je steiler die Gelenkbahn ist. Somit ist es möglich, die Gelenkbahnneigung durch die Spaltbreite zu bestimmen und auf einen Artikulator zu übertragen. Als *transversales* Christensen-*Phänomen* bezeichnet man den beim Seitbiß nur auf einer Seite auftretenden Spalt zwischen den Zahnreihen. Bei der Rückführung des Unterkiefers in die habituelle Interkuspidation erfolgt eine Umkehrung der Bewegung. Sie wird beim Abbeißen ausgeführt.

- sagittales und transversales Christensen-Phänomen

Laterotrusionsbewegung

5.5.2.3 Laterotrusionsbewegung des Unterkiefers

- schwingender Condylus
- ruhender Condylus

Bei der Seitwärts- oder Laterotrusionsbewegung wird der *schwingende Condylus* nach vorn unten geführt und nähert sich der Medianebene. Auf der Laterotrusionsseite bildet der *ruhende Condy-*

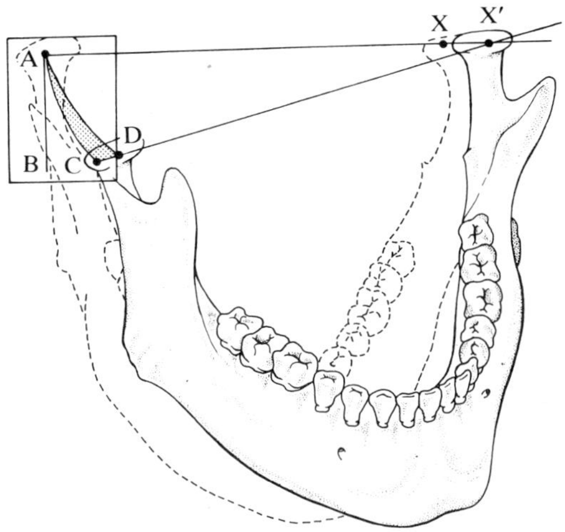

Abb. 134 Bennett-Lateralbewegung
Bei der Laterotrusion wandert der ruhende Condylus etwas nach lateral (von X nach X′). Diese Bennett-Bewegung vergrößert den horizontalen Kondylenbahnwinkel BAC und den Bennett-Winkel CAD (nach H. W. Preiskel aus J. Weiskopf 1981)

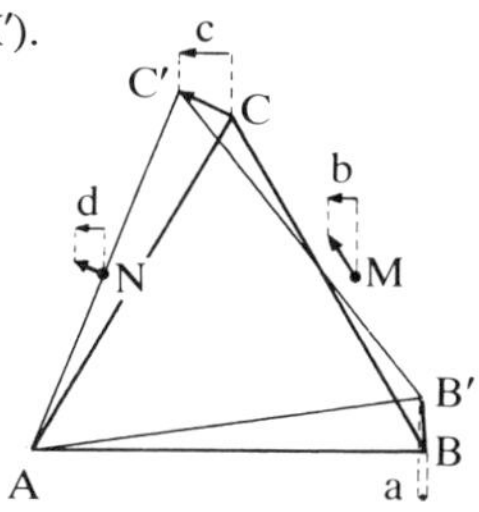

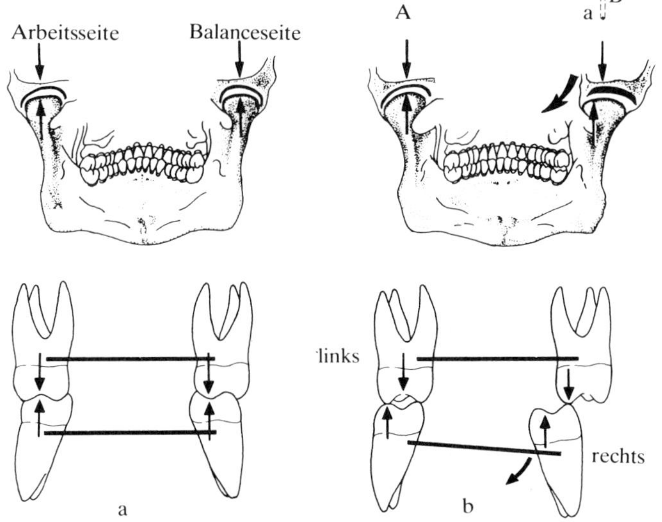

Abb. 135 Lageveränderungen des Condylus bei der Seitwärtsbewegung
a Schlußbißanlage, b Lateralposition des Unterkiefers nach links
ABC Bonwill-Dreieck, AB′C′ Bonwill-Dreieck nach Lateralbewegung,
M und N Punkte des Kauflächenkomplexes im Molarenbereich,
AB Interkondylarachse, AB′ Interkondylarachse nach Lateralbewegung,
a Bennett-Bewegung des schwingenden Condylus, b Mesiotrusionsbewegung des Kauflächenpunktes M, c Laterotrusionsbewegung des Inzisalpunktes C, d Laterotrusionsbewegung des Kauflächenpunktes N

• Bennett-Bewegung

lus das Drehzentrum um die vertikale Achse. Dabei wird der Condylus auf der Rotationsseite gleichzeitig etwas nach außen und meist auch nach hinten bewegt. Die räumliche Versetzung des Unterkiefers wird BENNETT-*Bewegung* genannt (Abb. 134).
Die Laterotrusionsbewegung des Unterkiefers nach links vollzieht sich wie folgt (Abb. 135):
1. Der linke ruhende Condylus bleibt in der Gelenkpfanne *(Laterotrusionsseite).*
2. Der rechte schwingende Condylus gleitet an der Gelenkbahn nach vorn unten und etwas nach medial *(Mediotrusionsseite).*
3. Die Schneidezähne werden dabei nach links und etwas nach vorn unten geführt.
4. Die linken Molaren weichen zur Laterotrusionsseite ab, so daß die vestibulären und lingualen Höcker der oberen und unteren Zahnreihe in Interkuspidationsstellung stehen.
5. Die rechten Molaren bewegen sich nach vorn unten und medial, so daß die vestibulären Höcker der unteren Molaren unter den lingualen der oberen Molaren stehen.

Aufgaben

1. Erläutern Sie an Hand einer Schemaskizze den Aufbau des Kiefergelenkes! Beschriften Sie Ihre Skizze!
2. Welche Sonderstellung hinsichtlich seines Aufbaues und seiner Funktion nimmt das Kiefergelenk gegenüber anderen Gelenken ein?
3. Erläutern Sie Form, Lage und Bedeutung des Discus!
4. Erklären Sie die folgenden Begriffe:
- Laterotrusionsseite,
- Mesiotrusionsseite,
- Kondylenbahn,
- Inzisivenbahn!

5. Welche Vorgänge spielen sich in den Kiefergelenken und im Kauflächenkomplex bei einer dynamischen Okklusionsbewegung des Unterkiefers nach rechts ab?
6. Erläutern Sie die Ursache und die Erscheinungsform des transversalen CHRISTENSEN-Phänomens!

Positionen des Unterkiefers

5.5.3 Positionen des Unterkiefers

Bei jeder Stellung des Unterkiefers nehmen die Kondylen eine entsprechende Lageposition im Kiefergelenk ein. Man kann die Kondylusbewegungen bei mageren Personen unter der Haut sehen, vor der Ohrmuschel oder durch Einlegen des Fingers in den äußeren Gehörgang fühlen, röntgenologisch oder durch gnathologische Registriermethoden darstellen (s. Lehrbücher der Prothetik).

• Toleranzbereich

Als Toleranzbereich der Gelenkführung bezeichnet man klinisch den Bewegungsumfang, der ohne Auslösung einer Störung möglich ist. Die Größe des Toleranzbereiches ist für die prothetische Diagnostik und Therapie sehr wichtig.

In der Ruhelage, d. h. der unbewußten Abstandshaltung des Unterkiefers, liegen die Kondylen mit dem Discus der hinteren Wand des Tuberculum articulare an. Diese Position wird durch den Tonus der Kaumuskeln und den Luftdruck eingehalten. Beim Erschlaffen der Kaumuskeln, z. B. im Schlaf, fällt der Unterkiefer herab. Einen Einfluß auf die Ruhelage hat auch die Kopfhaltung. Wird der Kopf nach vorn gebeugt, kommt es zur Stauchung der Halseingeweide und Verschiebung des Unterkiefers nach vorn.

Bei der Nackenbewegung werden die Haut des Halses, die Zungenbeinmuskeln und der Eingeweideschlauch gedehnt, und der Unterkiefer wird nach unten hinten gezogen.

Als Kieferrelation bezeichnet man alle nicht okklusions- bzw. zahnbezogenen Stellungsphasen des Unterkiefers. Sie bildet die Bezugsbasis für funktionelle Gebißanalysen. Die vertikale Kieferrelation ist der vertikale Abstand *(Bißhöhe)* beider Kiefer zueinander. Ihre Bestimmung ist bei zahnlosen Kiefern wichtig und soll etwa der Höhe des vollbezahnten Gebisses entsprechen. Die Kauebene verläuft etwa in Höhe der *Lippenschlußlinie.* Die *Lachlinie,* die dem Verlauf der Oberlippe beim Lachen entspricht, gibt Hinweise auf die Länge der oberen Frontzahnkronen (Abb. 136).

Außerdem gibt es die Lagebeziehungen beider Kiefer in der Sagittalen und Horizontalen. Bei der letztgenannten müssen die Positionen von Ober- und Unterkiefer in der Medianebene übereinstimmen.

Die Bänderlage oder *Ligamentposition* wird bei extremen Stellungen des Unterkiefers, z. B. bei maximaler Mundöffnung, eingenommen. In dieser Stellung sind keine weiteren Bewegungen mehr möglich. Sie beruht auf der Band- und Kapselhemmung des Kiefergelenks. Wird die Gelenkkapsel überdehnt, dann kann der Condylus vor das Tuberculum articulare treten und eine Kiefersperre verursachen.

Die Schlußbißlage oder habituelle Interkuspidation ist die Endlage des Unterkiefers. In ihr findet man das größtmögliche anatomische Kontaktmuster der Höcker-Fossa-Verzahnung.

- Ruhelage
- Kieferrelation
- Bänderlage
- Schlußbißlage

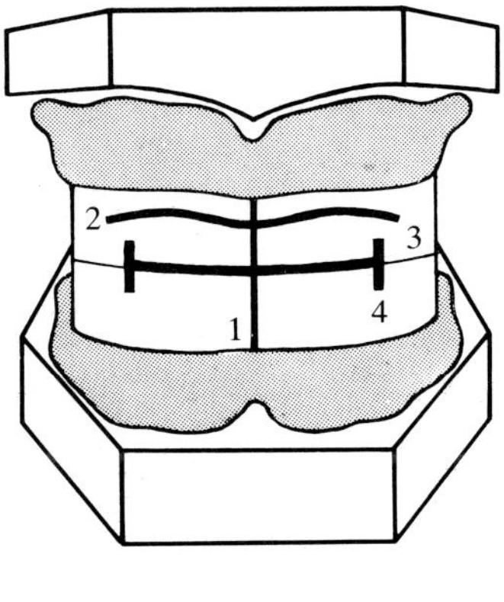

Abb. 136 Oberkiefer- und Unterkiefermodelle durch Bißschablonen in Okklusionsstellung
1 Mittellinie, 2 Kauebene, 3 Lachlinie, 4 Eckzahnlinie

Grenzbewegung

5.5.4 Grenzbewegungen des Unterkiefers

Die Führung der Unterkieferbewegungen erfolgt durch die Gelenkbahn, den Bandapparat der Kiefergelenke, die Muskulatur, Inzisalführung und Höckerneigung.

Die Unterkieferbewegungen sind meist Kombinationsbewegungen, die in der sagittalen, horizontalen und frontalen Ebene erfolgen. Man kann sie auf verschiedene Weise studieren, z. B. durch klinische oder röntgenologische Beobachtungen, am Facettenmuster der Zähne, durch elektromyographische oder telemetrische Untersuchungen (Radiosender in Brücken oder Inlays).

Als Bezugspunkt für die graphischen Darstellungen benutzt man das *Condylion* (oder *Punkt A*), durch das die Scharnierachse geht, sowie den *Inzisalpunkt.* Zeichnet man die Bewegungen des Inzisalpunktes in einer Ebene auf, erhält man für jede Ebene eine typische Figur der Unterkiefergrenzbewegungen.

• in der Sagittalebene

Bei der Grenzbewegung in der Sagittalebene (Abb. 137a, b) wandert der Inzisalpunkt vom Terminalpunkt 1 in die Ausgangslage dorsal und abwärts zum Punkt 2. Bei Ausschaltung der Protrusionskomponenten durch manuellen Druck gegen das Kinn führen die Kondylen bis zu einer bestimmten Öffnungsweite (2 bis 2,5 cm) bei Punkt 3 eine reine Scharnierbewegung aus. Bei weiterer Öffnung wird die Position der Maximalöffnung mit dem Grenzpunkt 4 erreicht. Bei dieser Bewegung ist die Rotation um die Frontalachse mit einer Protrusion kombiniert. Der Weg zurück führt zur weiteren Protrusionsstellung beim Grenzpunkt 5. Dabei liegen die Kondylen unter dem Tuberculum articulare. Danach gleiten sie etwas abwärts und zurück zu Punkt 6. Dieser Grenzpunkt entspricht der Abbißstellung des Unterkiefers. Die kurze Bewegungsbahn vom Punkt 6 zum Terminalpunkt 1 wird auch »Gleiten in Zentrik« genannt.

• in der Horizontalebene

Bei der Grenzbewegung in der Horizontalebene (Abb. 137c) findet man die oben genannten Grenzpunkte 1, 2 und 5 sowie die Grenzpunkte 7 und 8 in der Aufsicht. Die Grenzbewegungen zeigen eine annähernd symmetrische rhombenförmige Figur. Vom Terminalpunkt 1 wird der Unterkiefer bis zum Punkt 2 etwas gesenkt. Von hier geht die Bewegung auf fast gerader Bahn in die seitlichen (rechte bzw. linke) Grenzpositionen bis zu den Punkten 7 und 8. Die äußerste Protrusionsstellung zeigt der Grenzpunkt 5.

• in der Frontalebene

Bei den Grenzbewegungen in der Frontalebene liegen die Grenzpunkte 1, 2 und 4 auf einer vertikalen Linie (Abb. 137d). Die Lateralbewegung führt in einer leicht geschwungenen Bahn zum rechten bzw. linken seitlichen Grenzpunkt 7 bzw. 8. An den Knickpunkten 9 bzw. 10 geht dann die Abstützung durch die Zahnreihenkontakte verloren, und der Unterkiefer bewegt sich in der sagittalen Grenzbahn über die Okklusionskontakte hinaus.

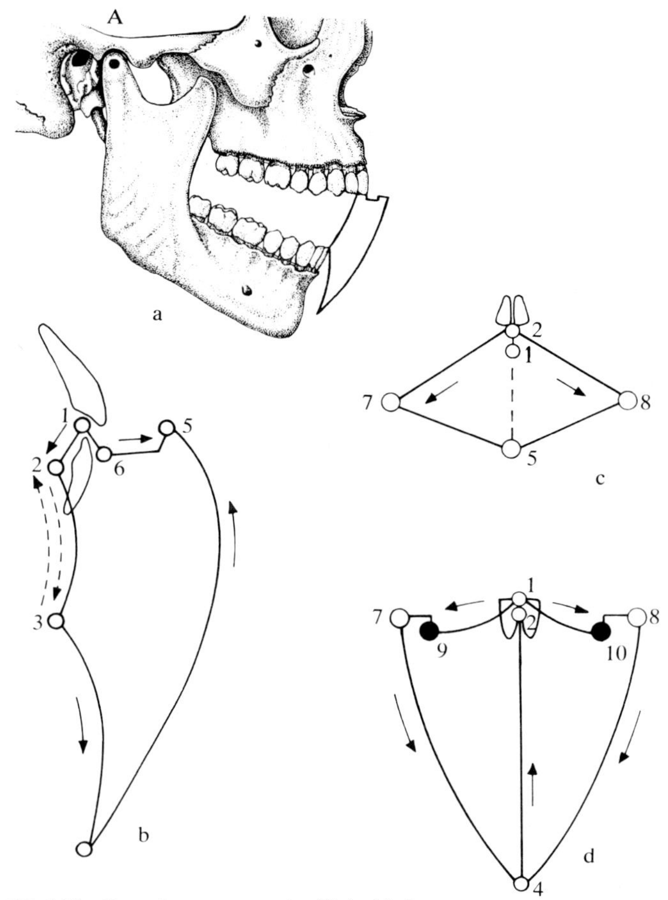

Abb. 137 Grenzbewegungen des Unterkiefers
a, b in der Sagittalebene, c in der Horizontalebene, d in der Frontalebene (Grenzpunkte 1 bis 10 s. Text)

5.5.5 Kaubewegungen

Alle Kaubewegungen liegen innerhalb der Grenzbewegungen des Unterkiefers. Die Kauzyklen beginnen und enden meist in einer Abstandsposition der Kauflächen. Direkte Zahn-zu-Zahn-Kontakte kommen nur flüchtig bei bereits weitgehend zerkleinerter und eingespeichelter Nahrung vor, häufiger beim anschließenden Schlucken. Nachdem die Nahrung zermahlen und eingespeichelt ist, schließt sich der Schluckvorgang an, durch den die so vorbereiteten Speisen in die Speiseröhre gelangen.

Steuerung der Kaubewegungen

Die Steuerung aller Unterkieferbewegungen, die zur Ausübung mastikatorischer und phonetischer Funktionen nötig sind, unterliegen einem komplizierten *Reflexionsmechanismus,* der mit einem kybernetischen System vergleichbar ist (Abb. 138). Durch diesen sind fein abgestimmte Unterkiefer- und Zungenbewegungen, die Einstellung der Kaukraft, die quantitative und qua-

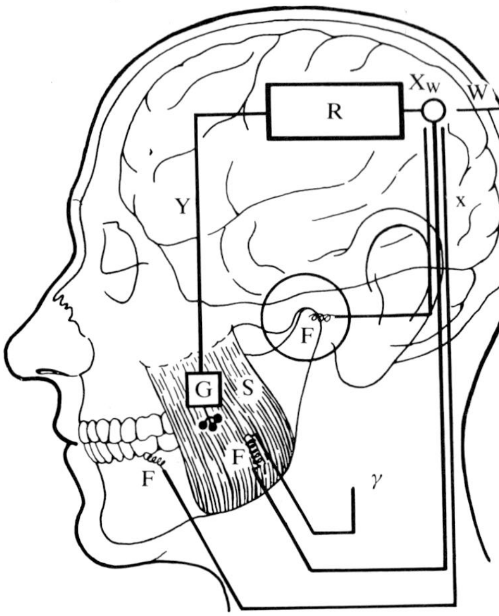

Abb. 138 Regelkreis zur Steuerung der Unterkieferbewegungen (Erklärungen im Text)

litative Abgabe von Speichel, die Einleitung des Schluckmechanismus u. a. m. sowie die Koordination aller genannten Funktionen möglich. Außerdem können Willensimpulse in diesen Mechanismus eingreifen und die Kiefer- und Zungenbewegungen sowie die Kaukraft beeinflussen.

Der zentrale Regler R befindet sich im Gehirn. Das Stellglied G ist die von der Kaumuskulatur entfaltete Kraft und die Regelstrecke S der bei der Muskelkontraktion zurückgelegte Weg. Die Fühler sind die Rezeptorsysteme (Muskel-, Sehnenspindeln, Nervenendigungen) in den Kaumuskeln, im Kiefergelenk, in den Periodontien und im Dentin der Zähne (Abschn. 3.3.5.2 , 3.3.7.3). X ist die Regelgröße, W der vom Gehirn vorgegebene Sollwert, X_W die Regelabweichung, Y die Stellgröße und γ die Empfindlichkeitseinstellung des Fühlers.

Mit zunehmendem Alter ist eine Umstellung dieses Reflexmechanismus erschwert und die Anpassungsfähigkeit an Prothesen, welche die eingefahrenen Abläufe beeinflussen, verringert.

Aufgaben

1. Erläutern Sie den Begriff »Toleranzbreite der Gelenkführung«!
2. Erklären Sie die Maßnahmen, die zur Ermittlung der Kieferrelation durchgeführt werden müssen!
3. Begründen Sie den Unterschied zwischen habitueller Interkuspidation und Ruhelage des Unterkiefers!
4. Erläutern Sie an Hand von Skizzen die Grenzbewegungen des Unterkiefers!
5. Schildern Sie den Steuermechanismus der Unterkieferbewegungen!

6 Mund, Os

Der Mund hat nicht nur wichtige Aufgaben bei der Nahrungsaufnahme und Nahrungsverarbeitung zu erfüllen. Er ist Kontakt- und Intimorgan; als Sinnesorgan gewährleistet er Geschmacks- und Berührungsempfindungen, als Ausdrucks- und Verständigungsorgan stellt er die Verbindung zwischen Außenwelt und Persönlichkeit dar. Der Kuß kann z.B. ein bewußt erotisches Erlebnis sein, und Redewendungen wie »sich den Mund verbrennen«, »zum Munde reden« unterstreichen seine Bedeutung bei Verwendung des Wortes in übertragenem Sinn. Orale Gesten drücken Stimmungen, Affekte und Meinungen aus.
Zum Mund bzw. zur Mundregion gehören die Lippen, Wangen, der Mundbogen und die Mundhöhle mit ihrem Inhalt. Man unterscheidet den *äußeren Mund* und die *Mundhöhle.*

6.1 Äußerer Mund

Mundspalte

Die Mundspalte, *Rima oris*, projiziert sich auf die Schneidekanten der oberen Frontzähne und endet etwa an den Eckzähnen. Ober- und Unterlippe, *Labium superius* und *Labium inferius*, sind am Mundwinkel, *Angulus oris*, durch den Übergang, die *Commissura labiorum*, verbunden. Die Oberlippe zeigt eine flache, vertikal verlaufende Rinne, *Philtrum*, an deren Ende sich ein kleiner Höcker, *Tuberculum*, findet (Abb. 139). Maßgebliche Bewertungskriterien für die Form des Mundes sind die Lippen, Gesichtsfurchen sowie die Fülle der Wangen.

Ästhetik der Mundpartie

Die Ästhetik der Mundpartie ist für die Prothetik von besonderer Bedeutung, wobei die anatomischen Merkmale der Frontzähne einen prägenden Einfluß auf die Physiognomie des Menschen nehmen. Hauptsächlich sind es die beiden oberen mittleren Schneidezähne. Unregelmäßigkeiten dieses Zahnpaares werden meist als unschön empfunden. Die prothetische Position der Eckzähne sollte der Form der Mundspalte angepaßt werden. Weiterhin spielen die Zahnstellung sowie das Fehlen von Frontzähnen für die Bildung von Konsonanten *(Dentallaute)* eine Rolle. Schließlich dürfen aber beim Aufstellen künstlicher Vorderzähne die Individualitäten des Patienten nicht unberücksichtigt bleiben; jeder Schematismus sollte vermieden werden.

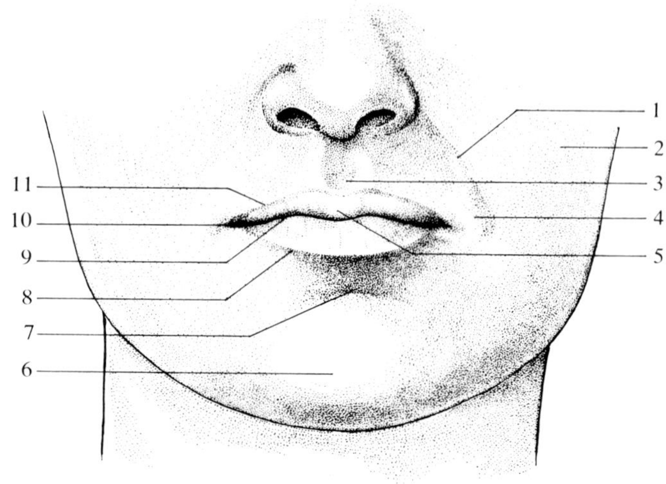

Abb. 139 Mundregion
1 Sulcus nasolabialis, 2 Bucca, 3 Philtrum, 4 Commissura labiorum, 5 Tuberculum, 6 Mentum, 7 Sulcus mentolabialis, 8 Labium inferius, 9 Rima oris, 10 Angulus oris, 11 Labium superius

Die Form der Lippen wird als *dünn, mittel, dick* oder *wulstig* bezeichnet. Ihre große Beweglichkeit bestimmt maßgeblich das Mienenspiel; ferner haben die Lippen für die Phonetik und die Nahrungsaufnahme eine große Bedeutung.
Falsche Oberflächengestaltung der Prothese verursacht eine gespannte Oberlippe und verändert das Aussehen unvorteilhaft. Oberlippenspalten geben dem Gesicht ein besonderes Gepräge.
Die Mundspalte kann *schmal, mittelbreit* oder *breit* sein. Meist ist der Mund etwas asymmetrisch. Das stärkere Herabhängen eines Mundwinkels oder die Aufhebung des Mienenspiels deuten auf eine Schädigung des N. facialis hin, der die mimische Muskulatur versorgt.

Kinn

Zwischen der Unterlippe und dem Kinn, *Mentum*, liegt die Kinnlippenfurche, *Sulcus mentolabialis* (Abb. 139). Seitlich von den Lippen beginnen die Wangen, *Buccae*, die zusammen mit den Lippen die äußere Begrenzung des Mundvorhofs bilden. Lippen und Wangen sind durch die Nasenwangenfurche, *Sulcus nasolabialis*, gegeneinander abgegrenzt.

6.2 Lippen, Wangen und Mundboden

Lippen

Die Lippen, *Labia oris*, besitzen als Grundlage den *M. orbicularis oris* (Abb. 112, 113). Außen werden sie von der Haut bekleidet, die beim Mann Barthaare, *Barbae*, trägt. Das Lippenrot bildet den Übergang zur Mundschleimhaut. Diese überzieht die Innenseite der Lippen. Die Schleimhaut (Abb. 140) enthält ge-

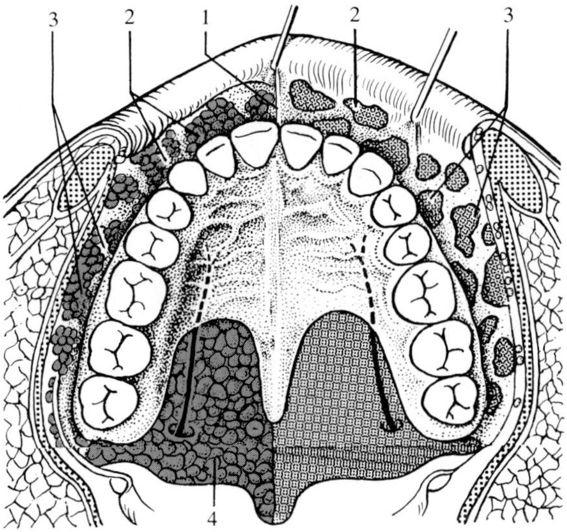

Abb. 140 Gaumen und Mundvorhof mit kleinen Mundspeicheldrüsen
1 Frenulum labii superioris, 2 Gll. labiales, 3 Gll. buccales,
4 Gll. palatinae

mischte Speicheldrüsen, *Gll. labiales*, die ihr Sekret in den Mundvorhof abgeben. Man fühlt sie, wenn man die Lippen durch die halbgeöffneten Zahnreihen gleiten läßt.

Wangen

Die Wange, *Bucca*, enthält als Muskelgrundlage den *M. buccinator*. Ihre Innenseite ist ebenfalls von Mundschleimhaut bekleidet, in der sich kleine gemischte Speicheldrüsen, *Gll. buccales*, befinden. Zwischen dem M. buccinator und der äußeren Haut findet man den Wangenfettpropf *(Bichat)*.

Mundboden

Der Mundboden wird von den oberen Zungenbeinmuskeln in einer Art Kreuzverband gespannt. Die Quergurtung erfolgt durch den *M. mylohyoideus*, die Längsverspannung durch den *M. geniohyoideus* und den vorderen Bauch des *M. digastricus* (s. Abb. 123 bis 125). Der eigentliche Mundbodenmuskel ist der M. mylohyoideus.

6.3 Mundhöhle, Cavitas oris

Mundhöhle

Die Mundhöhle gliedert sich in den Mundvorhof, *Vestibulum oris*, und die eigentliche Mundhöhle, *Cavitas oris propria*, (Abb. 143, 144, 165).

6.3.1 Mundschleimhaut

Mundschleimhaut

Die Mundschleimhaut zeigt regionale Unterschiede. An manchen Stellen ist sie mit der knöchernen Unterlage fest verwachsen, anderenorts ist sie auf dieser verschiebbar. Ihr histologi-

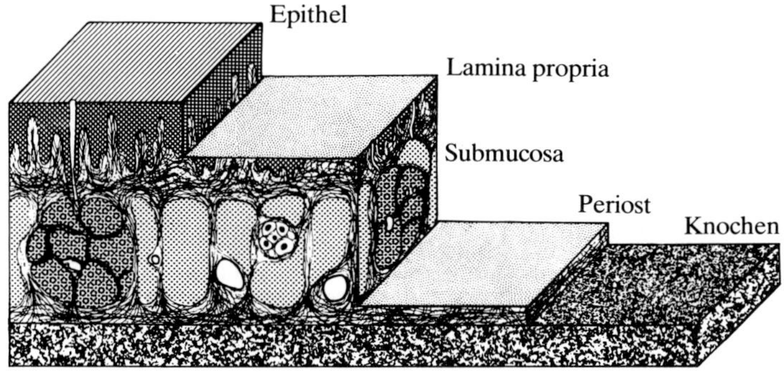

Abb. 141 Schichten der Mundschleimhaut

- Epithel
- Bindegewebe

scher Aufbau zeigt folgende Schichten (Abb. 141):
- das Schleimhautepithel (mehrschichtiges Plattenepithel),
- das Schleimhautbindegewebe, *Lamina propria,*
- das Unterschleimhautbindegewebe, *Submucosa.*

Die Lamina propria stellt die Grundlage für das Plattenepithel dar und dient dem Stofftransport zwischen der Oberfläche und den Gefäßen. Sie enthält außer Blut- und Lymphgefäßen Nervenfasern sowie stellenweise Ansammlungen von lymphatischem Gewebe.

Unterschleimhautbindegewebe

Die Submucosa verbindet die Schleimhaut mit der Unterlage. Diese kann knöchern oder im Lippen- und Wangengebiet muskulär sein. Sie besteht aus lockerem Bindegewebe, enthält z. T. Einlagerungen von Fett- und Drüsengewebe sowie Blut-, Lymphgefäße und Nerven.

An manchen Stellen fehlt die Submucosa, z. B. in den fibrösen Zonen des harten Gaumens.

6.3.2 Mundspeicheldrüsen, Gll. oris

Sie bilden den Speichel, *Saliva.* Es gibt seröse, muköse und gemischte Speicheldrüsen. Die mukösen Drüsen bilden den *Gleitspeichel* und die serösen den *Spülspeichel.* Man unterscheidet kleine und große Speicheldrüsen.

kleine Mundspeicheldrüsen

Die kleinen Mundspeicheldrüsen liegen überall in der Mundschleimhaut und werden nach ihrer Lage bezeichnet (Abb. 140).

In den Mundvorhof münden gemischte Speicheldrüsen,
1. die Lippenspeicheldrüsen, *Gll. labiales,*
2. die Wangenspeicheldrüsen, *Gll. buccales.*

In die Mundhöhle münden
1. die Gaumenspeicheldrüsen, *Gll. palatinae* (muköse Drüsen),
2. die Zungenspeicheldrüsen, *Gll. linguales* (meist gemischte Drüsen),
3. die Speicheldrüse der Zungenspitze, *Gl. lingualis anterior* (gemischte Drüse), deren Ausführungsgänge an der Unterseite der Zunge münden.

6.3.3 Große Mundspeicheldrüsen

Große Mundspeicheldrüsen (Abb. 142) sind
1. die Ohrspeicheldrüse, *Gl. parotidea,*
2. die Unterkieferspeicheldrüse, *Gl. submandibularis,*
3. die Unterzungenspeicheldrüse, *Gl. sublingualis.*

Ohrspeicheldrüse

Die Ohrspeicheldrüse, *Gl. parotidea,* ist die größte Mundspeicheldrüse. Sie liegt in der Parotisloge; ihr Hauptteil findet sich hinter dem aufsteigenden Unterkieferast. Eine entzündete Parotis schmerzt bei den Kaubewegungen. Die Gl. parotidea ist eine rein seröse Drüse, die mit ihrem Ausführungsvorgang, *Ductus parotideus,* in den Mundvorhof gegenüber vom oberen 2. Molaren mündet.

Unterkieferspeicheldrüse

Die Unterkieferspeicheldrüse, *Gl. submandibularis,* liegt unter dem Mundboden in der Submandibularloge. Ihr hinterer Fortsatz biegt hakenförmig um den Hinterrand des M. mylohyoideus zur Sublingualloge um. Der etwa 5 bis 6 cm lange Ausführungsgang, *Ductus submandibularis,* mündet zusammen mit dem großen Ausführungsgang der Unterzungenspeicheldrüse auf der *Caruncula sublingualis* hinter den unteren Schneidezähnen. Die Unterkieferspeicheldrüse ist eine gemischte Drüse mit überwiegend serösen Anteilen.

Unterzungenspeicheldrüse

Die Unterzungenspeicheldrüse, *Gl. sublingualis,* ist die kleinste der 3 großen Speicheldrüsen. Sie liegt auf dem Mundboden in der Submandibularloge. Ihr großer Ausführungsgang, *Ductus*

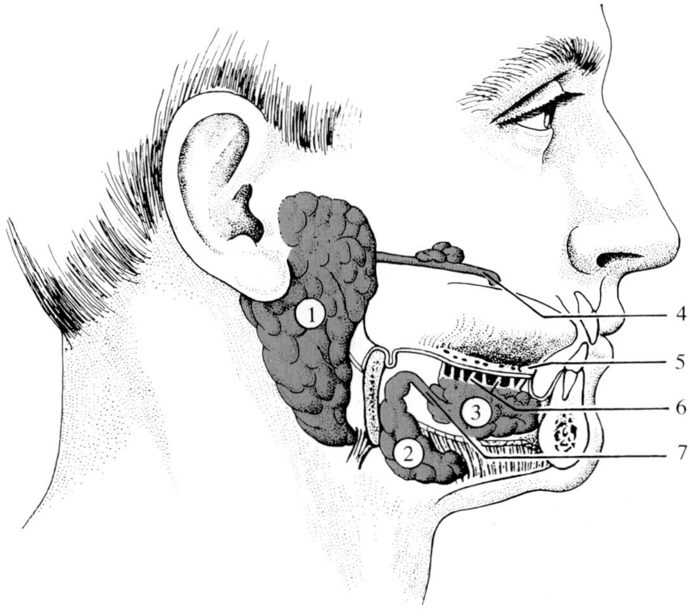

Abb. 142 Lage der großen Mundspeicheldrüsen
1 Gl. parotidea, 2 Gl. submandibularis, 3 Gl. sublingualis, 4 Ductus parotideus, 5 Ductus sublingualis major, 6 Ductus sublinguales minores, 7 Ductus submandibularis

sublingualis major, mündet auf der *Caruncula sublingualis*. Etwa 40 kleine Ausführungsgänge, *Ductus sublinguales minores*, münden auf der Unterzungenfalte, *Plica sublingualis*. Es handelt sich ebenfalls um eine gemischte Drüse, bei der jedoch der muköse Anteil überwiegt.

Speichel

6.3.4 Speichel, Saliva

Der Mensch produziert pro Tag im Durchschnitt 1,5 l Speichel. Bei einer Gesamtmasse aller Speicheldrüsen von etwa 65 g ist das eine beachtliche Stoffwechselleistung. Die Drüsensekrete bilden zusammen ein *Speichelgemisch*, das sich in der Mundhöhle mit abgeschilferten Epithelzellen, Lymphozyten, Granulozyten und Bakterien zum *Gesamtspeichel* vermischt. Für Speicheluntersuchungen ist es wichtig, verschiedene Speichelarten zu unterscheiden. *Nüchternspeichel* wird vor der Nahrungsaufnahme abgegeben, *Ruhespeichel* ohne besondere Reize produziert und *Reizspeichel* durch besondere Stimuli, z. B. Kaugummi, abgesondert.

- Nüchternspeichel
- Ruhespeichel
- Reizspeichel

Verglichen mit dem Blutplasma ist der Ruhespeichel eine hypotone Flüssigkeit. Er enthält jedoch etwas mehr Kalium und Calcium als dieses. Sein pH-Wert liegt bei der Bildung im Neutralen, verschiebt sich dann jedoch durch Säurebildung der Mikroorganismen.
Die chemische Zusammensetzung der Sekrete aus den einzelnen Drüsen ist unterschiedlich. Der Parotisspeichel ist reich an Amylase und enthält wenig Mukoproteine. Die Sekrete der Gl. sublingualis und Gl. submandibularis sind dagegen durch ihren Reichtum an Mukoproteinen hoch viskös.
An der Zahnoberfläche kann es zur Adsorption und Proliferation von Bakterien kommen, so daß festhaftende organisch strukturierte Beläge *(dental plaques)* entstehen. Durch Einlagerung von Mineralien (Kalziumphosphat) entsteht aus ihnen Zahnstein; Zahnsteinablagerungen findet man vorwiegend an Zähnen in der Nähe von Drüsenausführungsgängen, z. B. an den lingualen Flächen unterer Frontzähne sowie an der vestibulären Fläche des oberen 2. Mahlzahns.

Aufgaben des Speichels

Die Aufgaben des Speichels sind vielfältig. Er schützt die Schleimhaut des Mundes und die Zähne vor dem Austrocknen, vor extrem heißen oder kalten Speisen, vor Säuren und anderen Reizsubstanzen, ist Lösungs- und Gleitmittel für Nährstoffe, Nährmedium für Mikroorganismen der Mundhöhle, Verdauungs-, Ausscheidungs-, Reinigungs- und Abwehrsekret. Das einzige in größerer Menge vorkommende Enzym, *Amylase*, dient dem Abbau der Kohlenhydrate. Durch den Gehalt an *Lysozym, Peroxydase, Plasmin* u. a. wirkt der Speichel bakterizid (Tiere belecken ihre Wunden). Bei der Anwesenheit verschiedenartiger Legierungen in der Mundhöhle kann er als Elektrolyt wirken.

Die Speichelsektretion kann durch unterschiedliche Reaktionen ausgelöst werden, wie dies schon in den Versuchen PAWLOWS gezeigt wurde. Feuchte, flüssige Nahrung bewirkt einen geringen Speichelfluß, wohingegen trockene Nahrung sowie Reizstoffe, wie Säure, Pfeffer, oder auch psychische Reize einen starken Speichelfluß auslösen.

Aufgaben
1. Beschreiben Sie an einer Skizze die Besonderheiten der äußeren Mundpartie!
2. Legen Sie die Grenzen für Ober- und Unterlippe fest!
3. Erläutern Sie den anatomischen Aufbau von Lippe und Wange!
4. Beschreiben Sie die Schichten der Mundschleimhaut!
5. Stellen Sie in einer Übersicht die großen und kleinen Speicheldrüsen zusammen!
6. Beschreiben Sie die Lage der 3 großen Speicheldrüsen unter Berücksichtigung ihrer Einmündungsstellen in die Mundhöhle!
7. Erläutern Sie die Zusammensetzung, die Wirkung und die Aufgaben des Speichels!
8. Begründen Sie die Ursache und die Folgeerscheinungen der Plaquebildung in der Mundhöhle!
9. Nennen Sie solche Faktoren, die die Speichelsekretion beeinflussen!

6.3.5 Mundvorhof, Vestibulum oris

Mundvorhof

Der Mundvorhof wird von der eigentlichen Mundhöhle durch den Alveolarfortsatz beider Kiefer und die Zahnreihen abgegrenzt. Er ist ein hufeisenförmiger Spalt von unterschiedlicher Breite, der sich von der Mundöffnung bis zum vorderen Rand des aufsteigenden Unterkieferastes bzw. Tuber maxillae erstreckt. Sein hinteres Ende verschmälert sich zum Tuber-Wangen-Spalt (Abb. 143, 144). Dieser wird medial von der Außenfläche des Oberkiefers begrenzt. Er muß bei der Rand- und Oberflächengestaltung von Prothesen berücksichtigt werden. Durch Seitwärtsbewegungen des Unterkiefers kann der Tuber-Wangen-Spalt verbreitert werden, was bei der Tuberanästhesie benutzt wird.

Tuber-Wangen-Spalt

Das Umschlagsgebiet der Schleimhaut vom Alveolarfortsatz auf die Wangen bzw. Lippen nennt man *Fornix vestibuli superior* bzw. *inferior.*

Die Schleimhautfalten im Mundvorhof sind

- das obere Lippenbändchen, *Frenulum labii superioris,*
- das untere Lippenbändchen, *Frenulum labii inferioris,*
- das obere Wangenbändchen, *Frenulum buccae superioris,*
- das untere Wangenbändchen, *Frenulum buccae inferioris.*

Schleimhautfalten
- Lippen } bändchen
- Wangen }

Hinter dem letzten Molaren befindet sich eine vertikale Schleimhautfalte. Sie wird durch einen Sehnenstreifen, *Raphe pterygomandibularis,* hervorgerufen, der vom Hamulus pterygoideus zur Innenseite des Unterkiefers zieht.

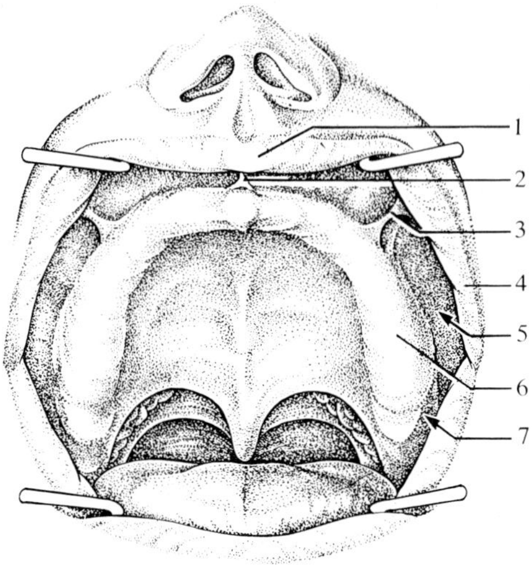

Abb. 143 Mundvorhof mit Schleimhautfalten am zahnlosen Oberkiefer
1 Labium superius, 2 Frenulum labii superioris, 3 Frenulum buccae, 4 Bucca, 5 Fornix vestibuli superior, 6 Proc. alveolaris maxillae, 7 Tuber-Wangen-Spalt

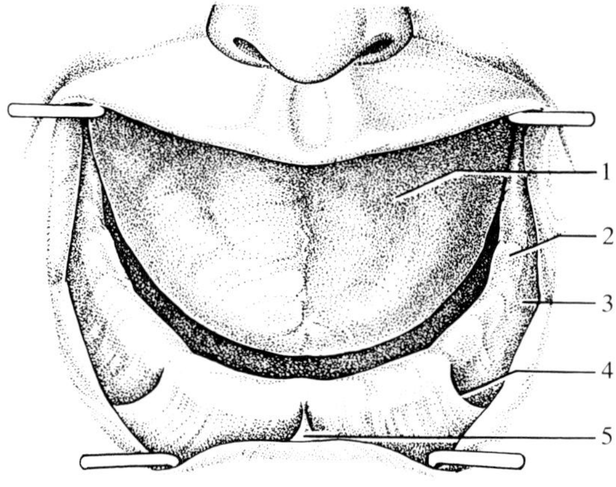

Abb. 144 Mundvorhof mit Schleimhautfalten am Unterkiefer
1 Lingua, 2 Pars alveolaris mandibulae, 3 Fornix vestibuli inferior, 4 Frenulum buccae, 5 Frenulum labii inferioris

Zusätzliche Schleimhautfalten können dem Mundvorhof ein recht individuelles Gepräge geben. Alle Schleimhautfalten bewegen sich beim Kauen und Sprechen. Für die Herstellung besonders von Totalersatz ist daher eine funktionelle Abformung unumgänglich. Nur sie ermöglicht eine Basisrandgestaltung, die einerseits ein Abhebeln verhindert, andererseits aber auch in der Lage ist, einen luftdichten Abschluß *(Ventilwirkung)* und damit erhöhte Stabilisierung der Prothesenbasis zu ermöglichen.
Nach dem Verlust der Zähne und nach Atrophie des Alveolarfortsatzes verliert der Fornix seine ursprüngliche Höhe oder bildet sich in extremen Fällen völlig zurück.

6.3.6 Eigentliche Mundhöhle, Cavitas oris propria

Die eigentliche Mundhöhle wird von der Zunge ausgefüllt und ist beim geschlossenen Mund nur ein kapillärer Spalt, der sich hinten über die Schlundenge in den Rachen öffnet. Oben wird die Mundhöhle vom Gaumen, unten vom Mundboden und seitlich von den Alveolarfortsätzen und Zahnreihen begrenzt.

6.3.6.1 Gaumen, Palatum

Gaumen

Das Dach der Mundhöhle wird vom Gaumen, *Palatum*, gebildet. Man unterscheidet
- den harten Gaumen, *Palatum durum*, dessen Grundlage
- vom knöchernen Gaumen, *Palatum osseum*, gebildet wird (s. Abb. 93, 94) und
- den weichen Gaumen, *Palatum molle*, mit dem Gaumensegel, *Velum palatinum*.

- harter
- knöcherner
- weicher

6.3.6.2 Gaumenschleimhaut

Gaumenschleimhaut

Der vordere Gaumenabschnitt bildet das Widerlager für die Zunge. Er trägt beiderseits 3 bis 4 quere Schleimhautfalten, *Plicae palatinae transversae*; der hintere Abschnitt ist das Gleitfeld des Gaumens, das von den Gaumenspeicheldrüsen und Fettgewebe unterlagert ist. Eine mediane Schleimhautleiste, *Raphe palati*, entspricht der Befestigung der Gaumenschleimhaut an der Sutura palatina mediana des harten Gaumens (Abb. 145, 146). Hinter den oberen mittleren Schneidezähnen findet sich ein Schleimhauthöcker, *Papilla incisiva*, der die Lage des Foramen incisivum kennzeichnet (Injektionsstelle für die Lokalanästhesie).
Die funktionellen Strukturen der Gaumenschleimhaut deuten auf eine Druckkonstruktion hin. Die Submucosa mit ihrem

- Schleimhautfalte
- Gaumenschleimhautdrüse
- Schleimhauthöcker

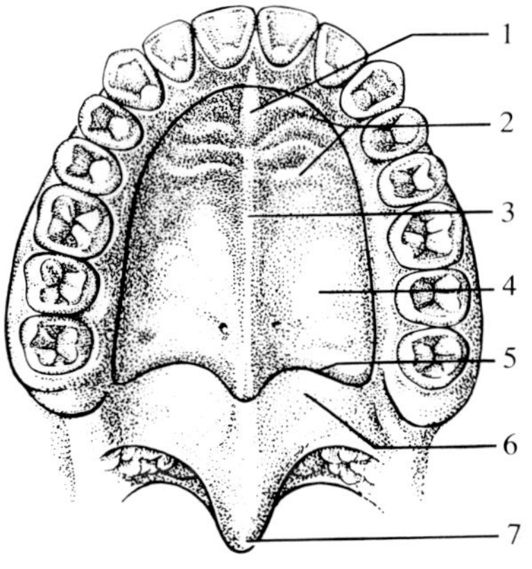

Abb. 145 Gaumen eines bezahnten Kiefers
1 Papilla incisiva
2 Plicae palatinae transversae
3 Raphe palati
4 Palatum durum
5 AH-Linie
6 Palatum molle
7 Uvula
6, 7 Velum palatinum

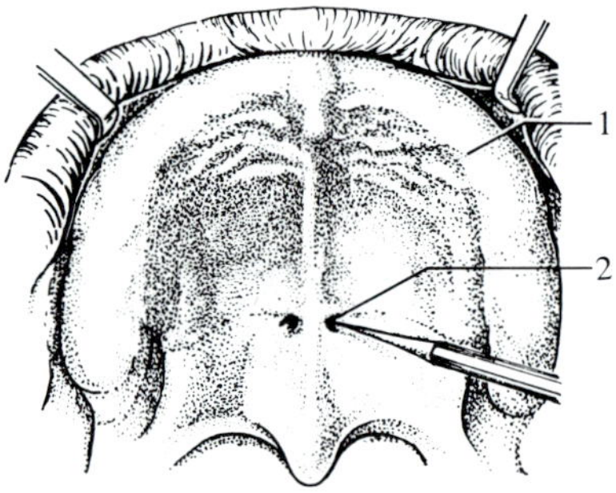

Abb. 146 Gaumen eines unbezahnten Kiefers
1 Proc. alveolaris maxillae
2 Foveolae palatinae

Fett- und Drüsengewebe ist durch Bindegewebszüge *(Retinacula)* abgekammert (Abb. 147b). Dadurch entsteht ein vielfach septiertes, druckelastisches Polster, das nach dem Prinzip der Wasserkissenfunktion wirkt. Über die topographische Gliederung der Gaumenschleimhaut in fibröse Zonen, Fett- und Drüsenzonen siehe Abschn. 8.1.4.

- Gaumensegel
- Zäpfchen

Der hintere Abschnitt des weichen Gaumens ist das bewegliche Gaumensegel, *Velum palatinum*, das mit dem Zäpfchen, *Uvula*, endet. Die Grenze zwischen dem harten und dem weichen Gaumen liegt etwa in Höhe des letzten Molars. In der Prothetik wird sie durch die *AH-Linie* angegeben, weil beim Sprechen dieser Laute das Gaumensegel gehoben und gesenkt wird. Diese Linie dient zur Orientierung bei der hinteren Randgestaltung von Prothesen und wird funktionell durch den Nasen-Blas-Effekt festgelegt. Häufig finden sich hier nahe der Mitttellinie noch 2 kleine Schleimhautvertiefungen, *Foveolae palatinae.*

- AH-Linie

Leitungsbahnen der Gaumenschleimhaut

Nerven und Gefäße (Abb. 147a). Vorn wird die Gaumenschleimhaut vom Gaumennasennerven, *N. nasopalatinus*, innerviert, der zusammen mit einem Arterienast unter der Papilla in-

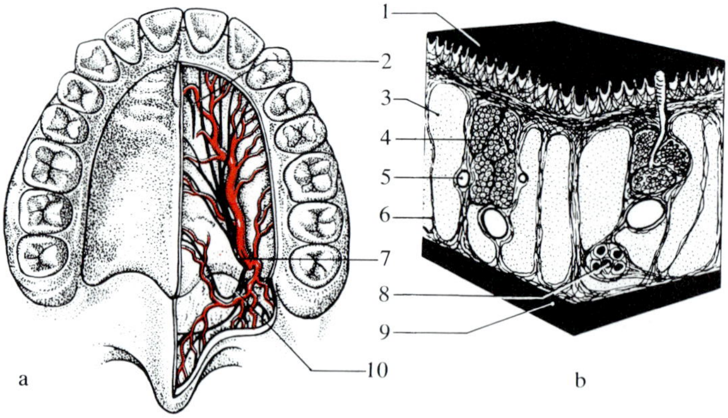

Abb. 147 Gaumenschleimhaut
a mit Nerven und Gefäßen, b funktionelle Strukturen
1 Epithel, 2 N. nasopalatinus, 3 Fettgewebe, 4 Gll. palatinae, 5 Arterie, 6 Retinaculum, 7 N. palatinus major und A. palatina major, 8 Nervenbündel, 9 Knochen, 10 Nn. palatini minores

cisiva in die Schleimhaut tritt. Die hintere Gaumenschleimhaut wird vom großen Gaumennerven, *N. palatinus major*, und den kleinen Gaumennerven, *Nn. palatini minores*, mit den gleichnamigen Gefäßen versorgt. Sie treten medial vom letzten Molaren durch die Lamina horizontalis des Gaumenbeins in die Schleimhaut ein. Alle Nerven entstammen dem 2. Ast des N. trigeminus. Die Eintrittsstellen der Nerven und Gefäße in die Schleimhaut sind als Injektionsstellen für Lokalanästhesien der vorderen Schneidezähne und der Molaren von praktischer Bedeutung. Darüber hinaus kann die starre Form einer Totalprothese die Schleimhaut an jenen Stellen komprimieren und dadurch die Ernährung des Gewebes sehr negativ beeinträchtigen.

6.3.6.3 Gaumensegel und Schlundenge

Gaumensegel

Das Gaumensegel, *Velum palatinum*, bildet zusammen mit dem Zäpfchen, *Uvula*, den beweglichen Abschnitt des weichen Gaumens. Es hängt vor der hinteren Rachenwand; beim Schlucken und Sprechen schließt es den Nasenrachenraum ventilartig. Seine Grundlage wird von einer Sehnenplatte mit den in sie einstrahlenden Muskeln gebildet. Die untere orale Fläche ist von Mundschleimhaut überzogen.

Schlundenge

Die Schlundenge, *Isthmus faucium*, ist das Verbindungsstück zwischen der Mundhöhle und dem mittleren Teil des Schlundes. Sie wird vom weichen Gaumen, von 2 Gaumenbögen und der Zungenwurzel begrenzt (Abb. 148). Die Gaumenbögen sind Schleimhautfalten, deren Grundlage von den gleichnamigen Muskeln gebildet wird.

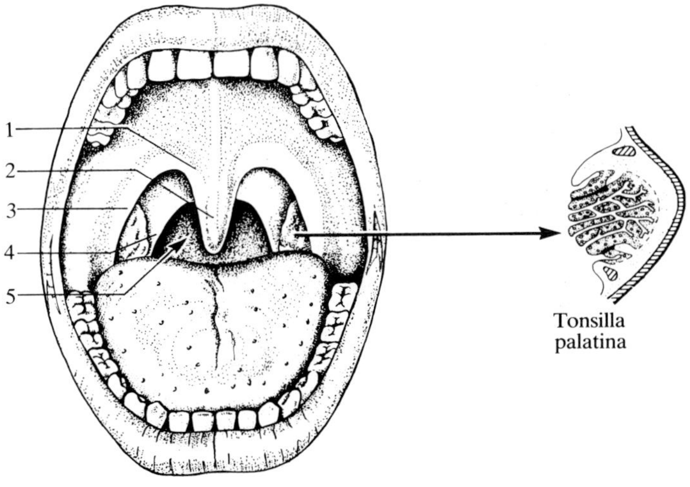

Abb. 148 Gaumensegel und Schlundenge
1 Velum palatinum, 2 Uvula, 3 Arcus palatoglossus, 4 Arcus palatopharyngeus, 5 Isthmus faucium

• Der vordere Gaumenbogen ist der Gaumen-Zungen-Bogen, *Arcus palatoglossus*; er zieht vom Gaumen zur Zunge.
• Der hintere Gaumenbogen ist der Gaumen-Schlund-Bogen, *Arcus palatopharyngeus*; er läuft vom Gaumen zur Schlundwand.
Zwischen den Gaumenbögen liegt die Gaumenmandel, *Tonsilla palatina.* Vergrößerte Gaumenmandeln können den Schlund einengen und das Schlucken und Sprechen behindern.

Gaumenmuskeln

6.3.6.4 Gaumenmuskeln, Mm. palati

Im weichen Gaumen liegt eine Sehnenplatte, die man *Gaumenaponeurose* nennt. In ihr verflechten sich die 5 Gaumenmuskeln (Abb. 149).

• Spanner des Gaumensegels

1. **Der M. tensor veli palatini,** Spanner des Gaumensegels, entspringt von der Schädelbasis und zieht an der Medialfläche des Flügelfortsatzes nach unten. Hier biegt er mit einer Sehne um den Hamulus pterygoideus rechtwinklig nach medial um und strahlt dann horizontal in die Gaumenaponeurose ein.

• Heber des Gaumensegels

2. **Der M. levator veli palatini,** Heber des Gaumensegels, zieht von der Unterfläche des Felsenbeins an der Ohrtrompete schräg nach unten medial zur Gaumenaponeurose.

• Zäpfchenmuskel

3. **Der M. uvulae,** Zäpfchenmuskel, entspringt paarig von der Gaumenaponeurose und strahlt in das Zäpfchen aus.

• Gaumenzungenmuskel

4. **Der M. palatoglossus,** Gaumenzungenmuskel, bildet die Grundlage des vorderen Gaumenbogens. Er zieht von der Gaumenaponeurose bogenförmig zum Seitenrand der Zunge.

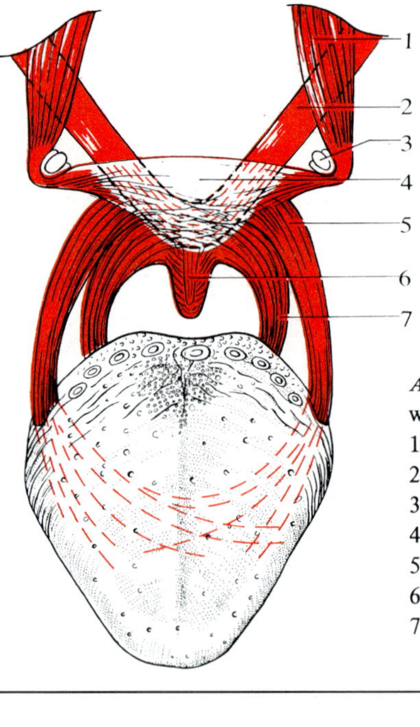

Abb. 149 Muskeln des weichen Gaumens
1 M. tensor veli palatini
2 M. levator veli palatini
3 Hamulus pterygoideus
4 Gaumenaponeurose
5 M. palatoglossus
6 M. uvulae
7 M. palatopharyngeus

5. **Der M. palatopharyngeus,** Gaumenschlundmuskel, bildet die Grundlage des hinteren Schlundbogens. Er zieht von der Gaumenaponeurose zur seitlichen Schlundwand.

• Gaumenschlundmuskel

Wirkung der Gaumenmuskeln. Der M. tensor veli palatini hebt das Gaumensegel und spannt es. Aus dieser Stellung kann es der M. levator veli palatini weiter nach oben führen und gegen die Schlundwand drücken. Durch gleichzeitige Kontraktion des oberen Schlundschnürers entsteht hier ein Wulst (Passavant), so daß die Nasen- und Mundhöhle völlig voneinander getrennt sind. Dieser Zustand tritt beim Schlucken und beim Sprechen auf. Die Gaumenlaute »G« und »K« sind Verschlußlaute. Sind die Gaumenmuskeln gelähmt, dann können Speisen oder Flüssigkeiten in die Nasenhöhle gelangen.

Funktion der Gaumenmuskeln

Aufgaben

1. Legen Sie die Begrenzungen des Vestibulum oris fest!

2. Erläutern Sie, welche prothetische Bedeutung der Tuber-Wangen-Spalt hat!

3. Erläutern Sie an Skizzen die Lage von Aussparungs- bzw. Extensionsgebieten bei der Randgestaltung oberer und unterer Prothesenbasen!

4. Definieren Sie folgende Begriffe:
- Palatum osseum,
- Palatum durum,
- Palatum molle,
- Velum palatinum!

5. Tragen Sie in einen Sagittal- und einen Horizontalschnitt durch den harten Gaumen alle Gewebsschichten der Mundschleimhaut (einschließlich des Periosts) ein!

6. Erläutern Sie die Lage, die Bedeutung und die klinischen Bestimmungsmöglichkeiten der AH-Linie!

7. Zeichnen Sie in eine Aufsicht auf den harten Gaumen die Eintritts- bzw. Austrittstellen von Nerven und Gefäßen ein!

8. Erläutern Sie die Lage und Bedeutung folgender Begriffe:
– Tonsilla palatina, – Isthmus faucium, – Arcus palatoglossus!

9. Zeichnen Sie in einen Frontalschnitt durch die Mundhöhle den Verlauf der Gaumenmuskeln ein! Beschriften Sie ihre Zeichnung!

10. Erklären Sie die Lage, den Aufbau und die Funktion des Velum palatinum!

6.3.7 Zunge, Lingua

Zunge

Die Zunge ist ein von Schleimhaut überzogener Muskelkörper (Abb. 150), dessen Aufgaben sehr vielfältig sind. Sie bestehen in der

• Topographie

- Mitbeteiligung bei der Bissenbildung,
- Beförderung von Bissen in den Schlund,
- Saugwirkung durch Rückwärtsbewegung,
- Konsonantenbildung beim Sprechen,
- Aufnahme von taktilen und thermischen Reizen,

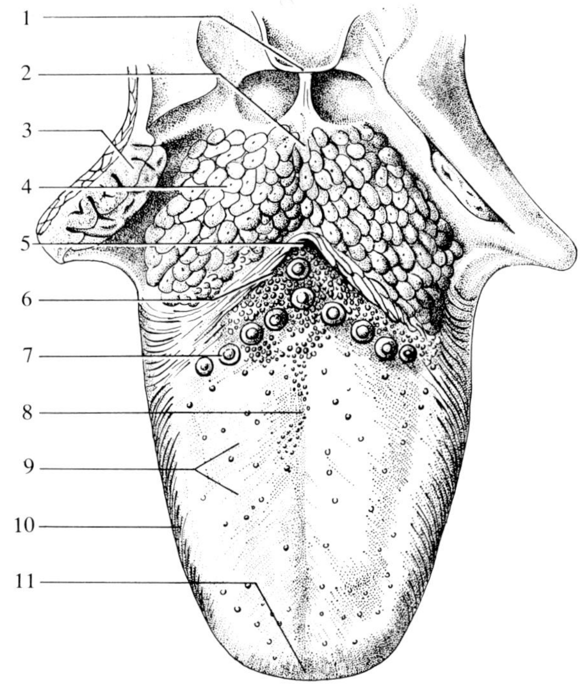

Abb. 150 Zunge von oben
1 Epiglottis, 2 Radix linguae, 3 Tonsilla palatina, 4 Tonsilla lingualis, 5 Foramen caecum linguae, 6 Sulcus terminalis, 7 Papilla vallata, 8 Sulcus medianus linguae, 9 Dorsum linguae, 10 Margo linguae, 11 Apex linguae

- Funktionen

- Vermittlung von Geschmacksempfindungen,
- Fixierung unterer Totalprothesen.

Als hochempfindliches Tastorgan übt sie eine Kontrolle über die Nahrung aus und dient der räumlichen Orientierung in der Mundhöhle. Zahndefekte oder Fremdkörper können sehr exakt bestimmt und vergrößert empfunden werden (Lupenwirkung).

Bei geschlossenem Mund liegt der Zungenrücken, *Dorsum linguae*, den vorderen zwei Dritteln des Gaumens an; die Zungenwurzel, *Radix linguae*, die bis zum Kehldeckel reicht, ist schlundwärts gerichtet (Abb. 154). Die Oberfläche der Zungenwurzel wird als Zungengrund bezeichnet; sie wird von der Zungenmandel, *Tonsilla lingualis*, (Abb. 157) bedeckt. Der freie Zungenrand, *Margo linguae*, steht im Kontakt mit den Zahnreihen. Der zwischen Zungenspitze, *Apex linguae*, und Zungenwurzel gelegene Teil ist der Zungenkörper, *Corpus linguae*. Auf dem Zungenrücken verläuft eine seichte Längsfurche, *Sulcus medianus linguae*. An der Grenze zum Zungengrund findet sich der V-förmige *Sulcus terminalis*, dessen Spitze rachenwärts gegen eine kleine Grube, *Foramen caecum linguae*, gerichtet ist. In der Zungenspitze befindet sich eine paarige Speicheldrüse, *Gl. lingualis anterior*.

Bei langer Zahnlosigkeit »vergrößert« sich die Zunge, so daß es beim Einsetzen von Prothesen zu erheblichen Anpassungsschwierigkeiten kommen kann.

6.3.7.1 Zungenschleimhaut

Zungenschleimhaut

Unter dem mehrschichtigen Plattenepithel des Zungenrückens befindet sich eine Sehnenplatte, *Aponeurosis linguae.* Eine Bindegewebsplatte, *Septum linguae*, teilt den Zungenkörper in eine rechte und eine linke Hälfte.

Zungenpapillen

Eine Besonderheit der Zungenschleimhaut sind die Zungenpapillen, *Papillae linguales*, (Abb. 151), die für die Aufnahme von Geschmacks- und Tastreizen wichtig sind.
Man unterscheidet:

1. umwallte Papillen, *Papillae vallatae*,
2. pilzförmige Papillen, *Papillae fungiformes*,
3. fadenförmige Papillen, *Papillae filiformes*,
4. blätterförmige Papillen, *Papillae foliatae.*

• umwallte

Die umwallten Papillen, *Papillae vallatae*, 6 bis 12 an der Zahl, liegen dicht vor dem Sulcus terminalis. Ihr Durchmesser beträgt 1 bis 3 mm. Jede Papille ist von einem ringförmigen Graben und Wall umgeben. Im mehrschichtigen Plattenepithel der Grabenwände liegen etwa 20 Geschmacksknospen. In den Graben münden zahlreiche Spüldrüsen, deren Aufgabe darin besteht,

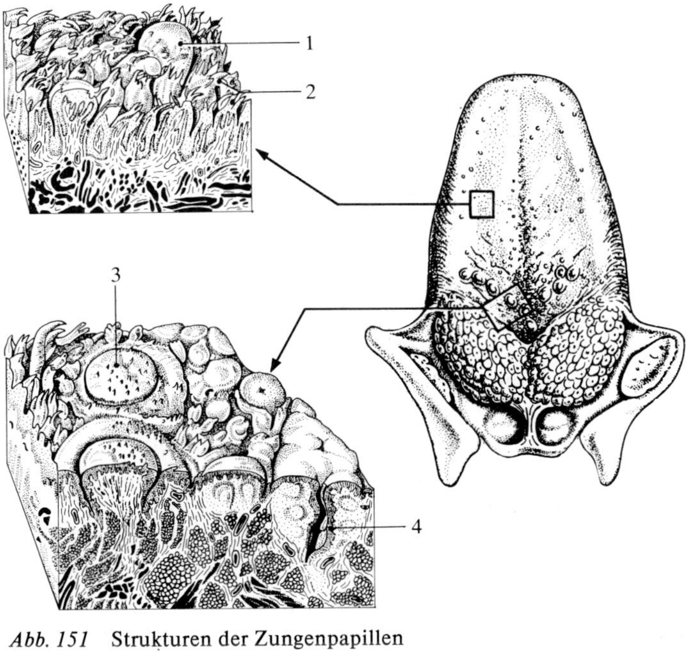

Abb. 151 Strukturen der Zungenpapillen
1 Papillae fungiformes, 2 Papillae filiformes, 3 Papillae vallatae, 4 Tonsilla lingualis

Geschmacksstoffe und Speiseteilchen wieder herauszuspülen und das Ansiedeln von Keimen zu verhindern.

• pilzförmige

Die pilzförmigen Papillen, *Papillae fungiformes,* finden sich hauptsächlich an der Zungenspitze und den Zungenrändern. Sie sind kleiner als die obigen und an ihrer roten Farbe gut erkennbar. Beim Neugeborenen und Kleinkind besitzen sie Geschmacksknospen, die sich aber später meist zurückbilden.

• fadenförmige

Die fadenförmigen Papillen, *Papillae filiformes,* verteilen sich über den ganzen Zungenrücken und verleihen der Zunge das samtartige Aussehen. Sie dienen vorwiegend der Tastempfindung. Ihre gebogenen Spitzen wirken wie kleine Hebel, welche die veränderte Winkelstellung auf Nervenfasern übertragen. An der Zungenspitze ist die Tastfähigkeit am größten.

• blätterförmige

Die blätterförmigen Papillen, *Papillae foliatae,* sind quere Schleimhautfalten, die beim Menschen nur schwach ausgebildet sind. Man findet sie am hinteren Seitenrand der Zunge. Sie tragen Geschmacksknospen, und zwischen den Blättern münden seröse Spüldrüsen.

Die Zunge nimmt 4 Geschmacksqualitäten wahr. Vorn am seitlichen Zungenrand wird vorwiegend *süß,* in der Mitte *salzig* und *sauer,* hinten *bitter* geschmeckt. Die Schmeckstoffe gelangen gelöst oder suspendiert an die Geschmacksknospen; Spüldrüsen sorgen dafür, daß der Reizstoff wieder entfernt wird.

Geschmacksnerven

Die Geschmacksnerven leiten Erregungen von den Geschmacksknospen zum Gehirn. Die Papillae fungiformes in den vorderen zwei Dritteln der Zunge werden vom *N. facialis (Intermediusanteil)* innerviert. Die Papillae vallatae und die Papillae foliatae (hinteres Zungendrittel) werden vom *N. glossopharyngeus* versorgt. Einzelne Geschmacksknospen am Zungengrund gehören zum Innervationsgebiet des *N. vagus.*

6.3.7.2 Zungenmuskeln, Mm. linguae

Die Zungenmuskeln bilden die Hauptmasse des Zungenkörpers. Man unterscheidet die äußeren Zungenmuskeln und die Eigenmuskulatur der Zunge. Ein großer Teil der Muskelfasern inseriert an der Aponeurosis linguae und am *Septum linguae.*

äußere Zungenmuskeln

Äußere Zungenmuskeln (Abb. 152a) sind

• Kinnzungenmuskel

1. der *M. genioglossus,* Kinnzungenmuskel, der von der Spina mentalis des Unterkiefers in die Zunge einstrahlt,

• Griffelzungenmuskel

2. der *M. styloglossus,* Griffelzungenmuskel, der vom Proc. styloideus kommt und von oben hinten in die Zunge zieht,

• Zungenbeinzungenmuskel

3. der *M. hyoglossus,* Zungenbeinzungenmuskel, der vom Zungenbein nach vorn oben in die Zunge einstrahlt.

Eigenmuskulatur der Zunge

Die Eigenmuskulatur der Zunge entspringt und endet in der Zunge (Abb. 152b). Sie besteht aus einem oberflächlichen und einem tiefen Längsmuskelbündel sowie aus transversalen und vertikalen Faserzügen.

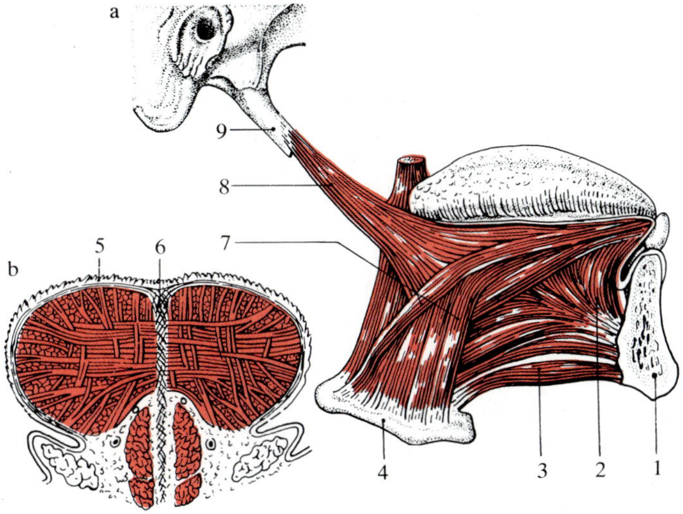

Abb. 152 Zungenmuskeln. a Äußere Muskeln, b Eigenmuskulatur der Zunge im Querschnitt
1 Mandibula, 2 M. genioglossus, 3 M. geniohyoideus, 4 Os hyoideum, 5 Aponeurosis linguae, 6 Septum linguae, 7 M. hyoglossus, 8 M. styloglossus, 9 Proc. styloideus

Funktion der Zungenmuskeln

Funktion. Die Muskelfasern der Zunge bilden ein 3dimensionales Netzwerk, das dem Zungenkörper vielseitige Bewegungsmöglichkeiten gestattet. Der M. styloglossus zieht die Zunge nach hinten oben, der M. hyoglossus nach hinten unten. Beide zusammen entfalten eine starke Retraktionskomponente und bewirken damit die Saugwirkung der Zunge. Der M. genioglossus zieht sie nach vorn unten.

Die Eigenmuskulatur verschafft der Zunge eine große Verformbarkeit. Die Längsmuskeln verkürzen die Zunge, die Quermuskeln verschmälern sie, und die vertikalen Fasern flachen sie ab. Durch das Zusammenwirken mehrerer Muskeln kann die Zunge so verformt werden, daß sie mit ihrer Spitze jede Stelle der Mundhöhle erreicht. Das Herausstrecken der Zunge, d. h. das Vorschieben der Zungenspitze, erfolgt durch gleichzeitige Kontraktion von queren und vertikalen Muskelfasern, nachdem sie durch die Kontraktion der Mundbodenmuskeln und des M. genioglossus an die Schneidezähne herangeführt worden ist. Alle Zungenmuskeln werden vom *N. hypoglossus* innerviert.

6.3.8 Unterzungenregion (Sublingualloge)

Unterzungenregion

Die Unterzungenregion ist das Gebiet zwischen Zunge und Mundboden, das außen vom Unterkiefer begrenzt wird (Abb. 153). Sie ist vorn relativ breit und verschmälert sich nach hinten. Die starke Beweglichkeit dieses Gebietes verlangt im

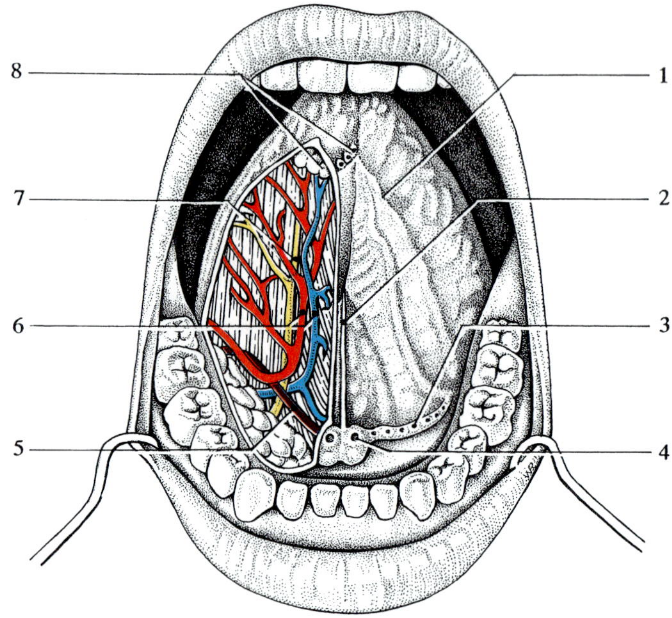

Abb. 153 Unterzungenregion. Die Zunge ist hochgeschlagen
1 Plica fimbriata, 2 Frenulum linguae, 3 Plica sublingualis, 4 Caruncula sublingualis, 5 Ductus submandibularis, 6 A., V. sublingualis, 7 N. lingualis, 8 Gl. lingualis anterior

Hinblick auf die Prothesenrandgestaltung unbedingt eine funktionelle Abformung (Schluckabformung nach Hromatka).

- Zungenbändchen
- Unterzungendrüse
- Schleimhauthöcker

Die Unterfläche der Zunge ist durch das Zungenbändchen, *Frenulum linguae*, mit dem Mundboden verbunden. Etwas seitlich findet man eine sägezahnartige Falte, *Plica fimbriata.* Auf dem Mundboden liegt ein flacher Schleimhautwulst, *Plica sublingualis*, der durch die Unterzungendrüse, *Gl. sublingualis*, gebildet wird. An seinem medialen Ende erhebt sich ein Schleimhauthöcker, *Caruncula sublingualis*, auf dem der Ausführungsgang der Unterkieferspeicheldrüse und der große Ausführungsgang der Unterzungendrüse münden. Von hier aus können die Gänge sondiert oder mit Röntgenkontrastmittel (zur *Sialographie*) gefüllt werden. Die kleinen Ausführungsgänge der Unterzungendrüse münden auf der Plica sublingualis.

Aufgaben

1. Begründen Sie anhand von Beispielen die Aufgaben der Zunge!
2. Ordnen Sie den Zungenpapillen entsprechende Aufgaben zu!
3. Zeichnen Sie in einen Sagittal- und in einen Frontalschnitt durch den Zungenkörper die Eigenmuskulatur ein! Beschriften Sie Ihre Zeichnung!
4. Erläutern Sie den Verlauf und die Funktion der äußeren Zungenmuskeln!
5. Erläutern Sie den Begriff Sublingualloge!
6. Welche Bedeutung hat die Sublingualloge aus prothetischer Sicht?

7 Rachen, Pharynx

Der Rachen oder Schlund ist das etwa 12 cm lange Verbindungsstück vom Ende der Nasenhöhle bis zum Beginn der Speiseröhre. Er ist wichtig für den Schluckakt und die Stimmbildung.

7.1 Rachen und Schlundmuskeln

Rachen

Man gliedert den Rachen, *Pharynx*, in 3 Etagen (Abb. 154),
- den Nasenteil, *Pars nasalis*,
- den Mundteil, *Pars oralis*,
- den Kehlkopfteil, *Pars laryngea*.

- Nasenteil

Die Pars nasalis kommuniziert durch die Choanen mit der Nasenhöhle und wird deshalb auch Nasenrachenraum genannt. Ihr Dach wird hauptsächlich vom Keilbeinkörper gebildet. Unten reicht sie etwa bis zur Höhe des Gaumensegels. In der Seitenwand liegt die Mündung der Ohrtrompete, *Ostium pharyngeum tubae auditivae*, durch die beim Schlucken Luft in die Tuba auditiva und in die Paukenhöhle gelangt.

- Mundteil

Die Pars oralis ist der Abschnitt hinter der Mundhöhle, der durch die Schlundenge (Abb. 148) mit ihr in Verbindung steht. Er reicht vom Gaumensegel bis zum Kehldeckel. Der Kehldeckel ist mit dem Zungengrund durch 3 Schleimhautfalten verbunden.

- Kehlkopfteil

Die Pars laryngea reicht vom Kehldeckel bis zum Ringknorpel, wo die Speiseröhre beginnt. Vorn steht sie durch den Kehlkopfeingang mit der Luftröhre in Verbindung.

Schlundmuskeln
- 3 Schlundschnürer
- 3 Schlundheber

Die muskuläre Grundlage der Schlundwand wird von 3 Schlundschnürern und 3 Schlundhebern gebildet (Abb. 155). Man unterscheidet den oberen, mittleren und unteren Schlundschnürer, *M. constrictor pharyngis superior, medius* und *inferior*. Alle zusammen bilden einen vorn offenen Schlauch. Ihre Muskelfasern vereinigen sich hinten in einer Bindegewebsnaht, *Raphe pharyngis*, die an der Unterseite des Hinterhauptbeines ansetzt.

Die Schlundheber strahlen von oben seitlich in die Schlundwand ein. Diese sind der Griffelfortsatzrachenmuskel, *M. stylopharyngeus*, der Gaumenrachenmuskel, *M. palatopharyngeus*, und der Tubenrachenmuskel, *M. salpingopharyngeus*.

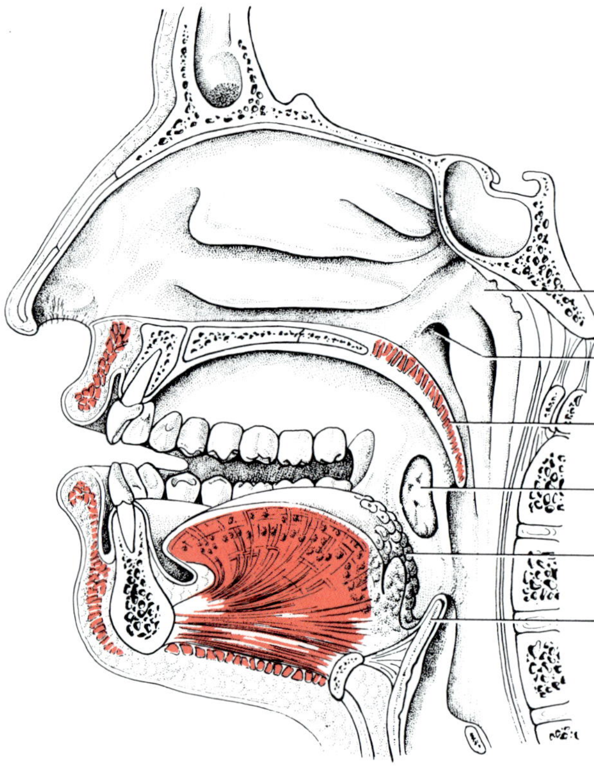

Abb. 154 Rachen im Sagittalschnitt
1 Fornix pharyngis mit Tonsilla pharyngea, 2 Ostium pharyngeum tubae auditivae, 3 Velum palatinum, 4 Tonsilla palatina, 5 Radix linguae, 6 Epiglottis

Schluckakt

7.2 Schluckakt

Durch den Schluckakt gelangen Bissen oder Flüssigkeiten von der Mundhöhle über den Rachen in die Speiseröhre. Das Schlucken erfordert einen komplizierten Reflexmechanismus, an dem mehr als 20 Muskeln beteiligt sind. Da sich Atem- und Speisewege kreuzen, muß reflektorisch dafür gesorgt werden, daß keine Speiseteile in die Luftröhre gelangen (Abb. 156).
Die Auslösung des Schluckaktes erfolgt durch Reize auf Tastrezeptoren am Zungengrund und am weichen Gaumen. Dies geschieht z. B., wenn ein Bissen gegen den weichen Gaumen geschoben wird oder wenn der Arzt den Zungengrund mit einem Spatel nach unten drückt. Der Schluckreflex kann aber auch ausgelöst werden, wenn beim zurückgelegten Kopf der Speichel in den Rachen fließt.
Der Schluckakt läuft in groben Zügen wie folgt ab:
Die Zunge befördert den geformten Bissen nach hinten. Sobald dieser den Zungengrund und den weichen Gaumen berührt, wird der Schluckreflex ausgelöst. Der weiche Gaumen wird ge-

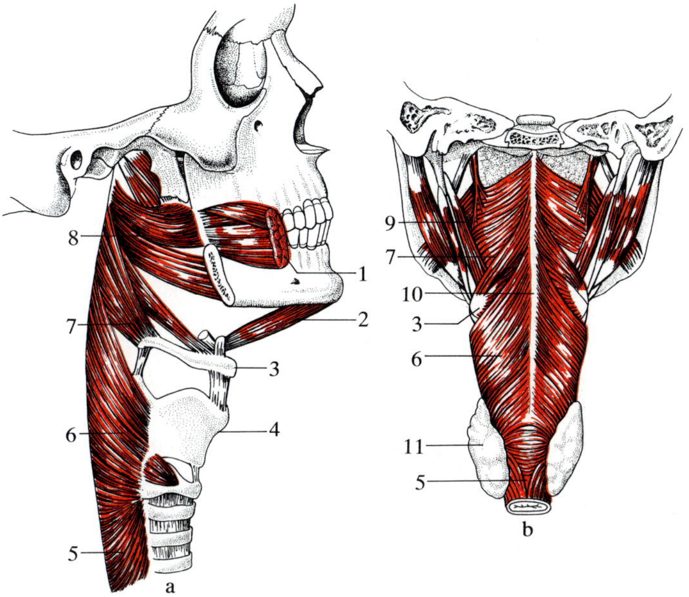

Abb. 155 Muskeln der Schlundwand
a von der Seite, b von hinten
1 M. buccinator, 2 Venter anterior des M. digastricus, 3 Os hyoideum, 4 Larynx, 5 Muskelwand der Speiseröhre, 6 M. constrictor pharyngis inferior, 7 M. constrictor pharyngis medius, 8 M. constrictor pharyngis superior, 9 M. stylopharyngeus, 10 Raphe pharyngis, 11 Gl. thyroidea

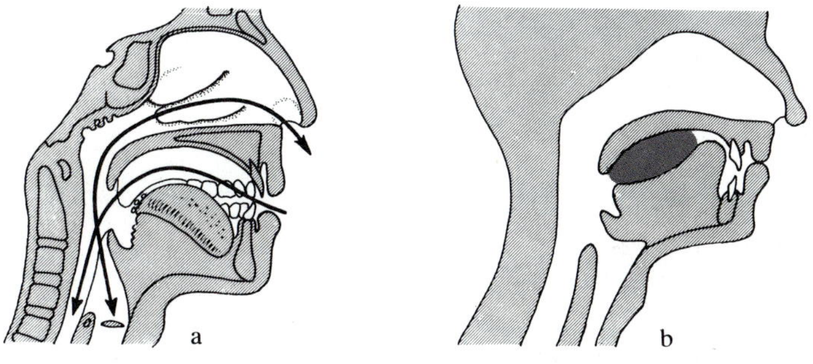

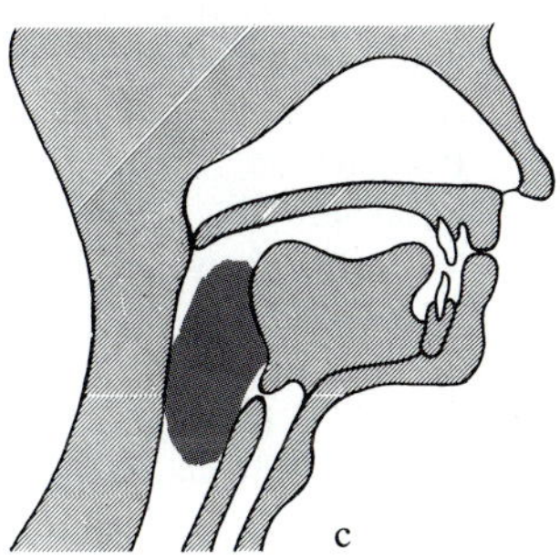

Abb. 156 Mechanismus des Schluckaktes
a Offener Nasenrachenraum,
b geformter Bissen zwischen Gaumen und Zunge,
c Verschluß des Nasenrachenraums und Transport des Bissens in die Speiseröhre

hoben und dichtet durch Anlagerung an die hintere Schlundwand den Nasenrachenraum ab. Dabei wird der Kehlkopf nach vorn oben gezogen und der Kehldeckel nach unten gedrückt. Die Luftröhre ist jetzt abgedichtet, und der Bissen wird durch die Druckwirkung der Zunge sowie durch ringförmige Kontraktion der Pharynxmuskulatur kraftvoll in die Speiseröhre befördert. Hier erfolgt der weitere Transport aktiv durch peristaltische Wellen. Ein Bissentransport ist auch möglich, wenn der Kopf tiefer liegt als der Magen.

lymphatischer Rachenring

7.3 Lymphatischer Rachenring

Am Eingang des Luft- und Speiseweges bilden die Mandeln eine Abwehreinrichtung gegen Infektionserreger, die man als *lymphatischen Rachenring* bezeichnet (Abb. 157). Die Mandeln bestehen wie die Lymphknoten aus lymphatischem Gewebe. Charakteristisch für sie ist, daß sie unmittelbar unter dem Epithel liegen. Lymphozyten und Granulozyten durchwandern die Epithelschicht und gelangen so an die Oberfläche, wo sie in direkten Kontakt mit den Krankheitserregern kommen und die Abwehrvorgänge einleiten. Zum lymphatischen Rachenring gehören

1. die Gaumenmandel, *Tonsilla palatina*,
2. die Zungenmandel, *Tonsilla lingualis*,

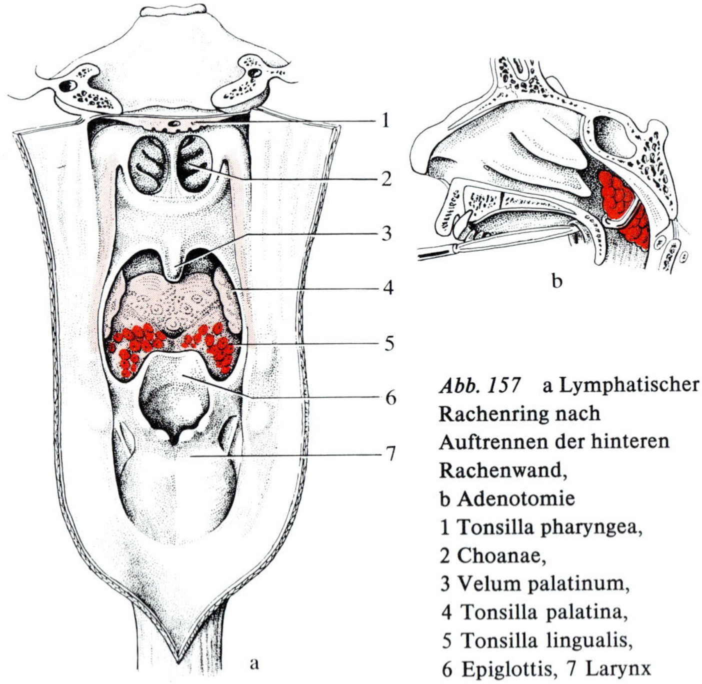

Abb. 157 a Lymphatischer Rachenring nach Auftrennen der hinteren Rachenwand, b Adenotomie
1 Tonsilla pharyngea, 2 Choanae, 3 Velum palatinum, 4 Tonsilla palatina, 5 Tonsilla lingualis, 6 Epiglottis, 7 Larynx

3. die Rachenmandel, *Tonsilla pharyngea,*
4. die Tubenmandel, *Tonsilla tubaria.*

Die Gaumenmandel, *Tonsilla palatina,* liegt zwischen den Gaumenbögen (Abb. 148, 150, 154) und trägt mehrschichtiges verhorntes Plattenepithel. Ihre höckrige Oberfläche zeigt 10 bis 20 Grübchen, in denen Krypten münden. Abgestoßene Epithelzellen, Lymphozyten und Granulozyten bilden in den Grübchen die *Mandelpfröpfe.*

• Gaumenmandel

Die Zungenmandel, *Tonsilla lingualis,* breitet sich über den Zungengrund aus und wird ebenfalls von mehrschichtigem unverhorntem Plattenepithel bekleidet. Die Krypten sind wesentlich kürzer. Ihre Oberfläche zeigt kuppenartige Vorwölbungen, die auch Zungenbälge genannt werden.

• Zungenmandel

Die Rachenmandel, *Tonsilla pharyngea,* liegt am Rachendach und trägt mehrreihiges Flimmerepithel, in welchem Inseln von Plattenepithel vorkommen. Im Kindesalter kann sie stark wuchern *(adenoide Vegetationen),* was zur Behinderung oder Aufhebung der Nasenatmung und als deren Folge zur Deformierung des Gaumens (Schmalkiefer) führen kann.

• Rachenmandel

Die Tubenmandel, *Tonsilla tubaria,* umgibt die Tubenöffnung im Nasenteil des Rachens. Sie wird von mehrreihigem Flimmerepithel bekleidet.

• Tubenmandel

Aufgaben

1. Unterteilen Sie den Rachenraum unter Berücksichtigung der jeweiligen Begrenzungen!
2. Begründen Sie Lage und Funktionen der Schlundmuskulatur!
3. Erläutern Sie den prinzipiellen Ablauf des Schluckaktes!
4. Begründen Sie die typische Oberflächengestaltung und die Funktion der Mandeln!
5. Beschreiben Sie Lage und Funktion der Bestandteile, die in ihrer Gesamtheit als lymphatischer Rachenring zusammengefaßt werden!

8 Grundlagen der Klinischen Anatomie

Durch den Verlust einzelner Zähne können die mastikatorischen, phonetischen und physiognomischen Funktionen bereits beeinträchtigt werden. Da das orofaziale System mit einem aus zahlreichen Elementen bestehenden Funktionskreis vergleichbar ist (s. Abb. 9), müssen sich alle Veränderungen am Kauflächenkomplex auch auf die anderen Teile des orofazialen Systems auswirken. Im Rahmen der klinischen Anatomie werden alle Strukturabweichungen vom Normalen behandelt, die man noch nicht als krankhaft bezeichnet. Die nachfolgende Darstellung beschränkt sich auf typische Veränderungen im Lückengebiß und auf Strukturen des zahnlosen Mundes.

8.1 Morphologische Veränderungen nach Zahnverlust

8.1.1 Stellungsänderungen von Zähnen im Restgebiß

Zahnstellungen im Restgebiß

Zahnverluste führen zu Störungen im biostatischen Gleichgewicht der Zahnreihen. Bei prothetisch nicht versorgten Patienten kommt es mit der Zeit zu Stellungsänderungen der restlichen Zähne. Beim jugendlichen Gebiß treten diese schneller auf als bei älteren Menschen. Besonders häufig findet man Stellungsänderungen im Seitenzahngebiet, da sich bei Frontzahnverlusten die Patienten meist aus ästhetischen Gründen bald um eine prothetische Versorgung bemühen. Die Zahnstellungsveränderungen können in Form von *Zahnkippungen, Zahnwanderungen* oder *Zahndrehungen* auftreten (Abb. 158).

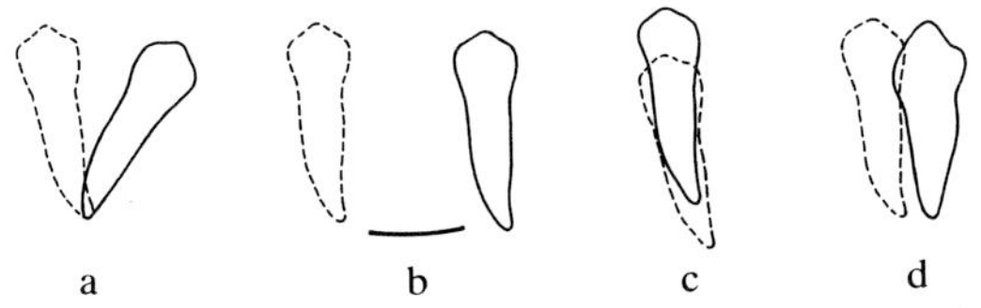

Abb. 158 Möglichkeiten von Zahnstellungsveränderungen im Lückengebiß
a Kippung, b Horizontalwanderung, c Vertikalwanderung, d Drehung (nach LAETZSCH aus H. TAATZ 1976)

• Zahnkippungen

Zahnkippungen finden sich vorzugsweise im Molarenbereich, besonders im Unterkiefer. Meist sind die Zähne mesial oder distal, seltener lingual und fast gar nicht vestibulär geneigt. Während die Molaren vorwiegend nach vorn kippen (bei den unteren Molaren ist es die Regel), neigen sich die Prämolaren in Abhängigkeit von den vorhandenen Lücken nach hinten.

• Zahnwanderungen

Zahnwanderungen können sowohl in horizontaler als auch in vertikaler Richtung erfolgen. Von der Horizontalverschiebung sind besonders die unteren Prämolaren sowie die oberen Molaren und Prämolaren betroffen. Okklusalwanderungen findet man bevorzugt bei Prämolaren und Molaren, die keinen Antagonisten haben.

• Zahndrehungen

Zahndrehungen können bereits mit dem Durchbruch der Zähne auftreten. Sekundäre Zahndrehungen werden relativ häufig bei Molaren beobachtet.

8.1.2 Kiefer- und Kiefergelenkveränderungen beim Restgebiß

Kieferveränderungen beim Restgebiß

Die Kieferveränderungen als Folgen von Zahnstellungsänderungen im Lückengebiß sind vielfältig. In der Umgebung gekippter Zähne werden in der Regel Knochenumbauten beobachtet. Bei okklusal gewanderten Zähnen sind die Zahnhälse meist nicht mehr von Zahnfleisch bedeckt; sie liegen frei und sind empfindlich. In der Folge lockern sich die Zähne. Als Gleithindernisse können sie Zwangsführungen des Unterkiefers bewirken, so daß man häufig die Extraktionen weiterer Zähne vornehmen muß. Daraus kann sich dann ein Verlust der Stützzonen ergeben, der zu veränderten Lagebeziehungen von Ober- und Unterkiefer führt.

Mit dem Zahnverlust erlöschen auch die strukturbildenden funktionellen Reize für die Alveole, und es kommt zu Schwundvorgängen des Knochens *(Inaktivitätsatrophie)*. Die weitere Lichtung der Zahnreihe führt zum Abbau der Alveolarfortsätze, z. T. auch der Kiefer (Abb. 159), sowie zu Veränderungen der sie bedeckenden Schleimhaut. Die normalen Schwundvorgänge können durch mangelhafte Paßfähigkeit von Prothesen sehr verstärkt werden.

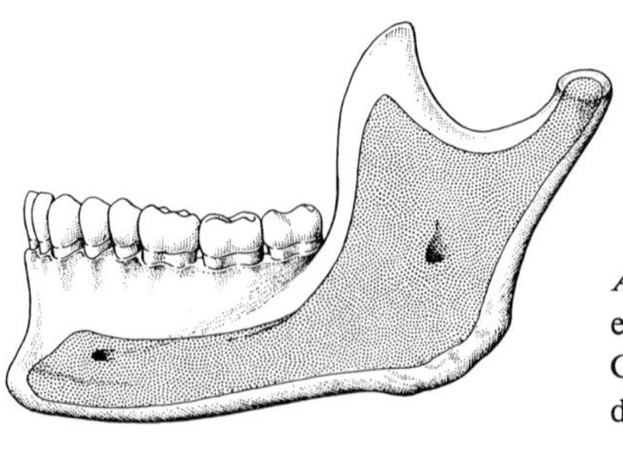

Abb. 159 Flächenprojektion eines vollbezahnten und eines Greisenunterkiefers mit sich deckenden Unterkieferkanälen

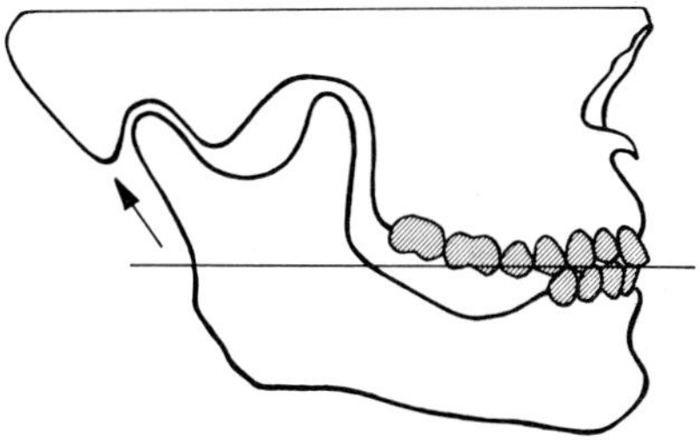

Abb. 160 Verlagerung des Unterkiefers nach hinten oben nach teilweisem Verlust der Stützzonen

Kiefergelenkveränderungen werden häufig als Folge von Okklusionsstörungen beobachtet. Beim Verlust der Molarenstützzone verschieben sich die Kondylen nach hinten oben in die Gelenkgrube hinein (Abb. 160). Das Kiefergelenk reagiert auf diese Fehlbelastung zunächst mit Entzündungen und Schmerzen. Länger anhaltende Funktionsstörungen führen zu Umstellungen. Als Folge davon kann es zum Verschleiß des Gelenkknorpels und des Discus kommen. Da beide keine Blutgefäße besitzen, sind die reparativen Vorgänge sehr gering, und es kommt zu einem Schwund. Schließlich werden auch Knochenumbauten am Kieferkopf beobachtet. Die Erhaltung oder Wiederherstellung ist daher von grundsätzlicher Bedeutung. Eine fehlerhafte prothetische Versorgung kann erheblichen Schaden anrichten.

Kiefergelenkveränderungen beim Restgebiß

8.1.3 Zahnlose Greisenkiefer

Greisenkiefer

Im Alter kommt es am Schädel und an den Kiefern zur Verdünnung von Knochen, besonders an den mechanisch weniger beanspruchten Stellen. Die Richtungen der Abbauvorgänge sind dabei im Ober- und im Unterkiefer verschieden. Der Oberkiefer wird stärker auf der vestibulären Seite, der Unterkiefer dagegen mehr auf der lingualen Seite abgebaut. Dadurch kommt es zur unterschiedlichen Neigung der Alveolarfortsätze sowie zur Verengung des oberen und zur Erweiterung des unteren Kieferbogens. Durch das Fehlen jeglicher Stützzonen kommt es zur Veränderung der vertikalen und der sagittalen Kieferrelation. Es entsteht das typische Greisengesicht mit dem vorspringenden Kinn *(Kinnprominenz)*, den trichterförmig eingezogenen Lippen und der Verringerung der Untergesichtshöhe (Abb. 161).

- Abbauvorgänge
- Verlust der Stützzone
- Erweiterung des Unterkieferbogens
- Schwund der Alveolarfortsätze

- Kinnprominenz

Der Greisenunterkiefer ist bei stark abgeflachtem *Kieferwinkel* nur noch spangenförmig. Die Atrophiegrade sind primär abhängig vom Zeitpunkt des Zahnverlustes. Am Gelenkfortsatz ist die Fovea pterygoidea vertieft, so daß der Unterkieferhals schmal erscheint.

Greisenunterkiefer
- Kieferwinkel

An der Innenseite des Kinns ist die *Fossa digastrica* stärker ausgehölt. Bei hochgradiger Atrophie findet man das *Foramen mentale* auf dem oberen Rand der Kieferspange, und in extremen Fällen ist der Unterkieferkanal nicht mehr von Knochen be-

Abb. 161 Greisengesicht »il viecchio« nach einer Zeichnung von LEONARDO DA VINCI

deckt, so daß er direkt unter der Mundschleimhaut liegt (Abb. 162). Die *Linea mylohyoidea* springt als scharfe Kante nach innen vor, und die *Spina mentalis* ist verlängert. Diese Knochenvorsprünge resultieren aus den Aktivitäten der hier entspringenden Muskeln. Der Mundbodenmuskel hebt die Zunge, welche die Nahrung am harten Gaumen zerquetscht.

Greisenoberkiefer
- Deformierungen und Nivellierung des Alveolarfortsatzes

Beim Greisenoberkiefer schreitet die Atrophie von vorn nach hinten und von lateral nach medial fort. Meist ist der Alveolarfortsatz zu einer Kante reduziert oder nivelliert. Das hintere

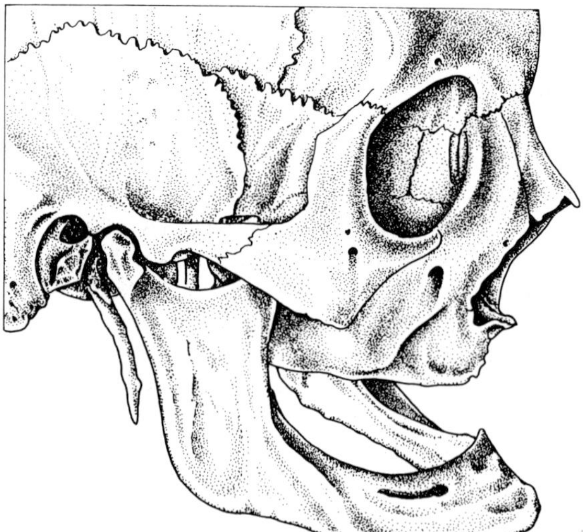

Abb. 162 Greisenkiefer

Drittel des harten Gaumens wird papierdünn; nicht selten findet man Knochendefekte, so daß Mund- und Nasenhöhle nur durch Schleimhaut voneinander getrennt sind.

• Defekte im Gaumendach

Aufgaben

1. Zeigen und begründen Sie an Restgebißmodellen Ursachen und Folgeerscheinungen von Zahnstellungsänderungen!
2. Weisen Sie an Frontalschnitten durch die Mundhöhle in Höhe der Prämolaren und Molaren zeichnerisch nach, daß nach totalem Zahnverlust Tendenz zu Kreuzbißentstehung besteht!
3. Zeichnen Sie in eine Seitenansicht eines bezahnten Unterkiefers den Umriß eines Greisenunterkiefers ein! Begründen Sie die aufgetretenen Veränderungen!
4. Begründen Sie die Notwendigkeit einer exakten Kauflächenkomplexgestaltung bei der Herstellung totaler Prothesen im Hinblick auf das Kiefergelenk!
5. Beschreiben Sie typische Unterschiede im Atrophieablauf von Oberkiefer und Unterkiefer nach totalem Zahnverlust!
6. Begründen Sie die mit zunehmender Atrophie größer werdenden Schwierigkeiten der Befestigung totaler Prothesen!
7. Sammeln Sie über einen längeren Zeitraum Modelle unbezahnter Kiefer! Beurteilen Sie die jeweiligen Atrophieformen! Messen Sie die Kiefer aus!

8.1.4 Topographie der Gaumenschleimhaut

Zonen der Gaumenschleimhaut

Die Gaumenschleimhaut dient beim zahnlosen Oberkiefer als Prothesenlager. Während sie im vorderen Abschnitt sehr derb und breitflächig mit den Knochen verwachsen ist, wird sie weiter hinten weicher. Sie besitzt hier mehr elastische Fasern, und in der Submucosa findet man Fett- und Drüsengewebe. Die Drüsen sorgen für eine gute Gleitfähigkeit der Schleimhaut. Man unterscheidet 4 Gewebezonen (Abb. 163),

- die *fibröse Randzone,*
- die *fibröse Medianzone,*
- die *Fettgewebszone,*
- die *Drüsenzone.*

• fibröse Randzone

Die fibröse Randzone breitet sich über den Alveolarkamm aus und ist fest mit dem Periost des Knochens verwachsen. Sie ist vorn am breitesten und verschmälert sich distal.

• fibröse Medianzone

Die fibröse Medianzone entspricht dem Verlauf der Raphe palati (Abb. 145, 146). Sie ist mit der Sutura palatina mediana verwachsen und kammert die Gaumenschleimhaut in eine rechte und eine linke Hälfte, so daß sich Gaumenabszesse nur selten zur Gegenseite ausbreiten können (Abb. 164).

• Fettgewebszone

Die Fettgewebszone nimmt etwa den mittleren Teil des Gaumens ein. Eine genaue Abgrenzung ist meist nicht möglich, weil sich das Fettgewebe mit Ausnahme der fibrösen Zonen sehr unregelmäßig verteilt.

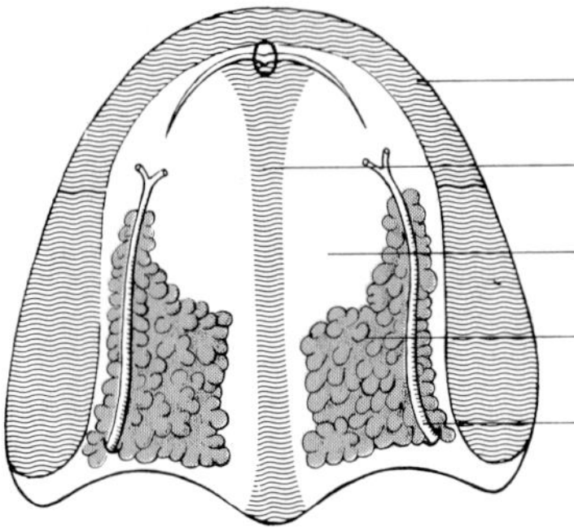

Abb. 163 Gewebszonen der Gaumenschleimhaut
1 fibröse Randzone
2 fibröse Medianzone
3 Fettgewebszone
4 Drüsenzone
5 A. palatina major

• Drüsenzone

Die Drüsenzone breitet sich im hinteren Abschnitt des Gaumens, vorwiegend in der Umgebung der A. palatina major, aus.
In allen Gebieten sind die Kollagenfasern scherengitterartig angeordnet, wodurch die Gaumenschleimhaut einen hohen Grad an Festigkeit und Verformbarkeit erhält. Die Submucosa bildet mit ihren Retinacula ein Bindegewebsskelett (Abb. 147b).
Im Alter werden die Drüsen zunehmend durch Fettgewebe ersetzt. Das Bindegewebsskelett bleibt jedoch erhalten, so daß sich an der Mechanik des druckelastischen Polsters prinzipiell nichts ändert.
Die Schleimhaut- und Knochenstrukturen können aber durch die Lagerung von Prothesen beeinflußt werden. Deshalb ist es wichtig, daß der Druck der Prothesenbasis gleichmäßig auf die Kiefer- und Gaumenschleimhaut verteilt wird. Bei stärkerer örtlicher Belastung kann es zu Druckschmerzen, Entzündungen sowie zur Druckatrophie oder zu Überschußbildungen (Schlotterkamm) der Weichteile kommen.

Schlotterkamm

8.1.5 Belastungsfähigkeit der Gaumenschleimhaut

Resilienz der Gaumenschleimhaut

Von klinischem Interesse sind die Kompressibilität, Elastizität und Belastungsfähigkeit der Gaumenschleimhaut. Diese Eigenschaften werden auch unter dem Begriff *Resilienz* zusammengefaßt.

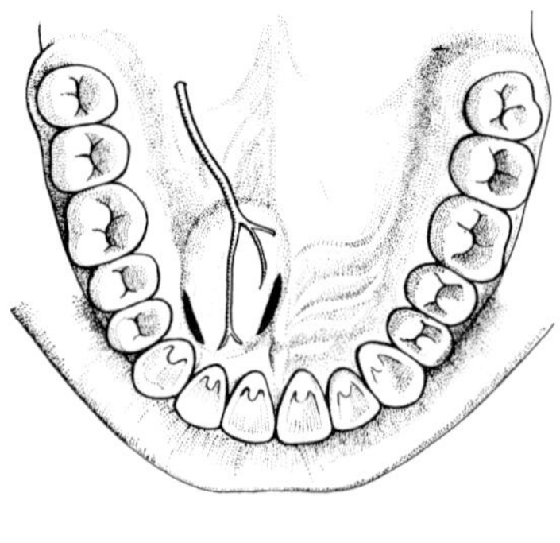

Abb. 164 Einseitig lokalisierter Gaumenabszeß

Die geringste Nachgiebigkeit findet sich im Gebiet der fibrösen Zonen. In der Fettgewebszone ist die Schleimhaut nachgiebiger, und am nachgiebigsten ist sie in der Drüsenzone. Diese Eigenschaften sind bei der Wahl des Abformwerkstoffes von Bedeutung.
Ein weicheres Material drückt die weichen Zonen der Gaumenschleimhaut weniger ein. Die danach hergestellte Prothesenbasis belastet die festeren Teile der Gaumenschleimhaut daher stärker, so daß hier leicht Druckstellen auftreten können. Bei Benutzung eines zähplastischen Abformwerkstoffes werden dagegen die weicheren Gebiete stärker zusammengedrückt. Die danach angefertigte Prothesenbasis belastet diese Zonen mehr. Ungleichmäßige Kaudruckverteilung führt zu Störungen der dynamischen Okklusion und mit der Zeit zum Knochenabbau und zur Nivellierung der Alveolarfortsätze (Abb. 166, 167).

8.1.6 Schleimhaut und Kieferknochen beim Zahnlosen

Nach dem völligen Zahnverlust ist die Grenze zwischen dem Mundvorhof und der eigentlichen Mundhöhle aufgehoben (Abb. 165b). Mit dem Schwund des Alveolarfortsatzes verliert der Fornix seine ursprüngliche Höhe oder bildet sich in extremen Fällen völlig zurück. Damit schränken sich auch die Retentionsmöglichkeiten für totale Prothesen ein. Während sich

Retentionsmöglichkeit totaler Prothesen

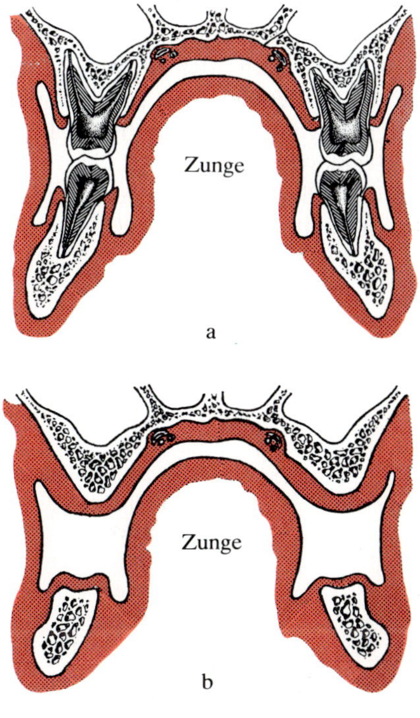

Abb. 165 Frontalschnitt durch die Mundregion
a bezahnter Kiefer
b zahnloser Kiefer
Mundhöhle und Mundvorhof gehen ineinander über

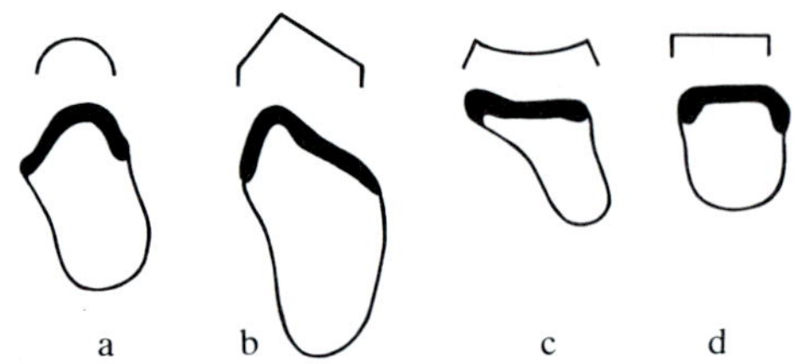

Abb. 166 Schematisierte Frontalschnitte durch zahnlose Unterkiefer mit unterschiedlichen Atrophieformen
a halbrund, b firstartig, c konkav, d eben

die Befestigung einer totalen oberen Prothese durch den Saugeffekt, die Adhäsion und Kapillarwirkung an der Schleimhaut meist ohne größere Schwierigkeiten erzielen läßt, ist die Stabilität am Unterkiefer schwerer zu erreichen.
Zur Stabilisierung unterer Prothesen nutzt man neben der geringen Adhäsion und der kaum noch vorhandenen Saugwirkung auch die muskuläre Retention durch eine zweckmäßige Gestaltung der Prothesenaußenfläche aus. Zur Erreichung dieses Ziels ist die individuelle funktionelle Ausformung der Prothesenränder und der Prothesenoberfläche sehr wichtig.
Von praktischem Interesse für die Retention totaler Prothesen ist neben Größe und Form des knöchernen Prothesenfundaments hauptsächlich die Art der Weichteilumgebung.

Relief des Kieferkamms

Beim zahnlosen Unterkiefer können die Höhe und das Relief des Kieferkamms sehr formenreich sein (Abb. 166). Neben dem hohen Kamm im Frontzahngebiet findet man den abgeflachten im Seitenzahngebiet. Häufig springt bei letzterem die Linea mylohyoidea als scharfe Kante nach innen vor. Der prothetisch nutzbare Abschnitt des Alveolarteils kann auch in seiner ganzen Ausdehnung abgeflacht sein. Sofern er über dem Niveau des Mundbodens liegt, spricht man von einem »positiven«, liegt er darunter von einem »negativen« Alveolarkamm.

positiver und negativer Alveolarkamm

Der Proc. alveolaris des zahnlosen Oberkiefers zeigt einen geringen Formenreichtum. Er kann schmal, breit, extrem niedrig

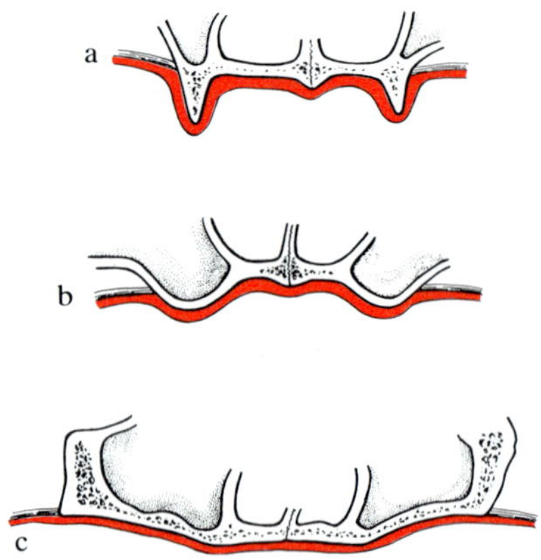

Abb. 167 Schematisierte Frontalschnitte durch zahnlose Oberkiefer mit unterschiedlichen Atrophieformen
a schmal und hoch
b breit und flach
c völlige Nivellierung

usw. sein. Im Tubergebiet ist er meist hoch bis mittelhoch (Abb. 167). Manchmal findet sich hier ein aus Bindegewebe oder Knochen bestehender Höcker.

8.1.7 Randbegrenzungen der Prothesenbasis, Retentionsmöglichkeiten

Retentionsmöglichkeit

Die Randbegrenzung totaler Prothesen geht von den anatomischen Verhältnissen aus, die individuell sehr verschieden sein können.

Funktionelle Abformverfahren ermöglichen es, die Beweglichkeit der Schleimhaut zu berücksichtigen.

Der zahnlose Unterkiefer zeigt am Ende des Kieferkamms häufig einen Bindegewebsknoten *(Tuberculum alveolare mandibulae)*, der nach dem Verlust des unteren Weisheitszahns entsteht. Das Einfassen dieses Knotens oder eine Teilauflagerung des distalen Prothesenendes ist abhängig von der Verschieblichkeit dieses Knotens. Lateral von diesem Knoten liegt der *Masseterwulst.* Hier ist eine Aussparung des distalen Prothesenrandes geboten, um ein Abhebeln bei starker Mundöffnung zu verhindern (Abb. 168).

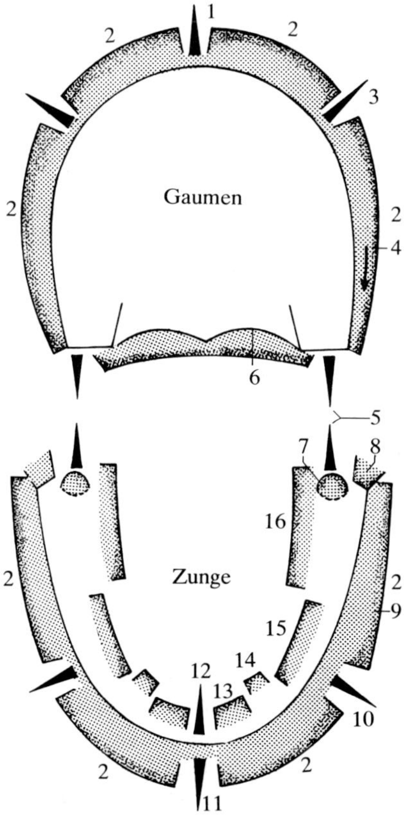

Abb. 168 Randbegrenzung einer totalen Prothese
1 Frenulum labii superioris
2 Fornix vestibuli superior
3 oberes Wangenbändchen
4 Tuber-Wangen-Spalt
5 Raphe pterygomandibularis
6 Vibrationszone
7 Tuberculum alveolare mandibulae
8 Masseterwulst
9 Bukkinatortasche
10 unteres Wangenbändchen
11 Frenulum labii inferioris
12 Frenulum linguae
13 Ursprung des M. genioglossus
14 Fovea sublingualis
15 Gl. sublingualis
16 Sulcus alveololingualis

Auf der Vestibularseite befindet sich zwischen Unterkiefer und Wange bis zum Wangenbändchen die *Bukkinatortasche.* Sofern diese Tasche gut ausgebildet ist, können hier eine Extension des Prothesenrandes und eine funktionelle Oberflächengestaltung der vestibulären Prothesenpartie erfolgen. Am Wangenbändchen wird der Prothesenrand eingezogen, desgleichen im Bereich des unteren Lippenbändchens.
Auf der Lingualseite darf der Prothesenrand nicht unter die *Linea mylohyoidea* reichen, weil er sonst vom Mundbodenmuskel abgehebelt wird. Im Frontzahngebiet ist eine Aussparung für das Zungenbändchen vorzunehmen. Bei sehr flachem Alveolarkamm erfordert auch der Ursprung des *M. genioglossus* eine breitere Aussparung. Eine kleinere Extensionsmöglichkeit besteht zur *Fovea sublingualis.* Im dahinter gelegenen Bereich der Unterzungenspeicheldrüse sollte der Prothesenrand wieder eingezogen werden. Zwischen der Zungenwurzel und dem Unterkiefer befindet sich ein enger Spalt *(Sulcus alveololingualis)*, der zur Extension des Prothesenrandes geeignet ist. Hier wirkt der Tonus der Zungenmuskulatur stabilisierend. In selteneren Fällen wird auch die Verspreizung nach hinten auslaufender Flügelfortsätze an der Innenfläche des Unterkiefers zur mechanischen Fixierung genutzt.
Im Oberkiefer passen sich die Höhe und die Form der Prothesenränder unter Berücksichtigung der Beweglichkeit des Fornix und der Bewegungsamplitude der Bänder dem Vestibulum an. Retentionsmöglichkeiten bietet insbesondere der *Tuber-Wangen-Spalt.* Am oberen Lippen- und an den Wangenbändchen sind Aussparungen vorzusehen. Das Wangenbändchen kann sich bei maximaler Mundöffnung strangartig anspannen. Der hintere Prothesenrand umgreift das *Tuber maxillae.* Hier ist die *Raphe pterygomandibularis* durch eine Aussparung zu berücksichtigen. Am Übergang zum weichen Gaumen endet der hintere Prothesenrand in der *Vibrationszone* (sie vibriert bei der Phonation).

muskuläre Stabilisierung totaler Prothesen
- zirkuläre Muskelschlinge

8.1.8 Muskuläre Stabilisierung totaler Prothesen

Die Gesichtsmuskeln bilden um den Mund eine Muskelschlinge (Abb. 169), die sich über die Mundwinkel allseitig in das Gesicht und über den Wangenmuskel bis zum oberen Schlundschnürer fortsetzt.
Bei ihrer Kontraktion zieht diese Muskelschlinge die äußere Wand des Mundvorhofs an die Alveolarfortsätze und Zähne heran. Diese Funktion ist für die Stabilisierung von Prothesen bedeutungsvoll, weil durch das Andrücken der Schleimhaut an die vestibuläre Prothesenfläche ein luftdichter Abschluß am Prothesenrand und durch Anlagerung der Muskulatur eine mechanische Retention erzielt wird. Im Bereich der Unterlippe verläuft die Pars marginalis des M. orbicularis oris im unteren fron-

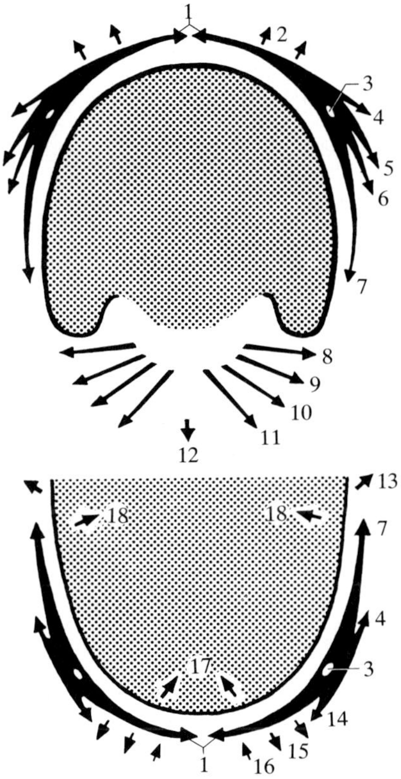

Abb. 169 Muskelschlinge um den Mund
1 M. orbicularis oris
2 M. levator labii superioris
3 Modiolus, 4 M. risorius
5 M. levator anguli oris
6 M. zygomaticus major und M. zygomaticus minor
7 M. buccinator
8 M. tensor veli palatini
9 M. levator veli palatini
10 M. palatoglossus
11 M. palatopharyngeus
12 M. uvulae
13 M. masseter
14 M. depressor anguli oris
15 M. depressor labii inferioris
16 M. mentalis
17 M. genioglossus
18 M. mylohyoideus

talen Prothesenbereich und wirkt stabilisierend. Sie wird durch den M. transversus menti verstärkt.

Die in den Modiolus am Mundwinkel einstrahlenden Muskeln halten die Muskelschlinge in Spannung. Durch die bilateral-symmetrische Anordnung des muskulären Verspannungsgefüges ergibt sich auch ein zweckentsprechender Antagonismus. Bei der Kontraktion eines Muskels wird der Gegenspieler gleichzeitig gedehnt, was ebenfalls eine Einengung des Vorhofs zur Folge hat. Nur wenige kleinere Muskeln dieses Muskelgefüges wirken auf die Prothese destabilisierend. Für die Stabilisierung unterer Prothesen spielt schließlich auch die Zungenmuskulatur eine Rolle, indem sie den Sulcus alveololingualis verengt und den lingualen Prothesenrand an den Unterkiefer drückt. Man nutzt die Zungenmuskulatur durch eine lingual konkave Oberflächengestaltung aus.

- bilateral symmetrisches Verspannungsgefüge

Die distale Ausdehnung der oberen Prothese ist durch die Gaumenmuskeln begrenzt, weil diese bei der Beweglichkeit des Gaumensegels den hinteren Rand abhebeln können.

Schließlich sei bemerkt, daß es für die Randgestaltung totaler Prothesen kein allgemein gültiges Rezept gibt, weil die individuellen Abweichungen zu groß sind.

Aufgaben

1. Tragen Sie in eine Aufsicht auf den harten Gaumen unterschiedliche Gewebszonen ein!

2. Erläutern Sie an Ihrer Skizze entsprechend Aufgabe 1 den Begriff der Resilienz!

3. Beweisen Sie an einem Frontalschnitt durch den harten Gaumen (in Molarenhöhe) mit eingetragenen Schleimhautschichten die Tatsache, daß es zu unterschiedlichen Belastungen der Schleimhaut bei Prothesenträgern kommen kann!

4. Begründen Sie die Aussparungs- und Extensionsgebiete an totalen Prothesen aus anatomisch-funktioneller Sicht!

5. Begründen Sie unterschiedliche Stabilisierungsmaßnahmen zur Befestigung totaler Prothesen!

6. Welche unterschiedlichen Auffassungen in der Beurteilung der klinischen Anatomie zahnloser Kiefer kommen in einzelnen Funktionsabformmethoden zum Ausdruck?

7. Begründen Sie die Schwierigkeiten der Stabilisierung besonders unterer Totalprothesen!

8. Beweisen Sie das fehlerhafte Vorgehen, wenn die linguale Prothesenoberfläche einer unteren Totalprothese konvex mit dünn auslaufendem Rand gestaltet wird!

9 Leitungsbahnen im orofazialen System

9.1 Nerven

Das orofaziale System wird von Kopfnerven, *Nn. cranialis*, versorgt. Es gibt 12 Kopfnervenpaare, die durch römische Zahlen gekennzeichnet werden (Abb. 170). Die wichtigsten hier darzustellenden Nerven sind der N. trigeminus und der N. facialis. Darüber hinaus sind die N. glossopharyngeus, N. vagus und N. hypoglossus zu nennen. Über die Versorgung durch sympathische Nerven siehe Lehrbücher der Anatomie.

Kopfnerven

9.1.1 Drillingsnerv, N. trigeminus (N. V)

Drillingsnerv,
N. trigeminus

Der N. trigeminus besitzt 3 Hauptäste, woher sich auch seine Bezeichnung ableitet. Mit einer stärkeren Wurzel, *Radix sensoria (Portio major)*, versorgt er die Haut des Gesichtes, die Hornhaut des Auges, die Zähne, die Schleimhäute der Mund- und Nasenhöhle sowie den größten Teil der Hirnhäute. Seine schwächere *Radix motoria (Portio minor)* innerviert die Kaumuskeln (S. 165 ff.). Zu beiden Seiten des Hirnstamms bildet der N. trigeminus einen Nervenknoten, *Ganglion trigeminale* (GASSER), aus dem seine 3 Hauptäste entspringen (Abb. 171). Die Hauptäste sind
1. der Augenhöhlenast, *N. ophthalmicus* (N. V_1),
2. der Oberkieferast, *N. maxillaris* (N. V_2),
3. der Unterkieferast, *N. mandibularis* (N. V_3).

Das Ganglion trigeminale *(Gasser)* ist etwa 1,5 cm breit und liegt in einer Tasche der harten Hirnhaut in der mittleren Schädelgrube an der Vorderwand der Felsenbeinpyramide. Man kann das Ganglion zur Punktion erreichen, wenn man die Nadel durch das Foramen ovale in die Duratasche einführt. Durch diesen Eingriff kann man das gesamte Innervationsgebiet des N. trigeminus ausschalten.

- Radix motoria
- Augenhöhlenast
- Oberkieferast
- Unterkieferast

Ganglion trigeminale

9.1.1.1 Hauptäste des N. trigeminus

N. ophthalmicus

Der N. ophthalmicus (N. V_1) zieht durch die Fissura orbitalis superior in die Augenhöhle und versorgt deren Inhalt. Er teilt sich in 3 Äste, den *N. lacrimalis*, den *N. frontalis* und den *N. nasociliaris*.

- N. lacrimalis
- N. frontalis
- N. nasociliaris

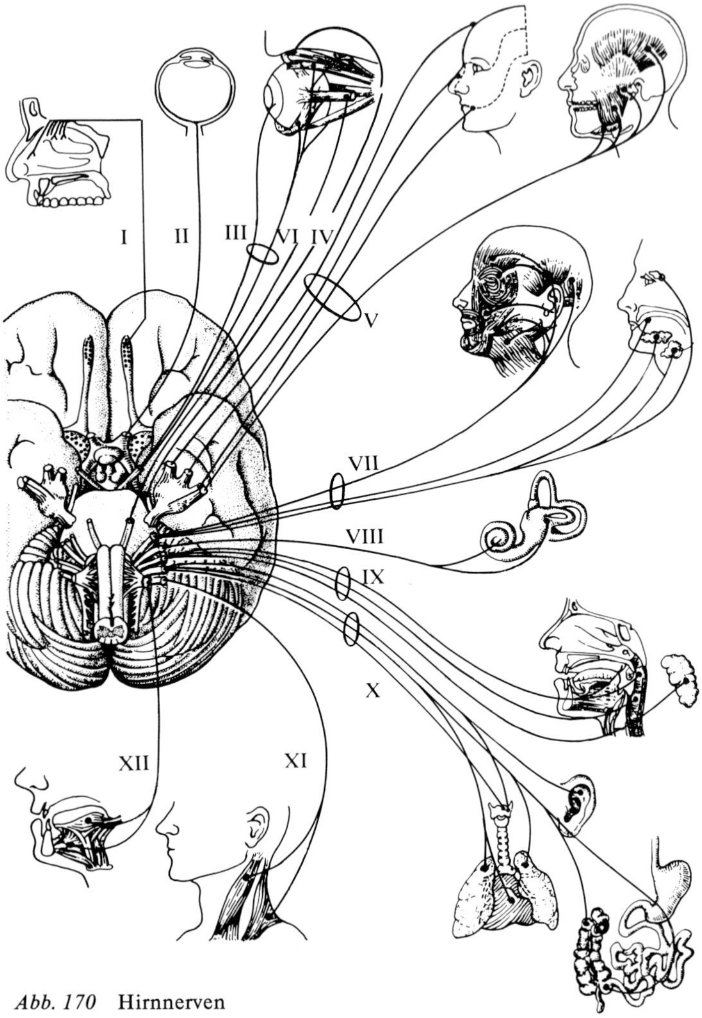

Abb. 170 Hirnnerven

Der *N. lacrimalis* versorgt die Tränendrüse sensibel.

Der *N. frontalis* zieht am oberen Augenhöhlenrand zur Stirn (Druckpunkt des 1. Trigeminusastes). Er versorgt das obere Augenlid, die Haut der Stirn und die Schleimhaut der Stirnhöhle.

Der *N. nasociliaris* gibt Zweige für den Augapfel ab und innerviert die Schleimhaut der Keilbeinhöhle, der hinteren Siebbeinzellen sowie der vorderen Nasenhöhle.

N. maxillaris

Der N. maxillaris (N. V_2) ist der Oberkiefernerv (Abb. 171, 172). Er zieht durch das Foramen rotundum der mittleren Schädelgrube zum Boden der Augenhöhle und teilt sich ebenfalls in 3 Äste,

- Nn. pterygopalatini
- N. zygomaticus
- N. infraorbitalis

1. die *Nn. pterygopalatini*,
2. den *N. zygomaticus*,
3. den *N. infraorbitalis*.

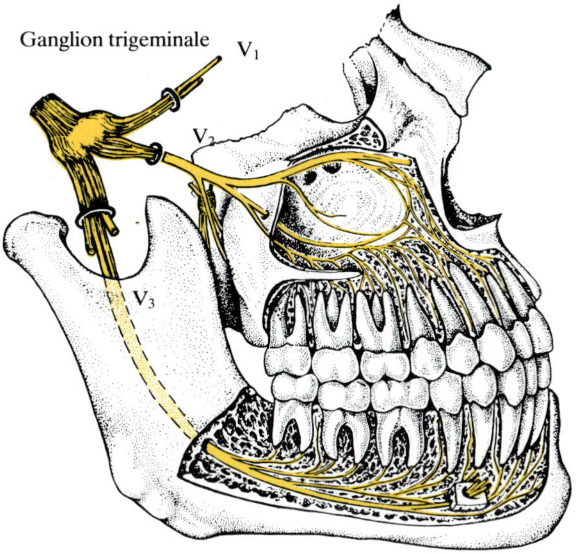

Abb. 171 Hauptäste des N. trigeminus

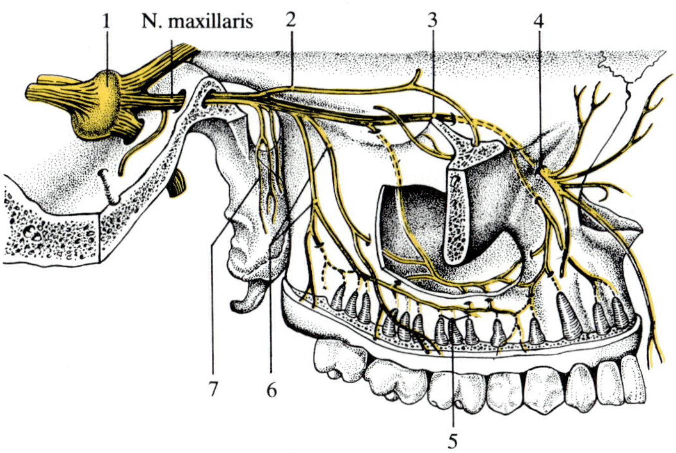

Abb. 172 N. maxillaris
1 Ganglion trigeminale, 2 N. zygomaticus, 3 N. infraorbitalis, 4 Foramen infraorbitale, 5 Plexus dentalis superior, 6 Nn. alveolares superiores, 7 Nn. pterygopalatini

1. Die *Nn. pterygopalatini* ziehen in die Flügelgaumengrube zum Ganglion pterygopalatinum. Dieses ist eine Umschaltstation für parasympathische Nervenfasern aus dem N. facialis (Intermediusanteil, Abschn. 9.1.2), welche die Tränendrüse sowie die Drüsen und Gefäße der Nasen- und Gaumenschleimhaut versorgen. Vom Ganglion pterygopalatinum ziehen die Gaumennerven, *N. palatinus major* und *Nn. palatini minores*, zur Gaumenschleimhaut (s. Abb. 147).
2. Der *N. zygomaticus* tritt durch die seitliche Wand der Augenhöhle zur Haut der Schläfe.

3. Der *N. infraorbitalis* ist der Endast des N. maxillaris. Er gelangt durch das Foramen infraorbitale zur Haut des Gesichtes (Druckpunkt des 2. Trigeminusastes). Seine Versorgungsgebiete sind die oberen Zähne, das untere Augenlid, die Nasenflügel sowie die Haut und Schleimhaut der Oberlippe.

Die oberen Zähne werden von *Nn. alveolares superiores* versorgt, die im Oberkiefer ein Geflecht, *Plexus dentalis superior*, bilden. Von diesem Geflecht ziehen dann Nervenzweige zu den Zähnen (Abb. 171, 172).

N. mandibularis

Der N. mandibularis (N. V_3) ist der Unterkiefernerv. Er zieht zusammen mit der Radix motoria durch das Foramen ovale der mittleren Schädelgrube. Von ihm gehen 4 Äste aus (Abb. 173, 174),

- N. auriculotemporalis
- N. lingualis
- N. buccalis
- N. alveolaris inferior

1. der *N. auriculotemporalis*,
2. der *N. lingualis*,
3. der *N. buccalis*,
4. der *N. alveolaris inferior*.

1. Der *N. auriculotemporalis* zieht vor dem Ohr scheitelwärts und versorgt das äußere Ohr, die Ohrspeicheldrüse sensibel sowie die Haut der Schläfe.

2. Der *N. lingualis* versorgt als Zungennerv die Schleimhaut der vorderen zwei Drittel der Zunge bis hin zum Mundboden.

3. Der *N. buccalis* innerviert die Wangenschleimhaut.

4. Der *N. alveolaris inferior* tritt am Foramen mandibulae in den Unterkieferkanal ein (Abb. 174) (wo er bei der Leitungsanästhesie ausgeschaltet wird) und bildet im Unterkiefer ein Geflecht, *Plexus dentalis inferior*. Von diesem ziehen feine Zweige zu den Zähnen. Am Foramen mentale verläßt der Nerv den Kanal

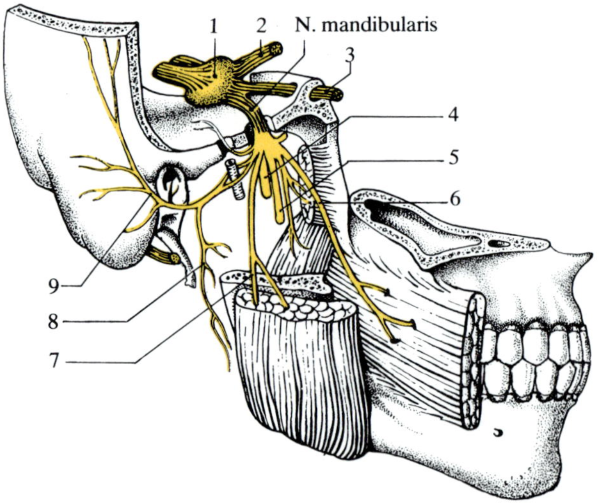

Abb. 173 Verzweigungen des N. mandibularis
1 Ganglion trigeminale, 2 N. ophthalmicus, 3 N. maxillaris, 4 N. lingualis, 5 N. alveolaris inferior, 6 N. buccalis, 7 N. massetericus, 8 Rr. parotidei, 9 N. auriculotemporalis

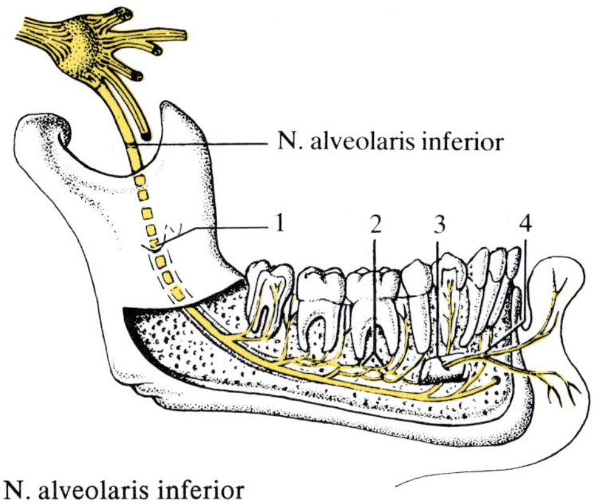

Abb. 174 N. alveolaris inferior
1 Foramen mandibulae, 2 Plexus dentalis inferior, 3 Foramen mentale, 4 N. mentalis

(Druckpunkt des 3. Trigeminusastes) und versorgt als *N. mentalis* die Unterlippe und die Haut des Kinns. Bei der Extraktion unterer Frontzähne wird er hier örtlich betäubt.

• Radix motoria

Die *Radix motoria* enthält den motorischen Anteil des N. trigeminus. Sie gibt gleichnamige Nervenäste an alle Kaumuskeln und an das Kiefergelenk ab. Außerdem versorgt sie den M. mylohyoideus, den vorderen Bauch des M. digastricus sowie den M. tensor veli palatini und M. tensor tympani.

Gesichtsnerv, N. facialis

9.1.2 Gesichtsnerv, N. facialis (N. VII)

Der N. facialis ist der motorische Gesichtsnerv (Abb. 175). Er hat einen langen komplizierten Verlauf durch die Schädelbasis, weshalb er bei Schädelbasisbrüchen besonders gefährdet ist. Er verläßt den Schädel am Foramen stylomastoideum.

Außer seinen motorischen Fasern besitzt er mit seinem *Intermediusanteil* auch parasympathische Fasern sowie Geschmacksfasern, die von den vorderen zwei Dritteln der Zunge kommen.

Der Intermediusanteil besteht aus 2 Nerven,

- dem *N. petrosus major* für das *Ganglion pterygopalatinum,*
- der *Chorda tympani* für das *Ganglion submandibulare.*

Letzteres ist die Umschaltstelle sektorischer Nervenfasern für die Unterzungen- und Unterkieferspeicheldrüse.

• motorische Äste
• Intermediusanteil

Die motorischen Äste des N. facialis versorgen die mimischen Muskeln, den hinteren Bauch des M. digastricus, den M. stylohyoideus und den M. stapedius. Nach dem Austritt des N. facialis aus der Schädelbasis bildet er in der Ohrspeicheldrüse ein Geflecht, von dem die Nerven divergierend ausstrahlen. Schnittinzisionen im Gesicht sollten daher immer radiär angelegt werden. Bei einer peripheren Fazialislähmung sind die Gesichtszüge der gelähmten Seite starr, der Mundwinkel hängt herab, und der Lidschluß ist aufgehoben.

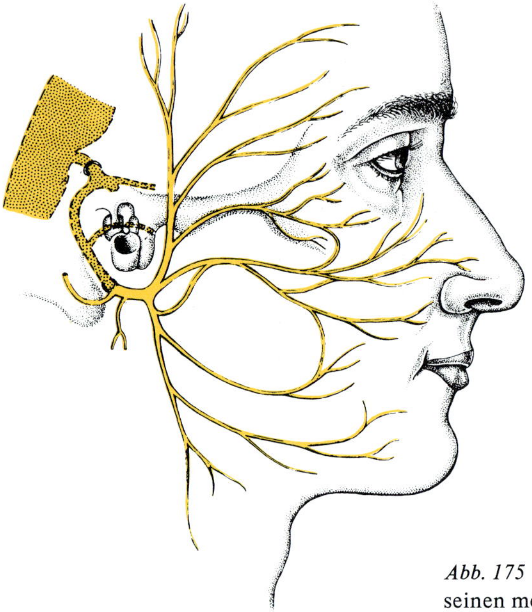

Abb. 175 N. facialis mit seinen motorischen Ästen

Zungenschlundnerv, N. glossopharyngeus

9.1.3 Zungenschlundnerv, N. glossopharyngeus (N. IX)

Der N. glossopharyngeus enthält motorische, sensible und parasympathische Fasern sowie Geschmacksfasern. Er verläßt den Schädel durch das Foramen jugulare in der hinteren Schädelgrube. Gemeinsam mit dem M. stylopharyngeus zieht er nach unten zur Zungenwurzel und zur seitlichen Schlundwand (Abb. 176).
Durch den *N. petrosus minor* leitet er dem *Ganglion oticum* parasympathische Fasern zu. Von diesem Ganglion wird die Ohrspeicheldrüse mit sekretorischen Nervenfasern versorgt. Seine sensiblen Äste innervieren das hintere Drittel der Zunge, die Gaumenbögen und die Rachenwand. Letztere ist eine bevorzugte Stelle für die Auslösung des Brechreizes. Die Geschmacksfasern nehmen Reize von den umwallten Papillen der Zunge auf (Abb. 151). Motorisch innerviert er die oberen Schlundmuskeln.

Eingeweidenerv, N. vagus

9.1.4 Eingeweidenerv, N. vagus (N. X)

Die Bezeichnung N. vagus (vagabundierender Nerv) ist von seinem ausgedehnten Innervationsgebiet ableitbar. Dieses erstreckt sich vom Kopf über den Hals und die Brust bis zu den Baucheingeweiden. Er verläßt den Schädel durch das Foramen jugulare in der hinteren Schädelgrube und unterhält zahlreiche Verbindungen mit dem N. glossopharyngeus. Am Kopf beteiligt

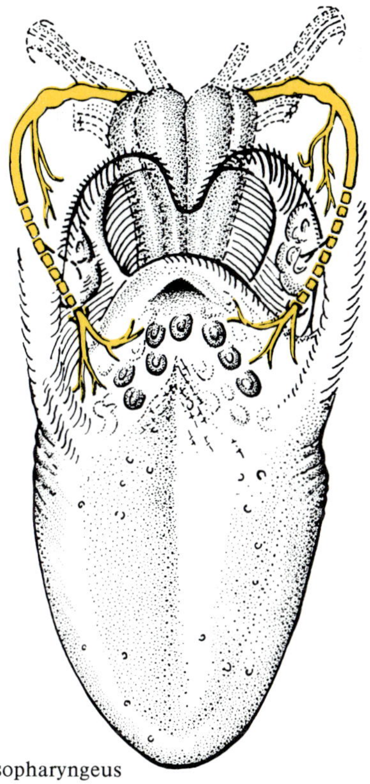

Abb. 176 N. glossopharyngeus

er sich an der Innervation des äußeren Gehörgangs sowie an der des Rachens und der Schlundmuskeln (s. Lehrbücher der Anatomie).

9.1.5 Zungenmuskelnerv, N. hypoglossus (N. XII)

Zungenmuskelnerv, N. hypoglossus

Der N. hypoglossus ist ein rein motorischer Nerv, der die Zungenmuskeln innerviert. Er verläßt den Schädel in der hinteren Schädelgrube durch den Canalis hypoglossalis.

Aufgaben

1. Stellen Sie unter Zuhilfenahme eines Anatomiebuches die 12 Kopfnervenpaare in einer Übersicht zusammen! Unterstreichen Sie die Nerven, die das orofaziale System versorgen!

2. Beschreiben Sie den Verlauf und die Innervationsgebiete der Hauptäste des N. trigeminus!

3. Fertigen Sie eine Übersicht über die Abzweigungen des N. trigeminus an!

4. Stellen Sie in einer Übersicht die Innervationsgebiete des N. facialis zusammen!

5. Ordnen Sie wichtigen Injektionsstellen im orofazialen System die entsprechenden Nerven zu!

6. Begründen Sie die Bezeichnung »N. vagus«!

9.2 Arterien

Die Arterien des orofazialen Systems kommen hauptsächlich aus der äußeren Kopfschlagader, *A. carotis externa.* Diese beginnt an der Karotisgabel am Hals, wo sich in Höhe des oberen Schildknorpelrandes die gemeinsame Kopfschlagader, *A. carotis communis,* in die *A. carotis externa* und die *A. carotis interna* teilt (s. Lehrbücher der Anatomie).

äußere Kopfschlagader,
A. carotis externa

9.2.1 Äußere Kopfschlagader, A. carotis externa

Die A. carotis externa zieht hinter dem Unterkiefer durch die Parotisloge und teilt sich hier in ihre beiden Endäste (Abb. 177),

- Schläfenarterie

1. die Schläfenarterie, *A. temporalis superficialis,*

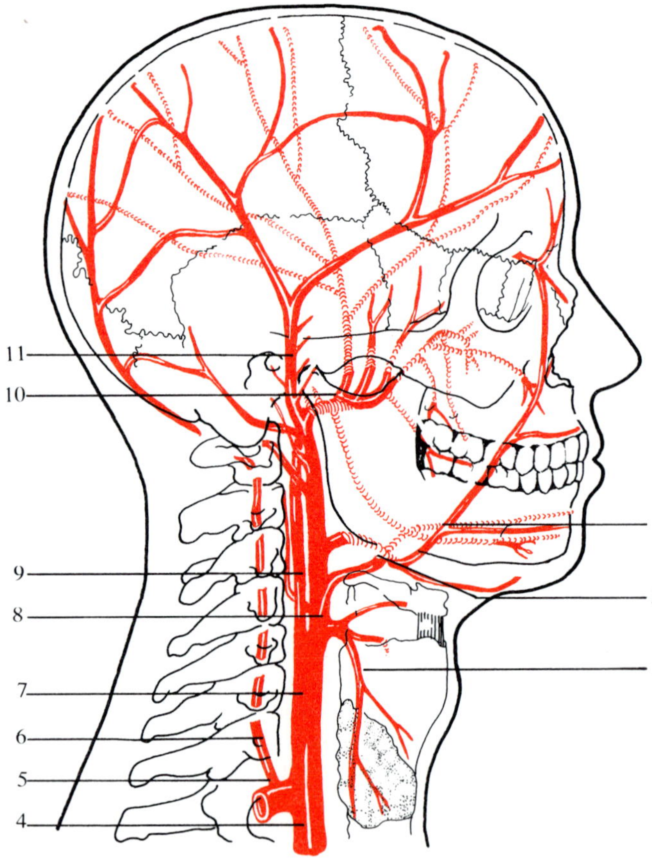

Abb. 177 Übersicht über das Ausbreitungsgebiet der A. carotis externa
1 A. facialis, 2 A. lingualis, 3 A. thyroidea superior, 4 Truncus brachiocephalicus, 5 A. subclavia, 6 A. vertebralis, 7 A. carotis communis, 8 A. carotis externa, 9 A. carotis interna, 10 A. maxillaris, 11 A. temporalis superficialis

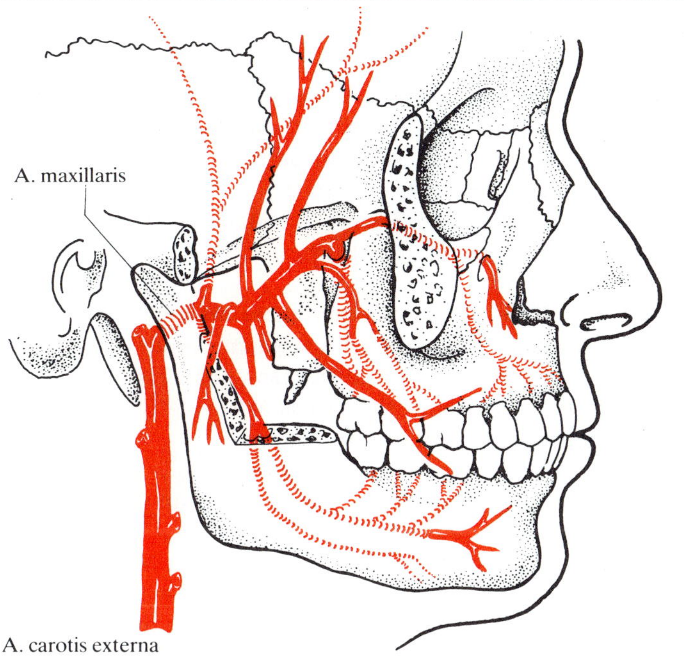

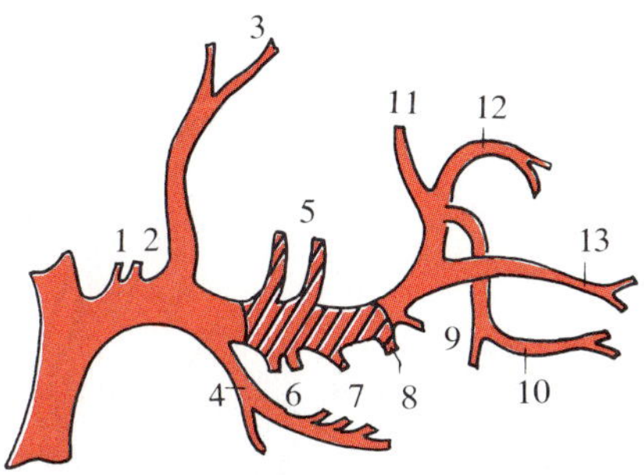

Abb. 178 Versorgungsgebiet und Astfolge der A. maxillaris
äußerer Abschnitt
1 A. auricularis profunda, 2 A. tympanica anterior, 3 A. meningea media, 4 A. alveolaris inferior
mittlerer Abschnitt (schraffiert)
5 Aa. temporales, 6 A. masseterica, 7 Rr. pterygoidei, 8 A. buccalis
innerer Abschnitt
9 A. alveolaris superior, 10 A. palatina descendens, 11 A. canalis pterygoidei, 12 A. sphenopalatina, 13 A. infraorbitalis

2. die Oberkieferarterie, *A. maxillaris.*
Vor ihrer Teilungsstelle gibt sie dorsale Äste zum Schlund, Hinterhaupt und Ohr ab. Ventrale Äste sind
- die Zungenarterie, *A. lingualis,*
- die Gesichtsarterie, *A. facialis,*
- die Schilddrüsenarterie, *A. thyroidea superior.*

Die Zungenarterie zieht unter dem M. hyoglossus zur Zunge. Die Gesichtsarterie gelangt durch die Submandibularloge und

- Oberkieferarterie
  - Zungenarterie
  - Gesichtsarterie
  - Schilddrüsenarterie

Oberkieferarterie

• äußerer Abschnitt

um den ventralen Unterkieferrand, wo man ihren Puls fühlen kann, vor dem M. masseter und steigt zum medialen Augenwinkel auf. Mit zahlreichen Seitenästen versorgt sie das Mittel- und Untergesicht. Ihr Endast ist die *A. angularis*, die am inneren Augenwinkel mit der Augenhöhlenarterie, *A. ophthalmica*, aus der A. carotis interna anastomosiert.

Die A. temporalis superficialis, Schläfenarterie, ist der oberflächliche Endast der A. carotis externa. Sie zieht vor dem Ohr zur Schläfenregion.

Die A. maxillaris, Oberkieferarterie, beginnt in Höhe des Kiefergelenkes und endet in der Flügelgaumengrube. Man untergliedert ihren Verlauf in 3 Teilstrecken (Abb. 178),

- den äußeren Abschnitt *(Pars mandibularis),*
- den mittleren Abschnitt *(Pars pterygoidea),*
- den inneren Abschnitt *(Pars pterygopalatina).*

Der äußere Abschnitt entläßt Arterienäste zum Ohr, Kiefergelenk, Unterkiefer und zur harten Hirnhaut. Die *A. alveolaris inferior* verläuft zusammen mit dem gleichnamigen Nerven im Unterkieferkanal. Sie gibt Äste an die Zähne ab und tritt am Foramen mentale in die Haut, wo sie das Kinn und die Unterlippe versorgt.

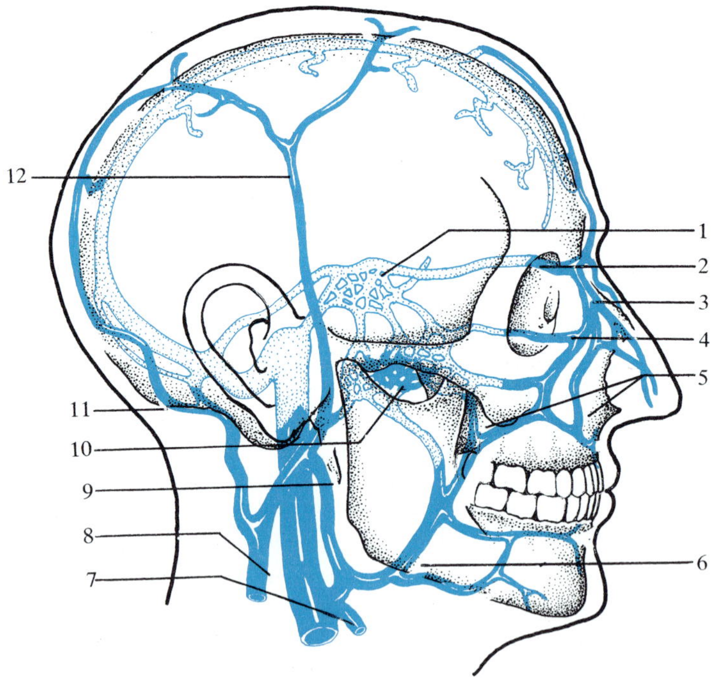

Abb. 179 Übersicht über die Venen des Kopfes
1 Sinus cavernosus, 2 V. ophthalmica superior, 3 V. angularis, 4 V. ophthalmica inferior, 5 Vv. maxillares, 6 V. facialis, 7 V. jugularis interna, 8 V. jugularis externa, 9 V. retromandibularis, 10 Plexus pterygoideus, 11 V. occipitalis, 12 Vv. temporales superficiales

Der mittlere Abschnitt gibt Äste an alle Kaumuskeln ab.
Der innere Abschnitt bildet die Endstrecke der A. maxillaris. Sie entläßt Zweige für die oberen Zähne, den Gaumen, den hinteren Teil der Nasenhöhle bis hin zur Wand des oberen Rachens.
Die Versorgung der Augenhöhle und die ihrer umgebenden Strukturen, wie Augenlider, Stirn, Stirnhöhle, Siebbeinzellen, vorderer Teil der Nasenhöhle und äußere Nase, erfolgt durch Zweige der *A. carotis interna.* Zwischen der äußeren und der inneren Kopfschlagader gibt es mehrere Anastomosen.

- mittlerer Abschnitt
- innerer Abschnitt

9.3 Venen

Jugularisvenen

Das venöse Blut des orofazialen Systems wird hauptsächlich von der *V. jugularis interna* abgeleitet. Eine *V. jugularis externa* verläuft auf der oberflächlichen Halsfaszie. Letztere erhält Zuflüsse aus dem Gebiet des Ohres, des Mundbodens und des Halses.
Die V. jugularis interna beginnt am Foramen jugulare, wo sie das venöse Blut des Gehirns aufnimmt, und verläuft beiderseits am Hals abwärts (Abb. 179).

- V. jugularis interna
- V. jugularis externa

9.3.1 Gesichtsvenen

Gesichtsvenen

Die großen Venen des Gesichtes sind die *V. facialis* und die *V. retromandibularis.* Beide fließen in die V. jugularis interna.
Die V. facialis beginnt am medialen Augenwinkel mit der *V. angularis* und zieht hinter der A. facialis zur Submandibularloge, wo sie in die V. jugularis interna mündet. Von praktischer Wichtigkeit ist die Anastomose über die V. angularis und die Venen der Augenhöhle zum basalen Blutleiter des Gehirns *(Sinus cavernosus).* Auf diesem Weg können Entzündungen vom Mittelgesicht zu den Hirnhäuten und zum Gehirn fortgeleitet werden.

- V. facialis

Die V. retromandibularis zieht hinter dem Unterkieferast abwärts zur V. jugularis interna. Sie sammelt das Blut aus der Schläfen- und seitlichen Gesichtsgegend sowie aus der Zunge.

- V. retromandibularis

In der seitlichen tiefen Gesichtsregion liegt ein Venengeflecht, der *Plexus pterygoideus.* Dieser gehört zum Einstromgebiet der V. retromandibularis. Da er seine Zuflüsse aus zahlreichen Venen der Schädelbasis erhält, die mit den basalen Blutleitern der harten Hirnhaut kommunizieren, bestehen hier ebenfalls zahlreiche Möglichkeiten für aufsteigende Infektionen vom Gesicht zum Gehirn.

- Plexus pterygoideus

9.4 Lymphbahnen und Lymphknoten

Die Lymphgefäße des orofazialen Systems sammeln sich in einem Stamm *(Truncus jugularis)*, der mit den großen Blutgefäßen des Halses abwärts zieht und in die venöse Blutbahn mündet (s. Lehrbücher der Anatomie).

regionäre Lymphknoten

Die regionären Lymphknoten liegen am Hinterhaupt, *Nll. occipitales*, am Warzenfortsatz, *Nll. mastoidei*, in der Ohrspeicheldrüse, *Nll. parotidei*, im Gesicht (Wangen und Umgebung der Mundöffnung), *Nll. faciales*, in der Submandibularloge, *Nll. submandibulares*, und unterhalb des Kinns, *Nll. submentales*, (Abb. 180).

- Nll. submandibulares

Die Nll. submandibulares nehmen die Lymphe aus dem Mittelgesicht, den Zähnen, dem Zahnfleisch und der Zunge auf. Da sie gut zu fühlen sind, können sie dem Zahnarzt wichtige Hinweise für die Diagnose geben. Man untergliedert sie in 3 Gruppen, die ihr bestimmtes Einzugsgebiet besitzen (Abb. 181).

- Nll. submentales

Die Nll. submentales sammeln die Lymphe aus dem Gebiet des Kinns, der Unterlippe, Zungenspitze und den unteren Schneidezähnen.

Die Lymphknoten sind als Filterstationen für die Abwehr von Infektionserregern und ausgeschwemmten Krebszellen von be-

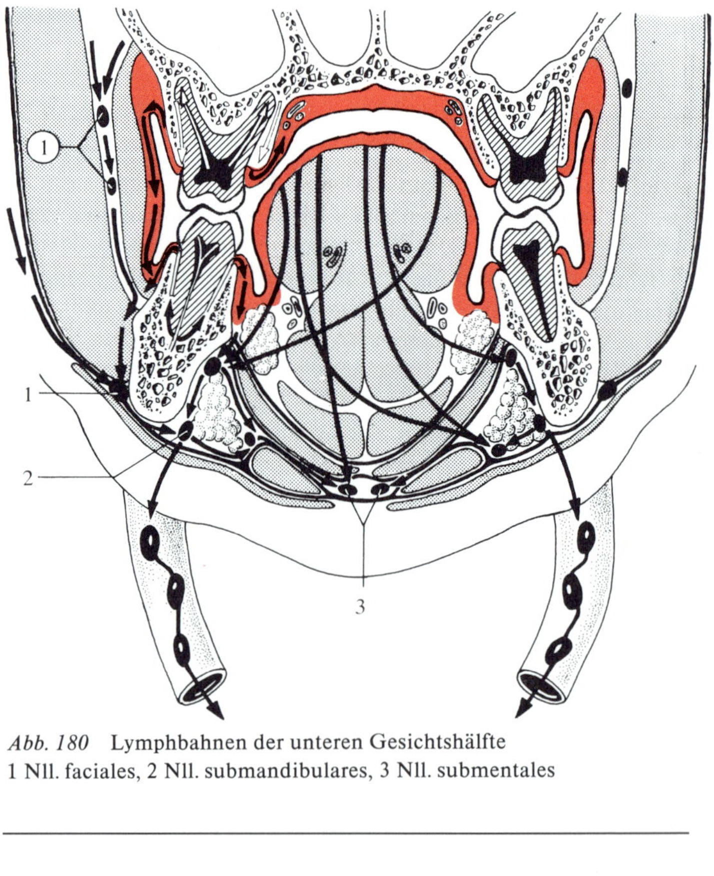

Abb. 180 Lymphbahnen der unteren Gesichtshälfte
1 Nll. faciales, 2 Nll. submandibulares, 3 Nll. submentales

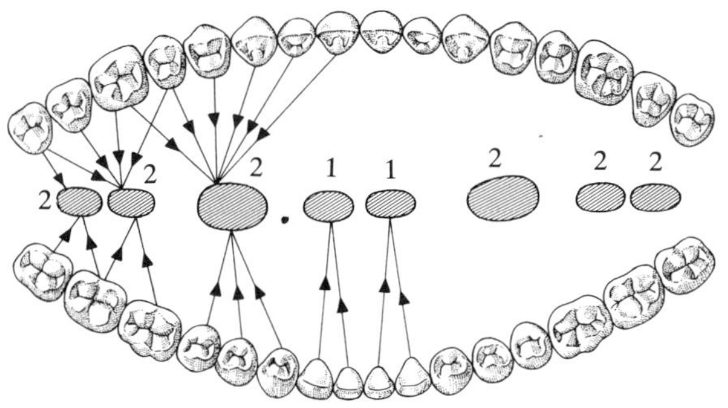

Abb. 181 Regionale Lymphknoten der Zähne
1 Nll. submentales, 2 Nll. submandibulares

sonderer Wichtigkeit. Sofern sie die eingewanderten Krebszellen nicht vernichten, kommt es zu deren Ansiedlung in den Lymphknoten *(Metastasen).* Eine genaue Kenntnis der Topographie der Lymphknoten ist daher aus vielerlei Gründen sowohl für die Diagnostik als auch für die Therapie (Bestrahlung, chirurgische Entfernung) von besonderer Wichtigkeit.

Aufgaben

1. Beschriften Sie in den Zeichenblättern für den Anatomieunterricht die wichtigsten Gefäße des orofazialen Systems!
2. Stellen Sie mit Hilfe eines Lehrbuches der Anatomie die 8 Hauptäste der A. carotis externa in einer Übersicht zusammen!
3. Tragen Sie in eine Übersicht die Versorgungsgebiete für folgende Arterien ein:
- A. temporalis superficialis,
- A. lingualis,
- A. facialis!

4. Zeigen Sie an einer entsprechenden Abbildung die Äste der A. maxillaris. Nennen Sie die jeweiligen Versorgungsbereiche!
5. Beschreiben Sie den Verlauf der Gesichtsvenen!
6. Erklären Sie die Lage und die Bedeutung wichtiger Lymphknoten im orofazialen System!

Weiterführende Literatur

Bethmann, W. (Hrsg.): Die stomatologische Schwester. Bd. I. Allgemeiner Teil. J. A. Barth, Leipzig 1980.

Breustedt, A., E. Lenz, R. Musil, G. Staegemann, F. Taege und J. Weiskopf (Bearb.): Prothetische Stomatologie. J. A. Barth, Leipzig 1981.

Dorn, A.: Histologie. 4. Aufl. VEB Verlag Volk und Gesundheit, Berlin 1988.

Fränkel, R.: Technik und Handhabung der Funktionsregler. 3. Aufl. VEB Verlag Volk und Gesundheit, Berlin 1984.

Graf, H., und J. Hering: Orthopädische Stomatologie. J. A. Barth, Leipzig 1980

Krüger, G.: Der anatomische Wortschatz unter Mitberücksichtigung der Histologie und der Embryologie für Studierende, Ärzte und Tierärzte. 12. Aufl. S. Hirzel, Leipzig 1980.

Leutert, G.: Systematische und funktionelle Anatomie des Menschen für mittlere medizinische Fachkräfte, 6. Aufl. VEB Verlag Volk und Gesundheit, Berlin 1988.

Schubel, A.-L., und B. Schubel: Grundriß der Anatomie. 4. Aufl. VEB Verlag Volk und Gesundheit, Berlin 1987.

Schumacher, G. H.: Der maxillo-mandibuläre Apparat unter dem Einfluß formgestaltender Faktoren. (Nova Acta Leopoldina, N. F. Bd. 33, Nr. 182). J. A. Barth, Leipzig 1968.

–: Topographische Anatomie des Menschen. 5. Aufl. VEB G. Thieme, Leipzig 1988.

–: Embryonale Entwicklung des Menschen. 9. Aufl. VEB Volk und Gesundheit, Berlin 1988.

–: Kompendium und Atlas der Allgemeinen Anatomie. Zytologie, Histologie, Allgemeine Anatomie. 2. Aufl. VEB G. Thieme, Leipzig 1987.

–: Odontographie. 4. Aufl. J. A. Barth, Leipzig 1983.

–: Edition Zahnheilkunde. Anatomie – Lehrbuch und Atlas. 2. Aufl. J. A. Barth, Leipzig, Heidelberg 1991.

– und H. Schmidt: Anatomie und Biochemie der Zähne. 4. Aufl. VEB Verlag Volk und Gesundheit, Berlin 1989.

Sponholz, H.: Periodontologie. 4. Aufl. J. A. Barth, Leipzig 1988.

Staegemann, G. (Hrsg.): Grundlagen der klinischen Stomatologie. 2. Aufl. J. A. Barth, Leipzig 1978.

Ulrich, E.: Das orofaziale System. Zahntechnik, Berlin **12–20**

Wörterbuch der Medizin. Hrsg. von H. David. 12. Aufl. VEB Verlag Volk und Gesundheit, Berlin 1984.

Quellenverzeichnis

Angle, E. H.: Notes on orthodontia. 1887. Zit. nach W. Hoffmann-Axthelm (1968). – *Häupl, K.:* Das Kausystem in seinen Beziehungen zu den zahnärztlichen prothetischen Maßnahmen. In: H. Böttger, K. Häupl und H. Kirsten: Zahnärztliche Prothetik, Bd. 1. 2. Aufl. J. A. Barth, Leipzig 1961, 4–267. – *Hoffmann-Axthelm, W.:* Zahnärztliches Lexikon. 5. Aufl. J. A. Barth, Leipzig 1968. – *Klink-Heckmann, U., und E. Bredy:* Orthopädische Stomatologie. 2. Aufl. J. A. Barth, Leipzig 1980. – *Krstić, R. V.:* Die Gewebe des Menschen und der Säugetiere. Ein Atlas zum Studium für Mediziner und Biologen. Springer-Verlag, Berlin, Heidelberg, New York 1978. – *Lehman, K. M.:* Einführung in die Zahnersatzkunde. 3. Aufl. Urban & Schwarzenberg, München, Wien, Baltimore 1979. – *Meckel, A. H., W. J. Griebstein and R. J. Neal:* Ultrastructure of the fully calcified human dental enamel. In: Tooth enamel I. Ed. by M. V. Stack and R. W. Fearnhead. Wright, Bristol 1965. p. 160. – *Payne, E. V.:* Reproduction of tooth form. New Technical Bull. 1 (1961) 30–40. – *Reichenbach, E., und H. Brückl:* Kieferorthopädische Klinik und Therapie. 5. Aufl. (Zahnärztliche Fortbildung, H. 7) J. A. Barth, Leipzig 1962. – *Schröder, H.:* Zit. nach K. Häupl (1961). – *Schumacher, G. H.:* Funktionelle Morphologie der Kaumuskulatur. VEB G. Fischer, Jena 1961. – *Shillingburg, H. T., S. Hobo und L. D. Whitsett:* Grundlagen der Kronen- und Brückenprothetik. Quintessenz, Berlin (W), Chicago, Rio de Janeiro, Tokio 1977. – *Taatz, H. (Hrsg.):* Morphophysiologische Grundlagen des orofazialen Systems und Einführung in die spezielle stomatologische Krankheitslehre. J. A. Barth, Leipzig 1976. – *Weißkopf, J.:* Grundlagen und Voraussetzungen prothetischer Prävention und Therapie; in: Prothetische Stomatologie. Hrsg. von A. Breustedt. S. 17–125. J. A. Barth, Leipzig 1981. – *Wolf, J.:* Die Zahnformen. Hausarbeit. Zahntechniker-Meisterschule, Halle (Saale) 1958.

Sachwortverzeichnis

Maxim Zetkin
Herbert Schaldach

Wörterbuch der Medizin

55.000 Stichwörter aus 110 Fachgebieten, von 213 Wissenschaftlern erarbeitet – alles in einem Band in der neuen Auflage des Wörterbuches Medizin. Es orientiert sich am tatsächlichen Informationsbedarf der medizinischen Praxis und deckt das gesamte Spektrum der medizinischen Disziplinen ab, nicht nur die klinische Medizin, sondern auch die Randgebiete und die theoretischen Grundlagen.

Fünfzehnte, vollständig überarbeitete Auflage, 1992.
2347 Seiten.
Format 14,4 x 21,8 cm.
Gebunden.
(Ullstein Mosby)

Normalausgabe:
Halbleder,
ISBN 3-86126-018-2

Studienausgabe:
inhaltlich identisch,
ISBN 3-86126-015-8

ULLSTEIN
MOSBY